Bauwelt Fundamente 87

Herausgegeben von
Ulrich Conrads und Peter Neitzke

Beirat:
Gerd Albers
Hansmartin Bruckmann
Lucius Burckhardt
Gerhard Fehl
Herbert Hübner
Julius Posener
Thomas Sieverts

Georges Teyssot

Die Krankheit des Domizils

Wohnen und Wohnbau 1800–1930

Friedr. Vieweg & Sohn Braunschweig/Wiesbaden

Aus dem Italienischen und Französischen von Rut Föhn

Der Verlag Vieweg ist ein Unternehmen der Verlagsgruppe Bertelsmann International.

Alle Rechte vorbehalten
© Friedr. Vieweg & Sohn Verlagsgesellschaft mbH, Braunschweig 1989
Umschlagentwurf: Helmut Lortz
Satz: Satzstudio Frohberg, Freigericht
Druck und buchbinderische Verarbeitung: Lengericher Handelsdruckerei, Lengerich
Printed in Germany

ISBN 3-528-08787-0   ISSN 0522-5094

Inhalt

1 Städte *7*
2 Mütter *27*
3 Was ist Komfort? *46*
4 Zu vermieten *78*
5 Wohnen lernen? *114*
6 Epilog *125*
Anmerkungen *150*

Studie der großen Krankheit
Horror vor dem Domizil.
Gründe der Krankheit.
Ihr progressives Wachstum.*

Charles Baudelaire

---

* aus: *Aphoristisches*, dt. von Franz Blei, in: Charles Baudelaire, Kritische und nachgelassene Schriften, München (Georg Müller) 1925, S. 336

1 Städte

Dieses Leben ist ein Krankenhaus, wo jeder Kranke von dem Wunsche besessen ist, das Bett zu wechseln. Der eine möchte neben dem Ofen leiden, der andere glaubt, er würde am Fenster genesen.

Zufriedenen Herzens stieg ich jenen Berg hinan,
Da man die Stadt in ihrer ganzen Weite sieht,
Spital, Bordell, Fegfeuer, Hölle und Verließ,
Da alles Ungeheure blüht wie eine Blume.

Charles Baudelaire, Le Spleen de Paris

Die Bedeutung der medizinisch-hippokratischen Schrift *De l'Air, des Eaux et des Lieux*[1] ist von denen, die die komplexe Neugestaltung des Wissens im Laufe des 18. Jahrhunderts analysiert haben, vielfach hervorgehoben worden. Diese Abhandlung legte in der Tat präzise Aktionsfelder für die Bemühungen fest, das Wissen zu erweitern, mindestens bis hin zu den Entdeckungen von Pasteur und Koch gegen Ende des 19. Jahrhunderts. Der Hippokratismus verwandelt sich in Fakten durch einen doppelten Strang von Folgerungen: verheerende, was die Rolle betrifft, die dem Wasser beigemessen wird; günstige oder zumindest unschädliche, was die Luft betrifft. Man glaubte tatsächlich, das Wasser werde als Folge seiner eigenen Bewegung gereinigt, beziehungsweise dadurch, daß es in „permanenter Bewegung" ist. Da man glaubte, das Wasser eines Flusses sei am Ausgang einer Stadt gesünder als an deren Eingang — es hatte ja einen längeren Weg hinter sich —, wurden zahlreiche hydraulische Maschinen und Dampfpumpen, Trinkwasserspeicher etc. von nun an stromabwärts und nicht stromaufwärts der städtischen Zentren eingerichtet.[2] Sollte sich auch diese monströse Stadthydraulik schließlich als Fehlschlag erweisen, so wurde die „pneumatische Chemie" in besonderen städtischen Räumen mit Erfolg angewendet, ja, sie sollte sich als Folge eines nicht ungewöhnlichen Selbstlegitimationseffektes sehr bald eroberungslustig und siegreich als „soziale Chemie" installieren: Ihr Studienobjekt wird nicht so sehr die Gesundheit sein als vielmehr die Sterblichkeit, weniger die Sache Einzelner als die von Gruppen. Bereits 1765 werden im Artikel „Hygiene" der *Encyclopédie* die Grundlagen einer Chemie der vitalen und sterblichen Elemente dargestellt: „Nichts beeinflußt unseren Körper mehr als die Luft, ist schädlicher als ihre Unreinheit und ihre anderen schlechten Eigenschaften wie das Übermaß, die plötzlichen Schwankungen des Gewichtes, der Leichtigkeit, der

Wärme, der Kälte und der Feuchtigkeit, die auf unsere festen und flüssigen Körper einwirken und auf den Lauf unserer Körpersäfte ganz allgemein, auf Alterationen, die die unheilbringendsten Folgen haben können."³ Kein Zufall, daß der Leser auf das Stichwort „Air" (Luft) in der *Encyclopédie*⁴ verwiesen wird, das die Vorrichtungen von Stephen Hales erwähnt, der im Jahre 1741 die von ihm erfundenen „Ventilatoren" publik machte, mit deren Hilfe „die Luft in Bergwerken, Gefängnissen, Krankenhäusern, Zuchthäusern und im Innern von Schiffen leicht und in großer Menge erneuert werden kann . . ."⁵, genauso wie die „mit Hilfe eines Zentrifugalrades" angetriebenen Blasebälge von John Theophilus Desaguliers, eine neue Methode, um „die schlechte Luft aus den Schiffen zu pumpen"⁶. Diese Erfindungen und Entwicklungen wurden in Frankreich übersetzt und durch den physiokratischen Ökonomen und Generalinspektor der Marine, Henri-Louis Duhamel du Monceau, verbreitet, der 1759 sein Werk *Möglichkeiten zur Erhaltung der Gesundheit von Schiffsbesatzungen durch die Reinigung der Luft in den Krankenhaussälen*⁷ publizierte. „Die Gesundheit der Mannschaften erhalten": wir halten dafür, daß eine solche Formulierung das *Leitmotiv**, das Programm der gesamten zeitgenössischen westlichen Architektur bis zur Charta von Athen, enthält; zumindest signalisiert sie einen der zahlreichen *Anfänge* der modernen und zeitgenössischen Architektur, indem sie die Ziele definiert sowohl im Hinblick auf die staatlichen Institutionen als auch im Hinblick auf die positive Notwendigkeit, das *Leben* aufzuwerten, welches als soziales Gesundheitsideal aufgefaßt und wahrgenommen wird als der Wille zur Vermehrung und Erhaltung der Bevölkerung. Architektur wird auf diese Weise wesentlicher Bestandteil einer allgemeinen Strategie, die die westlichen Gesellschaften erschüttert: Sie wird Grundelement einer *Biopolitik*.⁸

Zuallererst möchten wir darauf hinweisen, daß das französische Wort „équipage" (Mannschaft, Besatzung), das aus dem altfranzösischen *eschiper, esquiper* stammt, abgeleitet vom altnormannischen *skipa* (von *skip*, aus dem im englischen *ship* und im deutschen *Schiff* wird), die maritimen und militärischen Ursprünge des Begriffes bezeugt, der mit dem französischen Wort *équipement* ausgedrückt wird. Eben dieser Begriff, *équipement*, wird es sein, auf den man sich beruft, um weltweit jede Art von Einrichtung zu bezeichnen, die den öffentlichen Dienst betrifft, ein öf-

---

* Dt. im Original (A.d.V.)

fentliches Gebäude zum Beispiel, ein Verwaltungsgebäude, ein Krankenhaus, auch ein Kunstwerk oder ein Verkehrsnetz oder ein Kommunikationssystem (Häfen, Kanäle, Eisenbahnen, Elektro- oder Telephonleitungen . . .). Dieser Begriff wird den Begriff *Monument* ersetzen, sobald die repräsentative und symbolische Rolle des öffentlichen Gebäudes die Rolle eines Gegenstandes übernehmen wird, dessen Wert sich nicht mehr nur auf das Sichtbare beschränkt, sondern unversehens den Bereich des Notwendigen und des Funktionellen erobert. So wie bei allen technischen Objekten wird sich diese Funktionalität auch in den Bereichen Sicherheit, Straßenbau und Information bemerkbar machen, welche Kategorien der Kapazität und der Quantität repräsentieren (Quantität an Sicherheit, Q. . . ., etc.). So beginnt man am Ende des 18. Jahrhunderts, am Ort und an Stelle der monumentalen Prunkbauten des Klassizismus, die für das Gesetz und die Ordnung stehen, tektonische Gebäude zu errichten, die „wie Maschinen" funktionieren sollen, eine Art „unvollkommener Maschinen", Ausdruck der die rationalen Bereiche im traditionellen städtischen Raum prägenden Norm.[9] Angewendet in erster Linie bei Schiffen, diesen Kriegsmaschinen par excellence, wird die neue Technik zur Belüftung geschlossener Räume insbesondere in einem Hospiz für ansteckende Kranke eingerichtet, dem „Hôpital Saint Louis", das zu Beginn des 17. Jahrhunderts, nach dem für Lazarette damals typischen Grundriß mit quadratischem Hof angelegt, in der Nähe von Paris gegründet wurde.

In der Folge vollzieht und etabliert sich die physische Neudefinierung von Orten mit präziser Zweckbestimmung (das Krankenhaus, der Friedhof, das Arsenal, der Markt etc.), eine Maßnahme zur Raumaufteilung und Umverteilung der Aktivitäten, die die beweglichen Grenzen zwischen dem Gesunden und dem Ungesunden, dem Normalen und dem Pathologischen (dem „Morbiden") fortwährend verschiebt. Der Kunsthistoriker Georges Canguilhem hat gezeigt, daß die Frage nach der Norm und der Funktion nicht außerhalb der Verhältnisse gestellt werden kann, die das Lebewesen und seine Umwelt bestimmen, daß das Konzept des „Pathologischen" nicht gedacht werden kann als logischer Widerspruch zum Konzept des „Normalen", denn – schreibt er – das Leben im pathologischen Zustand ist nicht das Nichtvorhandensein von Normen, sondern das Vorhandensein anderer Normen, und schließlich, daß das Pathologische eher das Gegenteil des „Gesunden" sei und nicht der logische Gegensatz zum Normalen.[10] In einer gegebenen Umwelt regulieren die Normen die Lebensweise im pathologischen Zustand ebensosehr wie im Zustand der Gesundheit. Betrachtet man sie getrennt voneinander, so kann weder das Lebewesen noch das Milieu als normal bezeichnet werden, sondern nur in ihrer Beziehung zueinander. Einerseits muß der Gesundheit die normative Kraft zuerkannt werden, die physiologisch gebräuchlichen Normen durch einen kontinuierlichen Anpassungsprozeß in Frage zu stellen. Andererseits muß man aber sehen, daß unsere Gesellschaften, analog dazu, eine normative Kraft ausgeübt haben, die in der Lage war, die Organisation unserer Umwelt durch einen kontinuierlichen Anpassungsprozeß in Frage zu stellen, der oft gesunde Folgen haben sollte, ebenso oft aber auch pathologische. Hier liegt − nach Canguilhem − „der tiefe Sinn der Identität zwischen Wert und Gesundheit, die Sprache bezeugt es: *valere* bedeutet im Lateinischen: sich gesund fühlen."[11]

Bis hierher haben diese Betrachtungen eine Epistemologie der Gesundheit des Individuums skizziert. Auf die Gesamtheit der Individuen, auf die Verwaltung der Städte und des flachen Landes angewendet, wird das Konzept der Norm in seiner tieferen Bedeutung erweitert um eine instrumentelle und politische Wirkung, deren heutige Gültigkeit nur mit Hilfe einer historischen Analyse deutlich werden kann: „Zwischen 1759, dem Zeitpunkt, zu dem das Wort normal zum erstenmal auftaucht, und dem Jahr 1834, in dem erstmals der Begriff Normalität erscheint, hat eine normsetzende Klasse die Macht erobert, die Funktion der sozialen Normen gleichzusetzen mit dem Gebrauch, den sie selber von ihnen machte, und deren Inhalt sie bestimmte." Diese Zeilen Canguilhems haben die antipositivistischen Betrachtungen zum Konzept der „Normalisierung" eröffnet und begründet, mindestens in Frankreich. „Normal", fährt Canguilhem fort[12], „ist der Begriff, mit Hilfe dessen das 19. Jahrhundert den schulischen Prototyp und den Zustand organischer Gesundheit bestimmen wird." Um andere Beispiele zu nehmen: Man kann zeigen, daß am Ende des 18. Jahrhunderts die Arbeiten von Chemikern und Physiologen in dem informativen und systematischen *Corpus* der *medizinischen Topographie* verbunden werden durch die beharrlichen Bemühungen von Ärzten und Demographen mit dem Ziel, die lebendige und organische Materie vom selben Blickwinkel aus behandeln zu können, mit dem selben objektiven „Überblick" und mit einer einheitlichen Methode, die es den neuen technokratischen Institutionen des Staates erlauben sollte, die sozialen Belange rechtmäßig und im Namen des öffentlichen Wohls zu steuern, indem man sie den Ambitionen eines universalisierenden Wissens unterordnet. Dieser neue, um das Binom des Pathologischen und des der Gesundheit dienlichen oder des Morbiden und des Gesunden herum aufgebaute Bereich erlebt ein kontinuierliches Zurückversetzen seiner Grenzen und Schranken.

„Der Gegensatz zwischen dem Gesunden und dem Ungesunden wird gewöhnlich anhand von Gesundheitsnormen erklärt", schreibt Jacques Guillerme. Aber dieses normative, auf einen doppelten Widerspruch gestützte Modell wird auf andere Bereiche der Humanwissenschaften ausgedehnt werden; dieser Gegensatz „gibt einer Pädagogik Gestalt, beeinflußt Verhaltensweisen, Verbote und infolgedessen deren erträumte oder begangene Mißachtung, kurz, gibt einer Kartographie unbeständiger Grenzen Gestalt. Dieser Begriff der Grenze oder Schranke ist hier wesentlich, denn ihre Verschiebung veranschaulicht den Abstand zwischen den Rationalisierungen des Gesetzes und den obskuren Kräften des Körpers, wo sich die Transaktionen der Natur und des Denaturierten abspielen."[13] Die Pläne für die „équipements" beinhalten daher auch Grenzvorstellungen — Sieb, Schranken, Schwelle, Absonderung, Verteilung — und setzen folglich „gewisse Verwaltungsaktivitäten, eine diese inspirierende Doktrin, eine gewisse Konstanz bei den Vorschriften" voraus. Wohlverstanden, fährt Guillerme fort, diese nachdrücklichen Empfehlungen für die Gesundheitspflege haben vor allem einen Richtwert: „Was (dem Gesundheitswesen) Bereiche zuweist, beruht auf einer Vielfalt von Determinismen, die von einer Menge anderer Widerspruchskategorien durchdrungen sind, wie beispielsweise dem Reinen und dem Unreinen, dem Sauberen und dem Schmutzigen, der Sünde und der Gnade, desgleichen aber auch dem Toten und dem Lebendigen, dem Sichtbaren und dem Unsichtbaren, dem Äußeren und dem Inneren", ferner noch dem Typischen und dem Anormalen, dem Schatten und dem Licht, dem Geregelten und dem Regellosen. Diese vielfältigen Interferenzen erlauben es, eine umfassende Geistesgeschichte der Spaltungen, der Figuren, der Konstruktionen zu zeichnen, die „die Ergüsse und Heimlichkeiten des Imaginären" speisen und sie gleichzeitig Lügen strafen. An dieser Stelle möchten wir dem Leser gestehen, daß unsere Untersuchung der städtischen Wohnverhältnisse in Frankreich als ein Kapitel einer „histoire de l'équipement" gedacht ist, einer Geschichte der öffentlichen Einrichtungen, die auf diesen Spaltungen beruht, gespeist von diesen realen, symbolischen oder imaginären Figuren.

※ ※ ※

Die moderne Reform des „milieu ambiant", der Umwelt, hat in erster Linie die Angst einflößenden Räume beeinflußt, die Wurzeln des die Gesellschaft bedrückenden Übels: Krankenhäuser und Friedhöfe sind schon erwähnt worden, hinzugefügt werden müssen die Schlachthäuser oder Schlachtereien und die Müllhalden, in Frankreich „voieries" genannt[14]. Diese Reformstrategie ist aus drei Teilbereichen zusammengesetzt, dem *Programm*, der *Institution* und der *Technologie*.

Das Programm ist die „Wissenschaft" des Projektes. Es beinhaltet die Gesamtheit der Prinzipien, der Mittel und der Gegebenheiten, die dem Plan gewissermaßen gesetzgebende Kraft verleihen sollen[15]. Dieses Programm wird durch öffentliche oder private Einrichtungen in die Tat umgesetzt, etwa staatliche Behörden, die ihre Doktrin aufstellen, ihre Hierarchie, ihre Verwaltungsmethode, ihre pädagogischen Ziele, es können aber auch von Amateuren oder Fachleuten ins Leben gerufene weltliche oder religiöse Vereinigungen sein. Wie auch immer, Programme und Institutionen allein hätten die bürgerliche Gesellschaft und ihre Umgebung, die Stadt und das Land, nicht verändern können; allein hätten sie nur *Utopien* schaffen können (an welchen es denn auch nicht gemangelt hat). Alessandro Fontana[16] hat festgestellt, daß die klassischen Utopien – von der zweiten Hälfte des 16. Jahrhunderts an bis ins 18. Jahrhundert – sowohl als Projekte politischen Charakters als auch als minutiöse Programme zur Veränderung der Machtverhältnisse Beachtung finden müssen. Mit dem Begriff „Technologie" (im von J. Beckmann gewollten Sinne, dem Begründer dieser Disziplin an der Universität Göttingen in der zweiten Hälfte des 18. Jahrhunderts) wurde gekennzeichnet, was aus dieser Politik, aus all diesen Programmen Wirklichkeit werden ließ, sie mit Hilfe von Strategien, Taktiken, Einrichtungen aller Art, wie sie von den Institutionen geschaffen wurden, in Materie verwandelte. Während das Programm das Projekt beherrscht, hat die Technologie ihren Ursprung in dem Wunsch, unter Berücksichtigung der Produktionsmittel und der sozialen Bedürfnisse die Technik zu beherrschen.[17] Das Machtprogramm für sich allein produziert Utopien. Die Verwaltungstechnologie (Verwaltung des Handels, der [Waren]ströme, der Bevölkerung, der sozialen und zwischenmenschlichen Beziehungen) schafft *Heterotopien*, „Räume, die in der Institution Gesellschaft selbst Gestalt annehmen und", schreibt Michel Foucault, „eine Art Gegen-Anlagen/Gelände sind, eine Art tatsächlich verwirklichter Utopie, in der die realen Anlagen, alle die anderen realen Anlagen, die im Innern der Kultur zu finden sind, alle auf einmal vor Augen geführt, in Zweifel gezogen und in ihr Gegenteil verkehrt werden, eine Art Räume jenseits aller Räume, wenn sie auch dennoch in Wirklichkeit lokalisierbar sind".[18]

Wir wollen die historische Erscheinungsform dieser Programme rekonstruieren, ihr Vorhandensein zeigen, indem wir einen Blick auf ihre ersten Anfänge werfen, als sie ihre ‚Wahrheit', beziehungsweise ihre politische und soziale Funktion, noch spontan erkennen ließen, ohne ihren ursprünglichen Zweck unter im nachhinein gestrickten Rechtfertigungsversuchen zu verbergen. Es soll auch gezeigt werden, was in den Programmen der alten Ordnung angehört (etwa die königliche Residenz, das Palais und das Hospital des Prinzen, die Kirche und das Kloster, die Festung und die Zitadelle, die Parzellierung, der Platz, die Straße, die Allee ...), und was in den Interventionstechnologien für die Realisierung der programmatischen Ziele einer ‚Verarztung' des städtischen Lebens und einer ‚Insularisierung' des urbanen Gewebes dienlich ist, indem die klassischen und barocken Hauptstädte in Metropolen verwandelt werden[19], was schließlich, in den neuen Programmen, für die Struktur und das Prestige — beide sowohl real als symbolisch — einer Metropole nützlich ist.

Innerhalb dieses hypothetischen Rahmens wollen wir die Überlegungen dieses Buches ansiedeln, das nicht so sehr den Ehrgeiz hat, zu einer ‚Geschichte des Hauses' beizutragen (was eine Beteiligung entsprechender Wissenschaftszweige erfordern würde, Geschichte und Ethnologie etwa) noch zu einer Geschichte der ‚Wohnungsfrage' in Frankreich (das heißt: die historischen Wurzeln der Engelsschen *Wohnungsfrage*[20] darzulegen), die bereits in der exemplarischen Arbeit von Roger H. Guerrand erschöpfend untersucht worden ist.[21] Vielmehr möchten wir Informationen zur Geschichte der Wohngebäude liefern, die als „équipements collectifs", als kollektive Einrichtungen errichtet wurden, und zur Geschichte der komplizierten „Anfänge", die die hybriden Modalitäten der Bau- und Wohnungspolitik bestimmt haben. Als wir damit begannen, unsere Notizen zusammenzutragen, sollte eine Art Genealogie der Wohnungstypen skizziert, den verschiedenen Untersuchungen zur Sozialgeschichte der Wohnung gegenübergestellt und mit Forschungsarbeiten zu den ersten Versuchen verbunden werden, die Wohnung in eine ‚Wohnmaschine' zu verwandeln, ohne indessen Betrachtungen über die Entwicklung von Kulturen, ‚Philosophien' und moderner Lyrik auszuschließen, die die Wohnung betreffen.

Seit dem Ende des letzten Jahrhunderts, ganz besonders aber seit 1920 und 1930, haben Studium und Planung der Funktion des ‚Wohnens' und des *Habitat* (nach einem vor kurzem in Frankreich eingeführten Neologismus) jedes Projektierungsverfahren und fast alle theoretischen Texte der Architekturliteratur so sehr monopolisiert, daß man sich kaum mehr daran erinnert, daß während der klassischen Ära, ja, bis gegen Ende des 18. Jahrhunderts, keine einzige systematische Abhandlung zum Wohnen noch irgend eine Vorschrift zur räumlichen Anordnung der Wohnbereiche existiert. Die Literatur, die Fürstenhäuser, königliche Paläste, Villen und Schlösser behandelt, schließen wir selbstverständlich aus. Und die häufig zitierten Beispiele, es sind immer die selben, widersprechen unserer Behauptung nicht: Es ist gezeigt worden, daß die Abhandlungen eines Pierre Le Muet oder eines Charles Briseux weder Modelle anbieten noch neue Normen diktieren wollen. Sie entwerfen ein getreues Bild der Typologie der Häuser von Pariser Kaufleuten und reproduzieren dabei das Schema der Anordnung der Wohnräume, wie sie tatsächlich zwischen dem 17. und 18. Jahrhundert in Paris gebaut worden sind.[22] Das Feld unserer Forschung ist also eingeschränkt, einerseits durch das fast absolute Schweigen zu den zwischenmenschlichen, sozialen und architektonischen Wohngepflogenheiten — ein Schweigen, das eigentlich nur während der ersten drei Jahrzehnte des 19. Jahrhunderts unterbrochen wird — und durch den geschwätzigen Lärm unserer Zeit, die ganz auf die Wohnung, das Appartment, das „Haus", die Immobilie, das Obdach, das Logis, das Domizil, die Residenz, das Einfamilienhaus ... konzentriert ist. Siedeln wir also unsere Untersuchung etwa in der Mitte der erwähnten Schranken an, zwischen der Stufe Null der Subjektivität in der klassischen Architektur und dem großen Rummel der zeitgenössischen Architektur, die jetzt praktisch auf Techniken zur Planung des gemeinschaftlichen Lebens reduziert ist. In diesem historischen Raum hat sich der sehr langsame, indessen äußerst wirkungsvolle Prozeß der ‚Domestizierung' des sozialen Lebens, der ‚Normalisierung' von Räumen und intimen Verhaltensweisen, der ‚Moralisierung' der Bewohner vollzogen, ein Prozeß, der auf der Grundlage von Techniken zur Überwachung der Triebe und der Beherrschung der Wünsche beruht und das Ziel anstrebt, alle und jeden dazu zu bringen, sich dem Zyklus von Produktion-Konsumption-Produktion zu unterwerfen. Dieser langsame Prozeß wird zu einer neuen Art von Stadtverwaltung führen.

* * *

Wir haben es schon gesagt: Angelpunkt, ‚Axiom' der Wohnreformpolitik ist während mehr als 50 Jahren die öffentliche Hygiene gewesen. Die Kodifizierung im Gesundheitswesen des 18. Jahrhunderts stützte sich auf eine doppelte Klassifikation, die der Atmosphäre und die des Raumes; gegliedert in eine Klimatologie und in eine Topographie, strebte die Wissenschaft der Hygiene danach, die „verpesteten Orte" zu isolieren, von denen die „bösen Dämpfe" ausströmten, die „giftigen, krankmachenden Ausdünstungen", die bei der Verbreitung der Seuchen von spezifischen Kräften wie dem Wind, dem Regen und dem Hagel begünstigt werden. Diese Theorie wurde in dem Begriff „epidemische Konstitution" zusammengefaßt, der das gesamte Gesundheitswesen bestimmte und die Kontroll- und Eindämmungstechniken diktierte, die Quarantäne für suspekte Waren in den Lazaretten, die Isolierung des Kranken, die Schließung der Landesgrenzen durch den „cordon sanitaire" und ähnliche Maßnahmen. Auf einen Nenner gebracht: Noch war die Gesundheitspolitik eher eine Gesundheitspolizei.[23] Nun gut, diese ehrgeizige theoretische und praktische Konstruktion, mit deren Hilfe städtische und ländliche Gebiete in räumliche Gesundheitspolaritäten aufgeteilt werden sollten, wird am „langen Marsch" der Choleraepidemie zerbrechen, die, von Indien ausgehend, am 30. März 1832 nach 14 Jahren Reise Paris erreichen sollte. Diese Krankheit machte einen Strich durch sämtliche Rechnungen: Sie war resistent gegen Kälte, wanderte *gegen* den Wind, kam die Flüsse herauf und befiel nicht allein die Armen und die Juden, sondern auch die Reichen.[24] In Frankreich starben 803 070 von 1 904 984 Cholerakranken. Ohne länger bei der von Historikern wie R.-H. Guerrand oder B. Barret-Kriegel hervorragend beschriebenen Geschichte dieser Epidemie zu verweilen, möchten wir daran erinnern, daß es die große Angst von 1832 war, die die wichtigsten Umwälzungen im Bereich der städtischen Politik auslöste, oder vielmehr beschleunigte: Angesichts der Gefahr einer „Ulzeration der Stadt" sind sich alle einig darin zu verkünden, es müsse dringend eine Neudefinierung der städtischen Gebiete vorgenommen werden, um sowohl die *Kontakte* zwischen den Körpern als auch den *Durchgangsverkehr* innerhalb der Stadt neu zu organisieren.

Zu den *Kontakten* schreibt Louis Chevalier, „der materielle Rahmen" übersteige „summa summarum [...] das Maß der Einwohner"[25]. Die großen Hauptstädte, wie London und Paris, erleben die industrielle Revolution als „Zuschauerinnen" (so Fernand Braudel[26]). Gleichzeitig erleiden sie eine demographische Revolution, die darin zum Ausdruck kommt, daß immer mehr Menschen zusammengepfercht werden, was allein schon neue Probleme schuf.

„Wie auch immer die wirtschaftlichen Bedingungen, das Lohnniveau oder die Beschäftigungsrate gewesen sein mögen — wir meinen, daß der Kontrast zwischen der Bevölkerungsexpansion und dem Gleichbleiben des städtischen Rahmens ausreicht, um schwierige soziale Zustände zu unterstellen", meint Chevalier.[27] Der Begriff menschlicher *Dichte* zeigt die Notwendigkeit einer neuen Strategie: Die Großstadt platzt; der bewohnbare Raum (Wohnungen, Werkstätten, Immobilien, Straßen ...) und die städtische Morphologie (traditionell festgelegt durch die Kontrolle der Höhe, der Fluchtlinien, der Ausdehnung) können die Masse der Menschen, der Dinge, der Abfälle, der Keime und Defekte nicht mehr bergen, das Volumen und die Fläche reichen nicht mehr aus.[28] Die kritische Schwelle ist erreicht: Es genügt daran zu erinnern, daß die Bevölkerungsdichte im Zentrum von Paris 1801 den Gipfel von 150000 Einwohnern pro Quadratkilometer erreicht.[29] Dieselbe Strategie sollte das sich Ausbreiten der Ansteckung und der Epidemie verhindern und bei dieser Gelegenheit die Kontaktmöglichkeiten anders regeln mit dem Ziel, Abstandsvorschriften zwischen den Körpern einzuführen: Die Angst vor der epidemischen und der endemischen Krankheit hängt eng zusammen mit der Angst vor dem Laster und der Korruption. Hygiene und Moral sind die beiden Ziele, mit der sich jede Reformstrategie für die „gefährliche Arbeiterklasse" beschäftigt. Sogar das Äußere „der Pariser Bevölkerung" ist entsetzlich, sagt Balzac, „ein Volk, schrecklich anzusehen, abgezehrt, gelb, gegerbt". Er sieht in ihr nur eine Masse von Menschen, die „keine Gesichter haben, wohl aber Masken: Masken der Schwäche, Masken der Stärke, Masken des Elends, Masken der Freude, Masken der Scheinheiligkeit. [...] Wenige Worte genügen, um die fast infernalische Färbung der Gesichter in Paris physiologisch zu erklären, denn Paris wurde eine Hölle genannt, und das war kein Scherz"[30]. Die negative Pathologie des 18. Jahrhunderts breitet sich aus und erweitert ihr Untersuchungs- und Interventionsfeld auf die ganze arme und elende Bevölkerung in der Absicht, eine neue Karte zu zeichnen, eine besondere Kartographie einzurichten, die Kartographie des *Elends*. Anstelle eines negativen, das Leiden und die Krankheit an bestimmten, als „morbide" geltenden Orten, bekämpfenden Wissens entwickelt sich eine positive, globale und kollektive Strategie: die öffentliche Gesundheitspflege. 1829 gründete der Arzt Claude Lachaise die *Annales d'Hygiène publique et de Médecine légale* (Jahrbücher für das Gesundheitswesen und die Gerichtsmedizin).

Die Strategie der Stadt tendiert von nun an dazu, die unmittelbar körperlichen Aktionen durch Abstand wahrende Aktionen zu ersetzen. Die Stadt des 19. Jahrhunderts, schreiben L. Murard und P. Zylberman, das ist die Phobie vor dem Kontakt und den Gerüchen, vor der Verseuchung und der Ansteckung, vor dem Schmutz und dem Laster.

Dies ist der Ursprung dieses beispiellosen Zuges in der öffentlichen Medizin und in der ‚sozialen' Architektur, die mit den als Verlängerung der „sciences de la vie" in Erscheinung tretenden Humanwissenschaften einen *Korpus* von Reformtechnologien schaffen: Wissenschaften, „unmöglich, sie von der Negativität, in der sie entstanden sind, abzulösen; andererseits sind sie an die Positivität gebunden, die sie stillschweigend als Norm voraussetzen", schreibt Michel Foucault.[31] Medizin, Architektur und Sozialwissenschaften erhalten „die schöne Aufgabe, im Leben der Menschen die positiven Gestalten der Gesundheit, der Tugend und des Glücks"[32] aufzurichten. In den Untersuchungsberichten häufen sich statistische Tabellen; die neuen Klassifizierungsregeln verfeinern die Ordnungskategorien und erzwingen Berechnungsmethoden.[33] Wenn dieses Rechnen einerseits zu „einer Wissenschaft des Sammelns und Analysierens, des Gliederns und Ordnens, [zu] einer universellen Wissenschaft des Lagerns" führt – wir folgen hier einer Formulierung von François Dagognet[34] –, dann bestätigt dies andererseits die vorangegangene Ära des Zweifelns, die die sozialen Ursachen der Krankheit bereits sichtbar gemacht hatte. „Nur mit Hilfe der statistischen Tabellen wird diese Entdeckung deutlich", schreibt B. Barret–Kriegel, *„die elenden Unterkünfte sind die Fundamente der Krankheit."* Damit wird in die Symbolik der Politik des 19. Jahrhunderts einer ihrer bedeutendsten negativen Protagonisten eingeführt: der „Misérable", eine zwiespältige historische Gestalt, die ohne Unterschied alle Schicksalsfügungen der Armut, des Unglücks, des Lasters und des Verbrechens auf sich zieht.

In einer Wechselbeziehung zum Kontakt steht der zweite wichtige Gegenstand städtischer Politik im 19. Jahrhundert, die Frage des *Durchgangsverkehrs*. Befassen wir uns wiederum mit dem Beispiel Paris: Die Zahl der Personen, die auf Dauer einwandern und sich jedes Jahr im Zentrum ansiedeln, schwankt zwischen 16 000 und 25 000[35]; hinzu kommen die zeitweilig Immigrierenden, von denen bis zu 45 000[36] auf der Suche nach einer Saisonarbeit sind. Die strikten Vorschriften zur Höhe der Häuser, die nach dem Gesetz nur auf die Fassaden am Rande öffentlicher Straßen angewendet werden dürfen, geben der Habsucht der Eigentümer und dem erfinderischen Genie der Konstrukteure das Recht, die Anzahl der Stockwerke beliebig zu vermehren, die Belüftungshöfe zuzubauen und die Zimmergröße über jedes Maß hinaus zu verkleinern[37]. Der besondere Charakter der Arbeit des Arbeiters – Saisonarbeit oder aber unregelmäßige Arbeit – führt jedenfalls zu einer sozialen Randstellung und zu Nomadentum, oder er zwingt den Einwanderer, der jedes Angebot akzeptieren muß, dazu, im Zentrum der Hauptstadt zu leben[38]; die großen Märkte im ‚quartier des halles' (damals noch im Stadtzentrum) vermehren die Verkehrsprobleme, die Promiskuität und die Kriminalität; Grundbesitzer und Kaufleute haben eine doppelte Angst: Einerseits müssen sie machtlos der Entwertung der Innenstadt zusehen, dem Preisverfall bei Grundstücken und Immobilien und der Stagnation der Bauvorhaben, andererseits sind sie aufgeschreckt durch den Bau von Eisenbahnlinien und Bahnhöfen, was ihrer Meinung nach vor allem die „*Abwanderung*" der Arbeiterbevölkerung in die Peripherie erleichtern könnte, wodurch die zentralen Bereiche noch mehr entwertet würden, da sie nach einem solchen Exodus entvölkert wären. Eine solche Konzentration von sich ständig verändernden Gegebenheiten, von zerstörerischen Phänomenen und von kollektiven Emotionen zeigt, daß die Wohnungsfrage – zumindest in Paris – in ihrer ganzen Globalität wird gestellt werden müssen, auch wenn die in der Zeit der Restauration und der Julimonarchie diskutierten Lösungen sich auf die Ebene des Quartiers beschränken und einzig der Not gehorchen, die Funktionen des hauptstädtischen Zentrums zu erhalten. Als Teil einer solchen Logik muß man die Versuche des Präfekten Chabrol zur Zeit der Restauration verstehen, die Pläne von A. Rabusson und des Architekten Demeunynck[39], des Gemeinderates Lanquetin, Berichterstatter im Ausschuß für ‚Les Halles'[40], des Architekten Perreymond, Redakteur bei der ‚Revue Générale de l'Architecture'[41], und von A. de Laborde, zur Reorganisation des Abwassersystems in Paris: Konträr zu allen Dezentralisierungsvorstellungen bieten sie Projekte zur Wiederherstellung des Stadtzentrums „für sich allein" an, wo sie wieder die großen Handels- und Verwaltungsgebäude konzentrieren wollen. Diese urbanen Konzeptionen – ganz besonders die von Lanquetin und von Perreymond aus dem Jahre 1843 – sind Erbstücke einer Stadtplanung, wie sie im 18. Jahrhundert en vogue war. Ihre Strategie ist es immer noch, die wieder aufgebauten Häuserblocks weiter zu verdichten, die öffentlichen und städtischen Funktionen um das Zentrum herum neu anzuordnen mit dem Ziel, das exzessive Wachstum der städtischen Fläche zu bremsen und den Verkehrswegen Priorität zu geben, die das Zentrum mit der Peripherie verbinden: Es bleibt das Ziel, das bedrohliche Wachstum der Stadt aufzuhalten, einer Stadt, die sich mehr und mehr als „großes Schlachtfeld" erweist, wie sich Rabusson und Demeunynck im Jahre 1843 ausdrücken[42]. Die *Transit*politik setzt also die *Sicherheits*politik fort und folgt einem Entwicklungsschema, das bereits gegen Ende des Ancien Régime Geltung hatte[43]. Dieselben Autoren, Experten für die schwierigen Probleme der „Abwanderung" der Bevölkerung aus den alten, zentral gelegenen Vierteln nach den peripheren Stadtbezirken (nach Osten und Süden und ans linke Seine-Ufer), sprechen von dieser Entwicklung in strategischen Begriffen: „Es ist indessen leicht, die Bedeutung vorauszusehen, die der Frage beizumessen ist, ob es diese oder jene Population ist, die diesen oder jenen Teil [der Hauptstadt] besetzt. [...] Man wird die Ebene von Paris in zwei Gebiete aufzuteilen haben, von denen das eine, das westliche, den Regierungssitz beherbergen wird und jenen Bevölkerungsteil, der ein Interesse daran hat, diesen zu schützen, während das andere, das östliche, jene Teile des Volkes einschließen wird, deren [aufrührerische] Bestrebungen es im Zaume zu halten gilt[44].

Eine solche ‚geometrische' Klarheit wird selbstverständlich durch eine Flut von Schmähschriften, Pamphleten und eine Vielzahl von Projekten bekämpft und verdunkelt, die umgekehrt die Tendenz zur Entmischung der sozialen Gruppen bremsen sollen. Diese Trennung ist aber bereits Wirklichkeit geworden: durch die Schaffung von *Judengassen* für Proletarier, von finsteren „cours des miracles" (berüchtigte, von Bettlern und Dieben bevölkerte Gassen), von „*colonies*", in denen die obskure Masse der 5000 Lumpensammler haust, die in Paris ihren Beruf ausüben[45], von dichtbevölkerten *Cités*, wo eng zusammengedrängt Holz- und Leichtmetall-Handwerker leben[46], von „*meublés*" mit ihren berühmten „*hôtels garnis*", Schlafstellen für Immigranten, die sogar vielköpfigen, in einem einzigen Raum kampierenden Familien Obdach bieten, den „*chambrées*" oder Stubengemeinschaften. Die größte Gefahr besteht darin, schreibt Auguste Comte 1852, daß das Proletariat sich in der gefährlichen Lage befindet, „inmitten der westlichen Gesellschaft" *kampieren* zu müssen, „ohne dort eine feste Unterkunft zu haben"[47]. Diese Betrachtung folgt in gerader Linie der Denkweise der Aufklärung: Bereits 1773 formulierte der Baron von Holbach folgende lapidare Sentenz: „Wer in einem Staate nichts hat, den verbindet nichts mit der Gesellschaft."[48] Dieses Credo des Besitzenden wird wie ein Psalm immer von neuem angestimmt. Zitieren wir noch den eindrucksvollen Text eines Redakteurs des *Journal des Débats* aus dem Jahre 1832: „Die Arbeiter sind außerhalb der politischen Gemeinschaft, am Rande der Stadt: Sie sind die Barbaren der modernen Gesellschaften, Barbaren voller Mut, voller Energie, wie ihre Vorfahren, die unserer Gemeinschaft geben müssen, was sie an Kraft und Leben haben, um sie zu stärken, die sich also an dieser Gemeinschaft beteiligen sollen, und die in ihr aufgenommen werden müssen, sobald sie das Noviziat des Besitzes hinter sich haben."[49] Von nun an geht es darum, ein anarchisches, ja geradezu absurdes Vorhaben zu bekämpfen, den Plan nämlich, *diesen provisorischen und chaotischen Zustand in einen normalen und definitiven Zustand zu erheben.* Eben dadurch würden der Anarchie die Möglichkeiten geschaffen, sich mit dem Proletariat zu verbünden. Diese beunruhigende Welt, diese verrückte Ordnung ist fremd und zweideutig, *unheimlich.* Das Gegenteil ist zu tun: Dieses Universum von Nomaden und Vagabunden muß wieder ein positivistisches Domizil, ein „Obdach" finden.[50]

Wie aber waren die wirklichen Wohnverhältnisse des ‚Armen', des ‚Arbeiters', des ‚Proletariers', des ‚Bedürftigen'? Zu diesem Thema wurden zahlreiche Anthologien verfaßt; wir werden indessen als Einzigen den Baron de Gérando sprechen lassen, einen Philosophen und hohen Staatsbeamten, den größten Experten für die „bienfaisance publique" (öffentliche Wohlfahrt, Wohltätigkeit) seiner Zeit (1839): „Leser! Hast Du hin und wieder die Behausungen der Armen aufgesucht? Bist Du eingedrungen in dieses enge, finstere Gäßchen, hast Du eines dieser heruntergekommenen, baufälligen Häuser betreten, die dunkle, ausgetretene Treppe erklommen, um dann in einem besseren Verschlag zu landen, der fast unzugänglich ist und eher einer Höhle, einem Schlupfwinkel für Tiere ähnelt als einer menschlichen Wohnung? Was für ein Anblick hat sich Dir da geboten? Und wird dieses Bild jemals aus Deinem Gedächtnis ausgelöscht werden können? Bald mangelt es fast gänzlich an Licht und Luft zum Atmen, es herrscht ein Pestgestank, bald läßt ein schlecht verschlossener Raum Wind und Wetter herein; ein so beschränkter Raum, daß die Familie darin zusammengepfercht ist wie Vieh, so daß Du kaum Platz findest. Es ist alles schwarz dort; alles verfällt. Vielleicht ist eines der Familienmitglieder schwer krank; vielleicht hat es gerade seine Seele ausgehaucht! Hier wiederum werden seine sterblichen Überreste die Stunde ihrer Bestattung erwarten, und die, die ihn überlebt haben, werden keine andere Zuflucht finden! Großer Gott! Alles ein einziges Elend! Wie soll die Gesundheit der Armen den Einflüssen einer solchen Unterkunft widerstehen? Wie sollten Entmutigung und Schwermut nicht seine Kräfte untergraben? Wie soll man sich in einem solchen Loch einer produktiven Arbeit widmen? Wie sollen die armen kleinen Kinder aufwachsen, die in einer solchen Atmosphäre verkommen?"[51]

Auf welchem Wege hat sich die Anpassung der ‚Subkultur' der nomadisierenden Arbeitermassen an die wesentlichen Institutionen der ‚bürgerlichen' Reproduktion und die sozialen Verhältnisse vollzogen?[52] So stellte sich die Wohnungsfrage in den großen industriellen Zentren, auch in Paris, bis zur Zeit der Präfekten Rambuteau (1847) und Haussmann (1853).

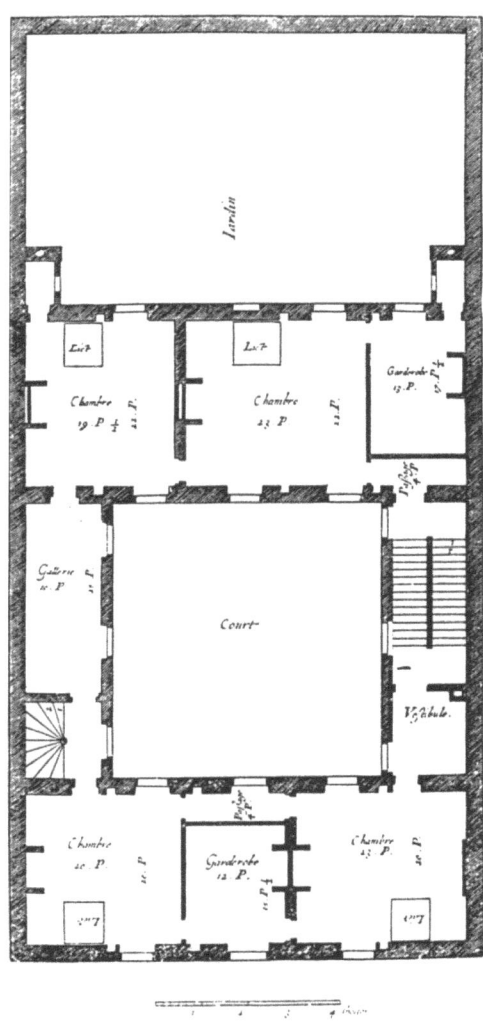

Die „klassische" Grundrißorganisation eines Stadthauses, aus: Pierre Le Muet, Manière de bâtir pour toute sorte de personnes, Paris 1647

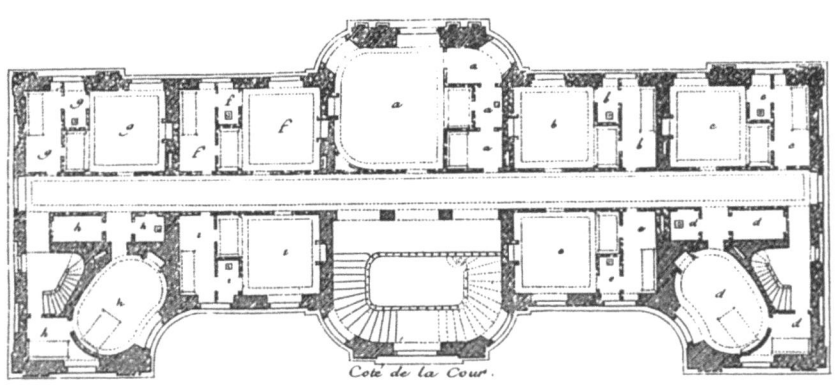

Die klassische Grundrißorganisation erscheint verändert durch die Einführung des Flurs, an welchem sich drei Treppenhäuser befinden, die die „Appartements" der ersten Etage bedienen. Aus: C.E. Briseux, L'Art de bâtir des Maisons de Campagne (1756), publiziert im Jahre 1761

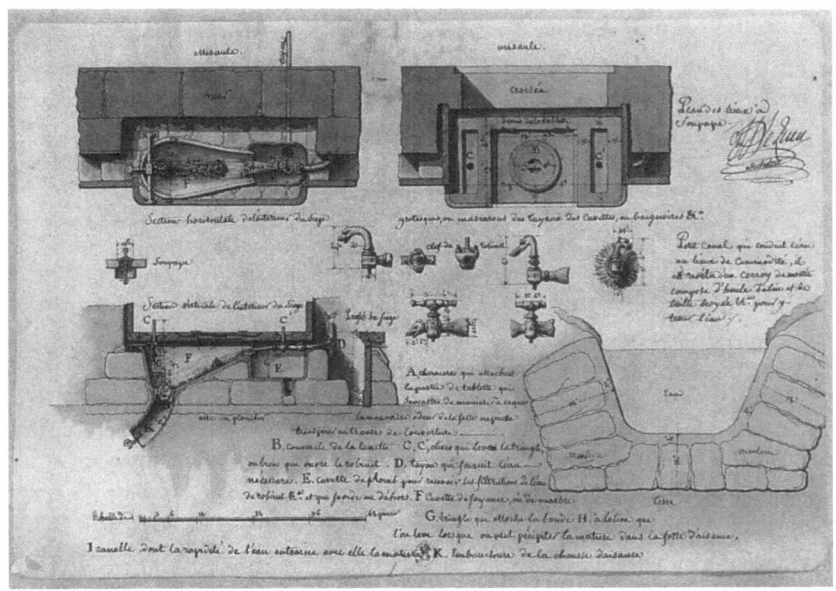

Jean-Jacques Lequeu (1757 – nach 1857), Hôtel de Montholon à Paris. Projekte für ein Klappbett und für Waschbecken. Federzeichnung, aquarelliert, um 1788. Bibliothèque Nationale, Cabinet des Estampes, Paris

Eugène Atget (1857–1927), Unterkünfte für Lumpensammler in den südlichen Vorstädten von Paris, um 1913

2 Mütter

Die Liebe kann aus einem generösen Gefühl herkommen: Lust an der Prostitution; aber es ist sehr rasch verdorben von der Lust am Eigentum.*
Charles Baudelaire

Lassen Sie uns zurückkommen auf Auguste Comte und die Prosa seines berühmten *Prospectus* aus dem Jahre 1822 zitieren: „Die Bestimmung der zur Reife gelangten Gesellschaft besteht durchaus nicht darin, ewig in der alten und hinfälligen Hütte zu bleiben, welche sie in ihrer Kindheit erbaut hat, wie die Könige denken, noch auch ewig ohne Behausung zu leben, nachdem man jene Hütte verlassen hat, wie die Völker denken. Sondern sie besteht darin, daß die Gesellschaft sich auf Grund der erworbenen Erfahrungen mit all den angesammelten Materialien das Gebäude errichtet, welches am besten ihren Bedürfnissen und ihren Freuden angepaßt ist." Im *Märchen von den drei kleinen Schweinen* baut der dritte Gevatter ein Haus aus Backsteinen, das solider ist als dasjenige seiner beiden Freunde. Sarah Kofman, die in ihrem Buch über Comte[1] das Manifest der positivistischen Philosophie zitiert, vermerkt boshaft, daß das dritte Schweinchen, entgegen seiner Lust, „mehr dem ‚Realitätsprinzip' gehorcht als die anderen beiden (...) und seiner Begabung folgend, mögliche Gefahren voraus zu sehen, handelt". Zumindest ist das die psychoanalytische Interpretation, die Bruno Bettelheim von diesem Märchen gibt.

Der Satz von Comte kann indessen auf zwei Bedeutungsebenen gelesen werden. Zuerst muß daran erinnert werden, daß Comte die Metaphysik als „eine seltsame Art des Philosophierens" ansieht, denn, nicht allein ist sie unklar und widersprüchlich, sie läßt auch der Anarchie des Antriebs freies Feld und damit dem Fehlen jeglicher Sicherheit: Die Metaphysik läßt uns ohne Obdach (*ohne Heim*) und wirkt auf Comte beunruhigend fremd (*unheimlich*)[2]. Die zweite Ebene der Lektüre bekommt nun einen ganz wörtlichen und nicht metaphysischen, einen positiven Sinn: Während die positivistische Philosophie sich erheben

---

* aus: *Aphoristisches*, dt. von Franz Blei, in: Charles Baudelaire, Kritische und nachgelassene Schriften, München (Georg Müller) 1925, S. 319

sollte wie ein Haus, eine stabile, sichere Zukunft (*Heim*), wird man für das Volk Häuser bauen, einen häuslichen Herd (*Heimstätten*) schaffen müssen. In den Mittelpunkt dieser Einrichtung wird die Frau gestellt, die Hausmutter, die so zur Sicherheitsgarantin sowohl für das vom Positivismus „angeeignete Gebäude" als auch für die menschliche Wohnung wird.

Etwas später, 1855, definiert Comte die Rolle der Frau in der Industriegesellschaft. In seinem zuallererst an Napoleon III. gerichteten *Appel aux conservateurs* schreibt er: „Die Frau, die in jeder Hinsicht das wahre Urbild unserer Gattung darstellt, ist unerläßliche Mediationsfigur zwischen dem Manne und der Menschheit, so wie der Klerus sich zwischen die Geschlechter stellt. Kraft der bei ihr vorherrschenden Gefühle vollbringt die Gattin im Namen des Hohen Wesens die innere Vervollkommnung des Gatten, und als Mutter leitet sie die Erziehung der Kinder, ohne das Theoretische Komplement zu verletzen, das immer von der Geistlichkeit ausstrahlen muß"[3]. Man beseitigt die veralteten Institutionen Mitgift und weibliche Erbfolge (die von alters her einem Arbeiter die Möglichkeit gaben einen ‚état', einen ‚Stand', zu erlangen, eine Werkstatt, ein Amt, Äcker, Werkzeuge . . .), und es bleibt dem Manne nichts weiter, als sich dem freien Arbeitsmarkt auszuliefern. Auf diese Weise „begründet der Positivismus, dadurch daß er die westlichen Tendenzen in ein System bringt" – so Comte – „die Hauswirtschaft und in der Folge das bürgerliche Axiom: *Der Mann hat die Frau zu ernähren*"[4]. Von der Arbeit außerhalb des Hauses freigestellt, auf Mitgift und Erbteil verzichtend, ist die Frau befreit von allen materiellen Sorgen und nicht einwandfreien Wünschen, die ihren häuslichen Pflichten und ihrer moralischen Sendung schaden. „So etabliert sich die normale Kapitalkonzentration bei den brauchbaren Dienern der Menschheit (i.e.: die Männer), auf daß ihre Kräfte und ihre Verantwortung das ganze ihnen angemessene Ausmaß erreichen"; „von nun an wird die Familie unmittelbar gewürdigt als Element und Schule der Gesellschaft." Die Schaffung eines Zusammenhangs zwischen öffentlichem und privatem Leben, zwischen der Stadt und der Familie, wird, alle durch die metaphysische Anarchie und das theologische Unvermögen verursachten Sophismen unwiderruflich überwindend, bewirken, daß „das politische Sein rein und klar wird, da es seine Sicherheit und Bestimmung aus dem häuslichen Sein schöpft, das es allenthalben erweitern und befestigen muß als wichtigste Quelle für Ordnung und Fortschritt"[5].

Die Frau, die Herrin ist die neue Heldin des 19. Jahrhunderts: Für Jules Michelet – Roland Barthes bringt es in Erinnerung – „ist das Weib letztes Heilmittel, sie hält die Zeit an, ja mehr noch, sie läßt sie neu beginnen". Als natürliche Lebensquelle ist die Frau „sanfte Mittlerin zwischen der Natur und dem Manne". Im historischen, mystischen und „lesbischen" Denken Michelets ist die Frau „ein Schlüssel, denn sie öffnet", sie führt die Männer in die Idealstadt, die Stadt der Zukunft, die „einzig eine matriarchalische Stadt sein kann". Barthes fügt hinzu: „Tatsächlich ist die Frau [für Michelet, A.d.Ü.] ein an die Menschheit angrenzendes und zugleich außerhalb ihrer liegendes Element, eine Art vollständiger Einfassung des Menschen, kurz ein Milieu".[6] Michelet selbst brachte diesen Gedanken mit viel metaphorischeren Worten zum Ausdruck: Die Frau „ist wie der Himmel für die Erde, er ist darüber und darunter, ringsum. Wir sind in ihr geboren. Wir werden von ihr umhüllt. Wir atmen sie, sie ist die Atmosphäre, das Element unsres Herzens."

Für Michelet ist die Stunde gekommen, den Kult der theologischen Abstraktionen für den neuen Kult, die „Religion des Heimes"[7], aufzugeben. Thérèse Moreau sagt: „Die Frau ist nie versiegende Gabenquelle, sie gießt ihre Liebe aus über ein Heim und einen Gatten, der sie ernährt, der alles für sie erschafft: ‚für dich den harten und rauhen Kontakt mit der Welt – für sie den Frieden und die Liebe, die Mutterschaft, die Kunst, die süße Sorge für das Innere'." Und: „Die Frau ist eine Schule, sagt Michelet, eine Religion. Was aber wie eine Idealisierung der Frau erscheint, ist in Wahrheit eine Weigerung, ihr den Status des menschlichen Wesens zu gewähren. Ihre Rolle ist es, den Mann zu glorifizieren. Wenn sie nicht arbeiten darf, dann offensichtlich um Mutter zu sein." Und weiter: „Indem sie die kompetitive Produktion ablehnt, verherrlicht die Frau die Arbeit des anderen, der sich für ‚seine' Göttin aufopfert. In der Tat, wenn die Frau eine Religion ist, dann deshalb, weil der Mann Gott Vater ist."[8]

An der lesbischen Natur der Frau scheiden sich die Schicksale von Comte, Michelet und Baudelaire: Der erste am Rande des Wahnsinns in seinem „Frau-werden"; die epischen Schriften des Historikers Michelet sind kontinuierliches Echo der weiblichen Themen und durchdringen die Prosa und das Tagebuch des Dichters.[9] Übrigens erinnert Walter Benjamin in *Zentralpark* daran, daß das 19. Jahrhundert damit „begann, die Frau rückhaltlos in den Prozeß der Warenproduktion einzubeziehen". Im Augenblick der Neudefinierung ihrer Rolle innerhalb der sozialen Mechanismen, als diese Rolle eine „trügerische Verklärung" erfährt, taucht in der Poesie Baudelaires die umgekehrte allegorische Figur der Prostituierten, der lesbisch fühlenden Frau, auf; die „Entstehung der Masse" — folgert Benjamin — „ist aber gleichzeitig mit der der Massenproduktion. Die Prostitution scheint zugleich die Möglichkeit zu enthalten, es in einem Lebensraum auszuhalten, in dem die Objekte unseres nächsten Gebrauchs mehr und mehr Massenartikel geworden sind."[10]

Die Einführung der Frauen- und Kinderarbeit in Industrie und Handel schreckt die Zeitgenossen nicht so sehr wegen der hochgradigen Ausbeutung des menschlichen Wesens als vielmehr wegen der sozialen Folgen, die sie mit sich bringt: An seinem Arbeitsplatz von Lohnsenkungen bedroht, verliert der männliche Proletarier ein Großteil seiner traditionellen Privilegien. Unter den augenfälligsten Folgen findet sich Alkoholismus bei ihm, Prostitution bei ihr, ‚Demoralisierung der Familie' bei der Gesamtheit der Armen. Auch bei den Reichen erlebt die Frau, wie sich ihre Rolle verändert: Zu Beginn des 19. Jahrhunderts „stellt die Hochzeit für die große Mehrheit der Bourgeoisie die größte Finanztransaktion ihres Lebens"[11] dar, erklärt ein französischer Soziologe der zwanziger Jahre. Nicht einmal die Romantik hat viel zur Einschränkung der häuslichen Intimität beigetragen. Wie Theodore Zeldin in seiner *Histoire des passions françaises* ausführt, hat die Romantik mit ihrem Kult der weiblichen Reinheit und der Verherrlichung der Rolle der Mutter, die die Frau immer unnahbarer werden läßt, die Prostituierte wahrscheinlich noch viel unentbehrlicher gemacht.[12]

In dieser Landschaft moralischer Trümmer, ins Elend geratener Armer und heuchlerischer Reicher verweigert die lesbische Frau bei Baudelaire ihrer Existenzbedingung als Ware, als Massenware, die gedankliche Zustimmung. Was in der Liebe verderblich ist, ist nicht die Vorliebe für die Prostitution, „ein großzügiges Gefühl"[13], es ist viel eher der Sinn für den Besitz: Die Zeiten werden bald gekommen sein, in denen „deine Gattin, oh Bourgeois! deine keusche Hälfte" — wie Baudelaire sie in seinem Tagebuch nennt[14] —, „deren Legitimität dir die Poesie ist [...], die kämpferische und in deinen Geldschrank verliebte Hüterin, nur noch das perfekte Ideal der ausgehaltenen Frau sein wird".

In der beinahe priesterlichen und mystischen Vision Baudelaires von der Frau werden die Prostituierten und Lesbierinnen zu negativen Archetypen für die „Möglichkeit eines Widerstandes" gegenüber den positiven Archetypen, wie sie von der Massenproduktionsgesellschaft den menschlichen Beziehungen aufgezwungen wird. Das Bild der vollkommenen Frau, der Vestalin unserer Zeit, ist für Baudelaire verkörpert in der gespaltenen Persönlichkeit der „maîtresse vierge", der „jungfräulichen Liebenden", denn einzig „die Frau, die man nicht besitzt, ist die, die man liebt". Es ist klar, daß die Figur der „maîtresse vierge" bei Baudelaire jene der Mutter überlagert. „Was [ihr] an sinnlicher Lust verloren geht, gewinnt sie an Verehrung."[15] Prosituierte, Lesbierin oder Jungfrau: Die allegorischen Bilder sollen ausdrücklich den positiven Archetyp überwinden und lächerlich machen, eben den, für den sich Michelet in *L'Amour* (1858) einsetzt, die eheliche Liebe eben, die für Baudelaire ihrem Wesen nach „vulgär, häuslich-dienend und krankenpflegerisch"[16] ist. Die eindrucksvollste Darstellung des ‚häuslichen Glücks', das — wie Barthes bemerkt — bei Michelet eines der regelmäßig wiederkehrenden Themen ist, vermittelt das Bild des „vaisseau hollandais", des „holländischen Schiffes". Das Motiv vermittelt die Vorstellung von Hitze und Feuchtigkeit, wie sie auch die häusliche Atmosphäre verströmt. In diesem besonderen Falle hat „das große holländische Schiff mit dem so glatt polierten Deck" die Bedeutung einer Arche Noah, die eine ganze Familie in sich birgt: eine Brutstätte, etwas „Feuchtes", das „andauernd gescheuert" wird, kurz, ein Haus[17]. Das holländische Schiff ist das Symbol für das politische Programm zur Begründung der Kleinfamilie und ihres ‚Milieus', zumindest bis zu Le Corbusier und seinen wirkungsvolleren Bildern vom Gemeinschaftshaus als großem Ozeandampfer.

* * *

Die Familienpolitik, der sich die Wohnungsbaupolitik im 19. Jahrhundert verschreibt, ist Teil einer umfassenderen Konzeption von *Sozialpolitik*, eines technisch-praktischen Systems, das sich als Veränderungs*strategie* für die menschlichen Beziehungen in den westlichen Gesellschaften darstellt. Im Gefolge von Malthus und Sismondi macht die Nationalökonomie es sich zur Aufgabe, den Wohlstand im Verhältnis zur Aufnahmefähigkeit des Marktes zu heben. Von der ersten Hälfte des 19. Jahrhunderts an stellt die Sozialpolitik die für eine Erweiterung des Marktes förderlichen Requisiten zur Schau, indem sie ein ‚Bild des Elends' zeichnet. Sie begünstigt soziale Forderungen gegenüber den wirtschaftlichen und findet ihre entscheidende Wirkung in der Beschreibung dessen, was das Phänomen des ‚Pauperismus' genannt worden ist. Die Gefahr und subversive Kraft des Pauperismus liegen im passiven und bewußten Hinnehmen des Elends von seiten eines großen Teils der Bevölkerung. Von nun an verwandelt sich die seit jeher auf die Armen gerichtete karitative Aufmerksamkeit in Interventionstaktiken für bestimmte Gebiete und nimmt dabei die Philosophie der Aufklärung wieder auf[18].

Eine umfassende Gesamtanalyse der sozialen Verhältnisse (Beschreibungen, Statistiken, Umfragen . . .) wird es möglich machen, sowohl die ‚Bedürfnisse' der ‚arbeitsamen und gefährlichen' Klassen näher zu beschreiben als auch die Mittel, diesen gerecht zu werden. Es wird zwei Reaktionsformen geben: ein Warenangebot auf dem Markt und ein Angebot sozialer oder kollektiver Dienstleistungen. Die Bedürfnisse in den verschiedenen Bereichen sind vielfältig: Hygiene, Wohnungsbau, Bekleidung, Ernährung, Versicherungen und Fürsorge, Renten, Ersparnisse und Kredite, Freizeit, Schule und Besserung der Sitten. Ein so weit gespannter Rahmen ist technische Stütze für ein soziales Vorhaben zur uneingeschränkten Mehrung des Wohlstandes und gleichzeitig soziales Integrationssystem für die arbeitenden Klassen. Die Definition der Bedürfnisse ist daher Ergebnis sozialer Untersuchungen, die sich in einer Wissenspluralität (Medizin, Ingenieurwesen, Finanzwesen, Kunst und Architektur . . .) ausdrücken, also nichts anderes als angewandte Wissenschaft[19]. Die ‚économie sociale' in Frankreich und Italien ist (wie die *Sozialpolitik* in Deutschland) Resultat dieses Gesamtwissens, also soziale Technologie und Interventionsstrategie gleichermaßen.

Diese neue, von den öffentlichen und privaten Institutionen geplante und mittels der vielfältigen Interventionstechniken angewandte Philanthropie ist also integrierender Bestandteil und Arbeitsinstrument dieses Projektes zur Hebung des *Wohlstandes*, Kern der positivistisch und utilitaristisch inspirierten Politik. In diesem Modell zerfällt die Philanthropie – wie bereits erwähnt[20] – in zwei gleichlaufende Handlungspole: einen Pol staatlicher Hilfeleistung und einen medizinisch-hygienischen Pol.

Der Pol staatlicher Fürsorge aktiviert ein Heer von Personen und diverse Einrichtungen, Erben der karitativen und christlichen Tradition des Helfens. Die sich vollziehende Umwälzung besteht nicht allein in der langsamen, aber unaufhaltsamen Substitution der Kirche durch den Staat: Die Kirche hatte sich ausschließlich für besonders ungünstige und ‚kritische' Zustände wie Geburt, Krankheit, absolute Armut, Gefangenschaft . . . interessiert. Es ist wahr, bereits im 18. Jahrhundert, schreibt der Hygieniker Parent-Duchatelet, den Arzt Cadet de Vaux zitierend, „waren die Ideen des Humanismus und der Philanthropie an der Tagesordnung; man beschäftigte sich nur mit den Armen und den Gefangenen; in den Salons und *Boudoirs* wurden die Pläne von Hospitälern kommentiert; und die damals über Senkgruben und Fäkalien erscheinenden

Abhandlungen wurden von den elegantesten und vornehmsten Frauen gelesen"[21]. Wie auch immer, das Neue besteht darin, daß der Staat, trotz der sich vor allem in liberalen Kreisen zeigenden prinzipiellen Widerstände, die Aufgabe übernimmt, in die Sphäre der privaten Nachfrage einzugreifen. Solche Widerstände wurden überwunden, weil sich das Angebot an kollektiven Dienstleistungen als optimales Werkzeug für die Regierung herausstellte: Es erlaubt nicht nur, auf das ‚Private' einzuwirken, das Häusliche, die Intimsphäre und endlich auf den Körper selbst, es erlaubt auch, nach und nach jeweils spezifische Themen (moralische, hygienische, wirtschaftliche ...) auszuwählen. Das philanthropische Programm ermöglicht *mikroskopische* Verwaltungsvorhaben und — wie manche sagten — die systematische Veredelung der Wirtschaft durch die Moral.

Die Gesamtheit dieser ‚Fürsorge-Literatur' — sie wurde von Michelle Perrot analysiert[22] — bringt den großen Einfluß an den Tag, den diese neue Schicht von Experten — heute würden wir sagen, die mittleren Kader — erlangt hat. Von den vielen müssen einige erwähnt werden: der Ingenieur Dupin, der über „Die Arbeiterin" schreibt (1928) und über „Die Kinderarbeit" (1840–47), der Minister de Gasparin, der 1837 eine Untersuchung über Hospitäler, Hospize und Fürsorgeeinrichtungen publiziert, und der Baron de Gérando, *der* französische Experte für die öffentliche Wohlfahrt: Sie alle beharren auf einem Programm zur Reorganisation und Rationalisierung der öffentlichen Hilfe. Im Zentrum der Diskussion steht die neue Armut, die Geißel des ‚Pauperismus'. Das erhellendste Werk scheint jenes des Publizisten Eugène Buret gewesen zu sein. Als Schüler des franco-italienischen Ökonomen Sismondi sieht er im ‚Industrialismus' ein „simultanes Wachstum von Reichtum und Armut". Das kann „zur Erschütterung der Welt führen"[23]. Im Gegensatz zu den Forderungen der klassischen angelsächsischen Schule (Ricardo, Say), die die politische Ökonomie zu einer simplen, „positiven", ausschließlich fiskalischen Wissenschaft gemacht hat, muß schleunigst der Weg der einfachen Beschreibung des Reichtums mit dem Ziel verlassen werden, die Armut zu entdecken: „Die Theorie des Reichtums kann und darf nicht aus sich selbst heraus zur Wissenschaft erhoben werden, denn die Tatsachen, auf denen sie gründet, sind untrennbar verbunden mit Tatsachen moralischer und politischer Art, die ihre Bedeutung und ihren Wert bestimmen."[24]

Die ökonomische Theorie erfährt so eine Wende, die, im Negativen, durch die Bevölkerungstheorien von Malthus angekündigt worden war, und, im Positiven, durch die Wohlstandstheorie von Jeremy Bentham, dem Erfinder des *Panopticon*, beide von Karl Marx mit Geringschätzung bedacht. In seiner *Chrestomathia*, einem Versuch, die Wissenschaften neu zu klassifizieren, definierte Bentham neben der traditionellen Ontologie die neue Kunst der *Eudämonik*: „Die Eudämonik ist die Kunst, in gewisser Weise zum Erwerb des Wohlstandes beizutragen, und die Wissenschaft, die lehrt, wie gehandelt werden muß, will man diese Kunst wirkungsvoll ausüben."[25]

Wie sein Freund James Mill und die ganze Gruppe der Utilitaristen in England denkt Bentham, übereinstimmend mit Hutchenson, daß der moralische Schaden einer Handlung zwei Ursachen habe: „das Ausmaß des Elends und die Anzahl jener, die leiden; folglich ist jene Handlung die beste, die das größte Glück für die größte Anzahl von Personen verwirklicht"[26]. Diese Quantifizierung des Glücks findet eine ihr entsprechende Formulierung in der Gleichung vom Wohlstand, die Grundlage für Benthams „eudämonisches Prinzip" ist: „Der *Wohlstand ist* direkt oder indirekt, in der einen oder der anderen Gestalt, Subjekt allen Denkens und Objekt jeder Handlung eines jeden bekannten empfindenden oder denkenden Lebewesens; so ist es immer wieder, und es läßt sich kein vernünftiger Grund dafür angeben, weshalb es anders sein sollte." Und Bentham, sich auf Hutchenson beziehend, fährt fort: „Das Ausmaß oder der Grad von innerhalb einer bestimmten Zeitspanne erfahrenem *Wohlstand* steht in einem direkten Verhältnis zur Summe der Freuden und in umgekehrtem Verhältnis zur Summe der Leiden, die man im selben Zeitraum erfährt."[27] Eine solche Mathematik der Freuden und Leiden bahnt unzähligen Traktaten zum Thema des sozialen Glücks den Weg; unter den vielen mögen die folgenden als Beispiele dienen: „Die Kunst, sich die Grundlagen für den Wohlstand zu verschaffen", 1847 von D. A. Jacquemart, Professor für Industriewirtschaft, publiziert, der auf Volkshygiene dringt, diese „moralische Gymnastik", und auf „soziale Chrematistik"*[28]; oder auch der Text der Inauguralvorlesung, die der Saint-Simonist und Industrialisierungsapostel Michel Chevalier 1851 am Collège de France gehalten hat unter dem Titel: „Die Wissenschaft allen intelligenten Wesen verständlich gemacht. Der Wunsch nach Wohl-

---

* „Wenn ihr in euren Studien den Wert trennt vom Volk, welches ihn produziert und konsumiert, dann steigt ihr hinab zu dieser ausschließlich fiskalischen Wissenschaft, der die Alten den Namen ‚chrematistisch' gegeben haben." Aristoteles: *Politeia* (A. d. Üb.)

stand ist legitim; ihm kann Genüge getan werden; aber unter welchen Bedingungen?"[29] Eine solche Umkehrung der Optik – von der Schilderung des Reichtums zum Bild des Elends – liefert das Konzept zur Neuordnung, dem alle europäischen Gesellschaften nachkommen sollen. K. Polanyi erinnert daran, daß „das soziale und nicht das technologische Modell die wichtigste intellektuelle Quelle für die industrielle Revolution gewesen ist"[30]. Aber ohne die neuen Institutionen, ohne die neuen Formeln des Wissens und der sozialen Intervention, ohne die neuen hygienisch-medizinischen Techniken hätten diese Vorstellungen niemals verwirklicht werden können.

Der *medizinisch-hygienische Pol* drückt sich in der Gesamtheit der zur Heilung und Erhaltung des menschlichen Körpers angewandten ‚Gelehrsamkeit' aus. Die utopistischen Philosophen hatten im 18. Jahrhundert die tausend Vorteile vorhergesagt, die die Wissenschaft den Massen bieten konnte: Wohlstand, Mobilität, Gesundheit. Eine vorherrschende Rolle wird dabei den ‚medizinischen Wissenschaften' eingeräumt. Ihre Zielsetzung hat Präventivcharakter: Einzig das Auferlegen einer Reihe von Normen wird die Erhaltung der Bevölkerung im Schoße der liberalen und industriellen Gesellschaft ermöglichen. Schon die Epidemiologie des 18. Jahrhunderts (beispielsweise die Werke des berühmten Arztes L. Lépecq de la Cloture) bringt diese Sorge um die Erhaltung der Bevölkerung zum Ausdruck[31]. Der Arzt S. A. Tissot, berühmt geworden, weil er in seinem Buch „Über das Onanieren", 1760 in Lausanne erschienen, „demonstriert" hat, daß eine solche tadelnswerte Praktik eine „Schwächung der Konstitution" hervorrufe, macht in seiner Schrift *Mitteilungen an das Volk über seine Gesundheit*, Lausanne 1766, Angaben über die Folgen falscher Ansiedlung von Häusern: „Feucht ist die Luft in den niedrigen Räumen und dem Gelände, das von der städtischen Bevölkerung bewohnt wird. Es ist dies Ursache für unendliche Störungen der Lebensökonomie, indem es die Fasern schlaff werden läßt, sie so der ihnen gebührenden Spannung beraubt und die Zirkulation der Körpersäfte verlangsamt [. . .]."[32] Er empfiehlt daher, die Fußböden höherzulegen und die Stirnseiten der Häuser gegen Süden auszurichten.

Während der Arzt des 18. Jahrhunderts die Gefahr feuchter und ungesunder Häuser auf einige Gebiete und einzelne Häusergruppen, wie man sie besonders in ländlichen Gebieten findet, beschränkt, stellt bereits Louis Savot, der Arzt des Königs von Frankreich, in seinem Buch *L'architecture française des bastimens particuliers* (1642) solche Gefahren fest.[33] Die Werke der Hygieniker der ersten Hälfte des 19. Jahrhunderts haben die Tendenz, die Komplexität der Frage der gesundheitsschädlichen Wohnungen in ihrer ganzen sozialen und urbanen Dimension zu beschreiben. Der in Frankreich am häufigsten zitierte Hygieniker war ohne Zweifel Louis-René Villermé (1782–1863): Seine Erfahrungen, erst als Amtsarzt, später als Arzt und Chirurg im kaiserlichen Heer, bringen ihn in Berührung mit dem Problem der Behandlung von Kriegsgefangenen und mit dem Gefängnis ganz allgemein (*Über die Gefängnisse*, Paris 1820). Bei der Gründung der „Jahrbücher zur öffentlichen Gesundheit" anwesend, war er Mitglied der Redaktionskommission des „Berichtes über Verlauf und Auswirkungen des morbus Cholera in Paris (. . .) für das Jahr 1832"[34]; als Arzt der Philanthropischen Gesellschaft wird er von einer halböffentlichen Institution, der Académie des sciences morales, damit beauftragt, eine Untersuchung über den Zustand der Arbeiterklasse während der Jahre 1835–1837 durchzuführen: Die Ergebnisse werden in den beiden Bänden des berühmten und immer wieder zitierten „Tableau de l'état physique et moral des ouvriers employés dans les manufactures de coton, de laine et de soie" (Schilderung des physischen und moralischen Zustandes der in den Baumwoll-, Woll- und Seidenmanufakturen beschäftigten Arbeiter) erscheinen, die 1840 veröffentlicht werden.[35]

Was sagen diese Traktate und Untersuchungen über die grobe Beschreibung der unmenschlichen Verhältnisse, in denen die Bevölkerung lebt, hinaus? Als Erben der aufgeklärten ‚Reisenden', als Philo-Republikaner unter einem monarchistischen Regime, erfinden die Hygieniker die ‚soziologische' Forschung. Die Freude an der Statistik – sei diese qualitativer oder quantitativer Art –, die ersten aus einer graphischen Sprache (Karten und Kurven) extrapolierten, noch stotternden Vorhersagen, eine Untersuchungsmethode auf der Grundlage immer wieder gestellter identischer Fragen, die Mal für Mal mittels vereinheitlichter Kriterien eine jeweils besondere Wirklichkeit zerlegen, größtmögliche Genauigkeit bei den auszufüllenden Fragebögen, das Auftauchen der neuen Einheit ‚Öffentlichkeit', deren Meinung mit Hilfe der Statistik meßbar wird, der Anspruch überdies, eine ‚Naturwissenschaft des Menschen' zu begründen, wie sie bei Saint-Simon zwar bereits Anwendung findet, aber erst in der ‚Sozialphysik' von Adolphe Quételet präzisiert wird: Diese ‚Soziologie' wird einmünden in die fundamentale Arbeit des Ingenieurs Frédéric Le Play, der in der zweiten Hälfte des 19. Jahrhunderts die Methode der ‚Familienmonographie' auf der Grundlage direkter Beobachtungen und genauer Analysen des Familienbudgets ausarbeiten wird. Die

Lektüre seines glänzenden Werkes, das von dem Wiener Soziologen Paul Lazarsfeld[36] abgeschlossen wird, erspart uns ein weiteres Verharren bei dieser Persönlichkeit.

Und die Ärzte? Wer versucht, zwischen der Heilkunde und der Umgestaltung der Wohnung eine direkte historische Beziehung herzustellen, wird enttäuscht. Texte wie „Des habitations"[37], 1838 von dem Mediziner P.A. Piorry (1794–1879) veröffentlicht, dem Erfinder des ‚Plessimetrismus' oder ‚Organographismus', einem System zur Untersuchung der inneren Organe durch Abklopfen, dem Verfasser eines Buches über „Die Medizin des gesunden Menschenverstandes" (1864), in dem er dazu aufruft, den Arzneien zu mißtrauen und suggeriert, sich durch tiefes Atemholen und Ausspucken zu heilen[38], solche Texte enthalten nur banale Hinweise auf die Luftzirkulation oder auf die Gefahren von engen Winkeln und dunklen Ecken in den Wohnungen. Die diversen von Chemikern und Toxikologen verfaßten Aufsätze, etwa jener von J.L. Lassaigne[39], stehen alle in der Tradition der Arbeiten aus dem 18. Jahrhundert von Bailly und de Lavoisier, beharren auf der Zusammensetzung der Luft in den Aufenthaltsräumen und enthalten Betrachtungen über „die Bedürfnisse, die aus der Konzentration einer großen Anzahl von Individuen auf einer begrenzten Oberfläche erwachsen", Argumente, die unmittelbar darauf von der Presse auf die Schlafsäle in Kasernen und Hospitälern angewendet wurden.[40] Ein Arzt aus Rouen, Mitglied der dortigen Akademie der Wissenschaften, E. de la Quérière, legt in einem Artikel in der „Revue générale de l'Architecture" die richtige Verteilung der Fenster fest, um dann sein Buch „Über die Hygiene innerhalb der Wohnung" in Druck zu geben (1851), in dem er erklärt: „Hütet euch davor, ein neues Haus zu bewohnen, bevor nicht *mindestens* ein Jahr verstrichen ist von dem Zeitpunkt an, zu dem die Maurer und Putzer ihre Arbeit abgeschlossen haben; wenn nicht, werdet ihr unvermeidlich fast unheilbaren Schäden ausgesetzt sein, wie beispielsweise Lähmung der Glieder, Verlust des Sehvermögens, des Gehörs."[41] Es wird das Gesetz vom 13. April 1850 über die Gesundheit sein, das später in Guerrands „Les origines du logement social en France"[42] analysiert werden wird, ein Gesetz, das den Vorwand für das Erscheinen unzähliger Schriften zur Reform des Wohnungswesens liefern sollte.

Es zeichnen sich so im 19. Jahrhundert zwei medizinische ‚Wissenschaften' ab: Die erste, diejenige der Hygieniker, ist eng verbunden mit dem Bild der ‚sozialen Ökonomie' und der Philanthropie; sie will auf große Massen einwirken, auf die Bevölkerung als Ganzes, mit dem Ziel, deren Reproduktion zu sichern. Die zweite neigt dazu, eine im Molekül Familie verankerte ‚Hausmedizin' zu schaffen und stützt sich dabei auf das privilegierte Bündnis zwischen Mutter und Arzt. Die vielleicht klarste Theorie eines solchen neuen ‚Dispositivs' wurde von dem unvergleichlichen Arzt und Professor für Hygiene an der Fakultät von Montpellier, J.B. Fonssagrives, in seinem Buch „Über die physische Regeneration der menschlichen Species durch die Hygiene in der Familie und, im besonderen, durch die Rolle der Mutter in der physischen Erziehung der Kinder" 1867 formuliert. Weitere Ratschläge zur Organisation der Haushaltung gibt er im Buch „Das Haus" (1871), einer Studie zur Hygiene und zum „häuslichen Wohlbefinden", die den Vorzug häuslicher *Komforts* lobt. Das ganze wird wiederholt und systematisiert in seinem definitiven „Wörterbuch für die Gesundheit oder Register der praktischen Hygiene zum Nutzen der Familien und der Schulen" (1876), in dem vorgeschlagen wird, den Müttern die Kunst des „infirmiérat domestique" beizubringen, die Kunst also, das eigene Haus zu leiten wie ein Krankenhaus[43]. Am geometrischen Treffpunkt der verschiedenen Dispositive Sexualität, Erziehung und Gesundheit muß von nun an, nach Dr. Fonssagrives, die Parole heißen: „Der Arzt schreibt vor, die Mutter führt aus."

Die beiden Pole der Medizin des 19. Jahrhunderts streben danach, die Macht der Familie in eine Macht über die Familie zu verwandeln. J. Donzelot hat in der Tat das Vorhandensein eines Funktionsmodells für die neuzeitliche Familie vorausgesetzt, das nach einem Relaissystem, oder wie ein Umwandler im Innern eines komplexen Kreises funktionieren würde.[44] Die Kernfamilie, nicht mehr Gesprächspartner der Staatsmacht wie bis zum Ende des 18. Jahrhunderts, wird nun zum ‚Missionsgebiet'. Es genügt, sie mit einem System zu verbinden, das negative Erfordernisse, wie Kontrolle, Verbot, Vorbeugung durch ökonomische und soziale Verhaltensweisen ersetzt. Der *negative Austausch* basiert auf dem Mangel an finanzieller Autonomie bei der Familie. Alarm wird ausgelöst, sobald sichtbare Mängel in den verschiedenen Bereichen der Gesundheit und der Erziehung festgestellt werden; in diesem Falle ruft die Staatsgewalt den totalen Fürsorgestaat aus. Ob nun diese Maßnahme präventiv oder unumgänglich ist, in jedem Falle wird der Prozeß der Bevormundung der Gruppe ausgelöst, mit dem Ziel, auf diese Weise deren schwächste Glieder zu schützen. Die Institutionen, die aufgefordert werden, an diesem totalen ‚Bevormundungsprozeß' mitzuwirken, sind die Strukturen der öffentlichen Wohlfahrt, sowohl die staatlichen als auch die des industriellen Paternalismus, die Philanthropie, die Jugendgerichte, die Sozialmedizin und die Schule. In dieser Phase findet eine Spaltung statt zwischen wirtschaftlichen und ökonomischen Strömungen einerseits und sanitären und erzieherischen Strömungen andererseits. Die Gefahr bleibt aber bestehen, daß die gesamte unbemittelte Bevölkerung in diesen Status des Bevormundetseins versetzt wird, wie es in England 1795 als Folge der Anwendung des Gesetzes von Speenhamland geschah, welches das Hilfswesen der Pfarrgemeinden ordnete, wie Polanyi[45] erläutert.

Die Familiengründungsstrategie wird folglich eine doppelte sein müssen, so wie sich jede Administration im 18. Jahrhundert vor eine doppelte Gefahr gestellt sieht: zu viel oder zu wenig tun. Niemand hat dieses Dilemma klarer definiert als Baron de Gérando, ein ‚Ideologe' der ersten Stunde, Ex-Direktor der römischen Stadtverwaltung zur Zeit des Kaiserreiches, erster Professor für Verwaltungsrecht in Frankreich, Direktor des Quinze Vingt-Krankenhauses in Paris, Redakteur des Handbuches „Le visiteur du pauvre" (etwa: der Armeninspektor) im Jahre 1820. In dieser Abhandlung über die „soziale Fürsorge", die eine Methode zur Untersuchung der Einkünfte und Bedürfnisse der Familien vorstellte, den sogenannten Hendeometer (griech. hendeo = Bedürfnis, A.d. Üb.), warnt der Verfasser vor der Gefahr, der sich jeder „Sozialhelfer" aussetzt: „Es sind zwei Klippen von der Verwaltung gleichermaßen zu fürchten: Sie muß sich davor hüten, entweder zu viel oder zu wenig zu tun. Die größte Kunst bei der Verwaltung gemeinnütziger Fragen ist es, das individuelle Wirken in Gang zu bringen, seinen Einsatz zu lenken, sich von ihm unterstützen zu lassen eben durch sein Mitwirken, und ihm jeden Beistand zu leisten. Diese beiden fundamentalen Maximen (nicht zu viel, nicht zu wenig) betreffen die Verteilung der Hilfeleistungen in der Wohnung ebenso wie alle anderen Hilfszweige [...]. Aber die öffentliche Wohlfahrt [...] braucht vor allem das Mitwirken dieser tätigen Barmherzigkeit, die forscht, untersucht, überwacht und der materiellen Hilfe die Wohltat des moralischen Einflusses hinzufügt. Der Armeninspektor soll all dies zugleich sein: ihr Auge, um zu sehen und ihr Arm, um zu handeln."[46]

Die Einrichtungen der öffentlichen Fürsorge dürfen sich also nicht auf eine simple wirtschaftliche Bevormundung beschränken. Im Gegenteil, genau dort liegt die Gefahr: in der Umwandlung des Staates in eine gigantische Fürsorgeeinrichtung. Bereits im Zusammenhang mit dem Problem der Findelkinder wurde das erkannt: Je besser die öffentlichen Einrichtungen ausgestattet wurden, desto mehr Kinder wurden ausgesetzt.

Ins staatliche Stromnetz muß — gekoppelt mit dem ersten — ein zweiter Energiestrom eingespeist werden; im Gegensatz zur eben beschriebenen negativen Umwandlung wirkt der *positive Austausch* auf die Möglichkeit ein, daß die Familieneinheit ihre finanzielle Autonomie wieder erlangt und festigt. Die Familie soll ihre wirtschaftliche und soziale Unabhängigkeit bewahren, indem sie ihre eigene Arbeitsfähigkeit einsetzt und damit ihr Sparvermögen. Ohne Anwendung irgendwelcher Kontrollverfahren erholt sich die moralische Verhaltensnorm von alleine, nur durch Verführung und Verhandlung. Der Vertrag nimmt die Stelle der Bevormundung ein und hat Erfolg, quer durch alle vorhandenen Vorstellungssysteme hindurch: Faszination, die der bourgeoise Lebensstil auf die Kleinbürger ausübt, das hohe Ansehen der Schule[47], das Bild des schönen Heimes, Sparsinn, gesellschaftliche Achtung . . . Für J. Donzelot, aber auch für R. Castel und für G. Deleuze[48] ist die Kernfamilie oder die eheliche Familieneinheit eher ein Mechanismus, *soziales Gefüge* (architectonique sociale) als eine Institution.

※ ※ ※

Ein solches Modell hat den Vorzug, daß es in seiner Einfachheit ganz klar ist, auch wenn die Geschichte der Familie nicht ganz so linear verlaufen zu sein scheint. Die richtige Lektüre der Thesen eines Philippe Ariès, eines J.-L. Flandrin, eines E. Shorter, eines J. Solé, um nur die Bekanntesten zu erwähnen[49], zeigt, daß die Geschichte der Ursachen und Phasen, die der Umwandlung der Familie in unserer westlichen Zivilisation vorangehen, sich mehr im Verhältnis zu den Unterschieden von Klassen und Regionen artikulieren muß, wie sie jetzt nach und nach untersucht werden.

T. Zeldin zum Beispiel unterstreicht in seiner bereits zitierten „Histoire des passions françaises" den Einfluß des äußerst populären Werkes des Journalisten Gustave Droz mit dem Titel *Monsieur, madame et bébé*, das zwischen 1866 und 1884 gut 121 Auflagen erlebte. Droz ermahnt darin die Männer, Freunde ihrer Ehefrauen zu sein, sich mit ihnen zu unterhalten und Gleiches mit ihren Kindern zu tun. Er verspürt Mitleid mit demjenigen, der nicht *Papa* sein kann und ruft aus: „Wie einfach ist es doch, glücklich zu sein!"[50] Das ‚eheliche Glück' ist im Begriff Mode zu werden, und Michelet — wir haben es schon gesagt — preist es in mehreren erfolgreichen Werken: „L'Amour" (1858) und „La Femme" (1859), zwei Bücher, die im ersten Jahr ihres Erscheinens mit 5 700 bzw.

13 000 Exemplaren verkauft werden[51]. In seinem dritten Buch, „Nos fils"
(1869), rät Michelet den Eltern davon ab, mit ihren Kindern in einer zu
großen Intimität zu leben und empfiehlt, im Gegensatz zu Droz, einen
gewissen Grad von Förmlichkeit bei den familiären Beziehungen auf-
rechtzuerhalten[52]. Dieses letzte Detail zeigt – nach Zeldin –, daß in den
verschiedenen sozialen Schichten kontrastierende Fälle vorkamen: Oben,
in den Schichten der mittleren und Großbourgeoisie, bei den Lesern von
Droz, finden wir eine Kondensation von affektiven Bindungen zwischen
Eltern und Kindern; unten, in den Schichten der höheren Angestellten
und im Kleinbürgertum, an die Michelet sich wandte, ein Sich-Abwen-
den von der traditionellen Nachlässigkeit und Unaufmerksamkeit in der
Kindererziehung.

In der Tat scheint sich alles so zu entwickeln, als wenn sich die Familienpolitik des 19. und 20. Jahrhunderts in zwei verschiedene Taktiken
spalten würde: eine für die Armen und eine für die Reichen. *Innerhalb
der Arbeiterklasse* tendiert das reformatorische Geschehen dazu, die
Frau vom Arbeitsmarkt abzuziehen, wo und wann immer sie zum
Manne in Konkurrenz treten könnte. Gleichzeitig wird ein Komplex
neuer Institutionen eingerichtet mit dem Ziel, die kollektiven Bedürfnisse der Emigrantenmassen in den großen Stadt- oder Industriezentren
durch die Schaffung lokaler Dienstleistungseinrichtungen zu befriedigen:
Kinderkrippen, Heime, Hospitäler, aber auch Heime für ledige Arbeiter,
wie jene in Paris, die R. M. Rilke beschrieben hat: „So, also hierher kommen die Leute, um zu leben, ich würde eher meinen, es stürbe sich hier.
Ich bin ausgewesen. Ich habe gesehen: Hospitäler. [. . .] Dann habe ich
ein eigentümliches starblindes Haus gesehen, es war im Plan nicht zu
finden, aber über der Tür stand noch ziemlich leserlich: *Asyle de nuit*.
Neben dem Eingang waren die Preise. Ich habe sie gelesen. Es war nicht
teuer."[53] Dennoch, das Nachtasyl, das Hospiz, das Krankenhaus sind
da, um dem größten Elend zuvorzukommen. Das Strickwerk der Fürsorge wird in Frankreich nach 1851 immer engmaschiger, um den Familien bis in die feinsten Verästelungen hinein helfen zu können: Die öffentliche Wohlfahrt wird den Bezirken überantwortet, die Bezirksärzte
werden durch Gemeindeärzte ersetzt[54]. Dies sind die ersten Versuche,
die Hilfsmaßnahmen zu „lokalisieren"[55]. Die Einführung der Schul-
pflicht im Jahre 1882 und die Hausbesuche vervollständigen dieses System familiärer Kontroll-Fürsorge. Schließlich werden die traditionelle
Solidarität der Nachbarschaft, des Dorfes, des Sprengels, der Stände, die
alten, paternalistischen Abhängigkeitsbeziehungen, die das soziale Leben

im Ancien Régime geregelt hatten, und die durch die Emigration in die großen Zentren aufgelöst wurden, durch neue Abhängigkeitsverhältnisse ersetzt; daher „beherrsche man seine Bedürfnisse oder man wird von ihnen beherrscht"[56].

Bei den *wohlhabenden Klassen* hingegen hat jetzt die Sorge um die Nachkommen den Stolz auf die Abstammung, der für die alte adelige Schicht charakteristisch war, abgelöst.[57] Die drei diese Umwandlungsstrategie stützenden Pfeiler bleiben weiterhin die Hygiene, die Moral und die Gesundheit; aber die große Veränderung bei den bourgeoisen Familien wird in dem Augenblicke manifest, in dem die Eltern die Erziehung der Kinder den Ammen und Bediensteten entziehen. Die einen wie die anderen werden von den Reformern beschuldigt, Hauptursache für die hohe Sterblichkeitsrate bei Neugeborenen ebenso zu sein wie für die verdorbenen Sitten der Jugendlichen. Ganz besonders erschreckt eine Tatsache, die aus sämtlichen Untersuchungen deutlich wird: Gleich nach den Arbeiterinnen waren es die Hausangestellten, die das Gros des Prostituiertenheeres bildeten[58]. Zur selben Zeit treten bei allen sozialen Schichten zwei Reihen neuer Fakten auf, die eine Veränderung des Rollenverhaltens zur Folge haben: Die Einschränkung der väterlichen Autorität, die durch die französischen Gesetze der letzten 20 Jahre des 19. Jahrhunderts sanktioniert wird[59], und die Erweiterung dessen, was der Philosoph Alain das moderne „Matriarchat" genannt hat, indem er in glänzender Weise zeigt, wie sehr dessen Errichtung Beiwerk der Tatsache war, daß das Kind zum König gemacht wurde. In der Tat wird der Vater, einmal Herr im Haus geworden, immer mehr an den Rand gedrängt, erst aus der häuslichen Atmosphäre (als Folge der Trennung des Arbeitsplatzes vom Wohnort), dann aus der affektiven Beziehung, die zwischen Mutter und Kind entstanden war. Durch die Vertreibung des einstigen Gebieters wird das Haus zur exklusiven Domäne der Frau. Die Veränderung der französischen Wohnungsbautypen in der zweiten Hälfte des 19. Jahrhunderts – wir werden es später sehen – wird darauf Rücksicht nehmen müssen. Nicht allein darauf: Genau in dem Moment, in dem das *Intérieur* sich ideell als Ort des Sich-Erinnerns, der Spuren, anbietet, wird das Haus zu einem der Versatzstücke der gesellschaftlichen Organisation der Reproduktion. Rings um die fürsorgliche Mutter, die fleißige Hausfrau, die im Hause regiert, herum, herrschen ihre Verbündeten: der Arzt und die Schule (weltlich oder religiös). Die Beliebtheit von André Gides Devise, „Familles, je vous hais" (Familie, ich hasse dich), zeigt, wieviele Wut- und Schmerzensschreie das Diktat der eisernen Maschine

Wohnung ausgelöst hat, deren Sinn zu ergründen sich Baudelaire in einer Tagebucheintragung vorgenommen hatte: „Studie der großen Krankheit Horror vor dem Domizil. Gründe der Krankheit. Ihr progressives Wachstum."⁶⁰

Weihnachten: Die Engel kommen durch die Fenster, um Geschenke zu verteilen Stich von Lavieille und Racinet, erschienen in „L'Illustration", Nr. 722 vom 27. Dezember 1856, S. 408, Sammlung Debuisson, Paris

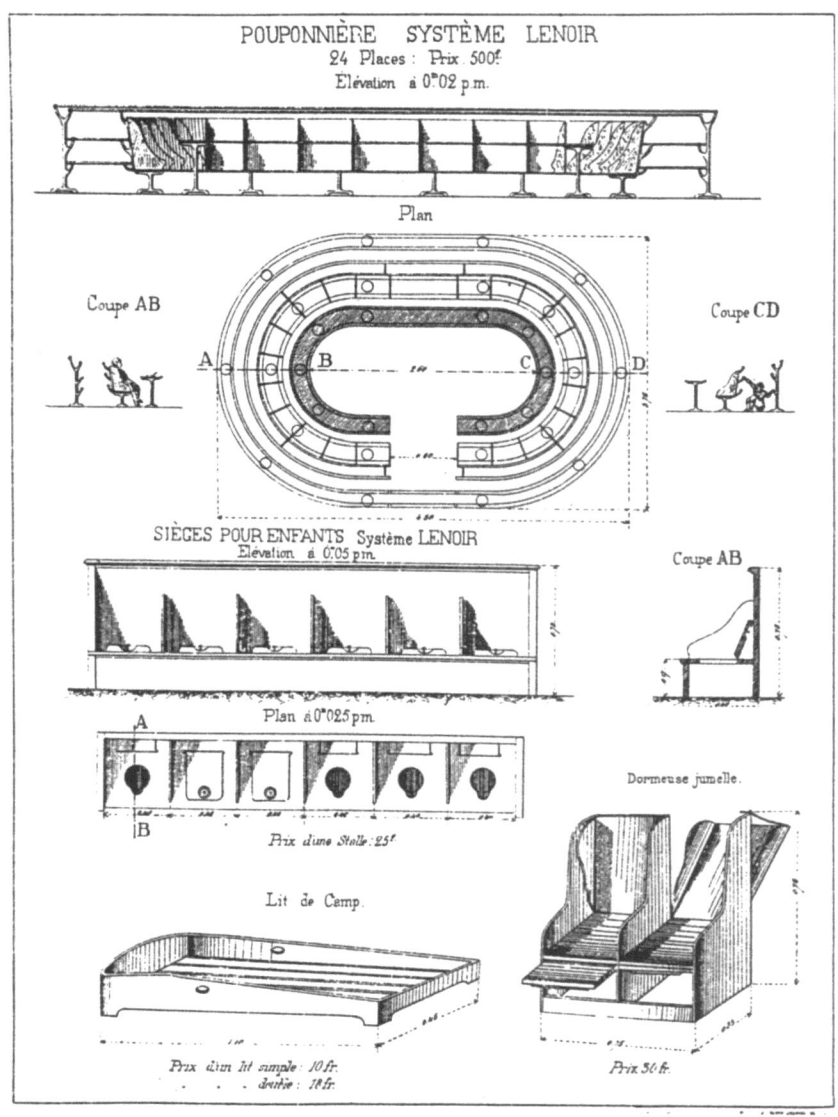

Kleinkindermöbel (System Lenoir), wie sie in der Kinderkrippe an der Rue Ginoux in Paris (XV) vom Architekten Guillotin benutzt wurden. Aus: E. Cacheux, L'Economiste pratique, Paris 1885

3 Was ist Komfort?

Weshalb betrachten Sie sich denn im Spiegel, wenn Sie sich doch nur mit Mißfallen ansehen können?
Charles Baudelaire, Le Spleen de Paris
Der Komfort isoliert. Er rückt, auf der anderen Seite, seine Nutznießer dem Mechanismus näher.
Walter Benjamin, Über einige Motive bei Baudelaire

Seit langem schon sind in „Traktaten zur Zivilisation", etwa von Audiger oder Courtin gegen Ende des 17. Jahrhunderts[1], die Regeln für die Organisation des Hauses kodifiziert worden. Diese Codices betrafen die innere Arbeitsweise eines herrschaftlichen Palastes; sie regelten folglich die intimen und gesellschaftlichen Verhaltensweisen der ‚honnête gens', der Adelsschicht. César Daly aber, als er im Jahre 1840 den ersten Artikel zum Thema „De l'architecture domestique monumentale"[2] in seine Zeitschrift setzt, nimmt die Haltung des Gesellschaftskritikers ein, der die Gesellschaft als Ganzes reformieren will und sich für den allgemeinen Wohlstand einsetzt. Das kann nicht überraschen, wenn man bedenkt, daß der Gründer der „Revue générale de l'Architecture et des travaux publics" (R.G.A., 1839 bis 1888) ein enger Freund von Victor Considérant war und der glänzendste Schüler von Charles Fourier. Darüber hinaus war er einer der Mitbegründer der Arbeitersiedlung (Phalanstère) in Condé-sur-Vesgres im Westen von Paris, und zahlreiche seiner Artikel über „La Phalange" wurden später neu aufgelegt[3].

Daly schreibt in dem erwähnten Aufsatz, daß „die alten Wohnhäuser nicht mehr unseren Bedürfnissen entsprechen"[4] und gliedert das Problem in zwei verschiedene Aspekte: den des „Planes" und den der „Ästhetik". „Es gibt heute viele kleine Eigentümer [...], die ihnen entsprechende Wohnungen fordern, und jede Wohnung muß notwendigerweise aus einer minimalen Anzahl von Zimmern bestimmter Art zusammengesetzt sein, denn dies ergibt sich unvermeidlich aus den internen häuslichen Bedürfnissen, Bedürfnissen, die immer die selben bleiben und sich einzig im Verhältnis zu ihrer Größe wandeln." Daly erkennt an, daß der Architekt des 19. Jahrhunderts, „soweit es die Verteilung betrifft und diese tausend kleinen Notbehelfe, die in unseren heutigen Innenräumen (intérieurs) so wichtig sind", seine Vorläufer überholt hat: „Die bescheidenen Haushaltungen sind es, die ganz besonders schwer bequem unterzubringen sind, und sie waren nie so gut untergebracht wie heute."⁵ Die ästhetische Kehrseite dieses Versorgungsproblems ist katastrophal. Richtet man den Blick auf die Straße, dann sieht man ausschließlich Miethäuser, die französischen „maisons à loyer": „Die Fassaden unserer modernen Häuser erheben sich zu beiden Seiten der Straße auf zwei vertikalen und parallelen Ebenen; sie bieten weder Vorsprünge noch Einbuchtungen, weder Schatten- noch Lichtflächen, nicht das kleinste Spiel mit Linien." Diese Miethäuser sind dazu „bestimmt, einem Ensemble von Bedürfnissen gerecht zu werden, das allen Familien gemeinsam ist"; daher kommt es, daß *„diese Häuser da stehen wie Abgüsse eines gängigen Typs"*⁶. Wenn das Publikum bis heute nicht gegen diese Monotonie protestiert hat, dann deshalb, weil es „gleichsam unsensibel geworden ist für das Häßliche oder das Schöne in der Architektur".

Daly kritisiert schließlich eine mechanische Konzeption des Entwerfens, die darin besteht, „die verschiedenen Bedürfnisse aufzuzählen, aus denen dann ein Programm wird"; schlimmer noch: Er behauptet, es müsse im Wesen bestimmter Pläne etwas geben, das jeden künstlerischen Elan „absterben" lasse, jede Anstrengung, dem Gebäude einen „schönen Gesamtcharakter" zu verleihen. Seitdem aber die Form der Häuser sich aus der Summe der „Gewohnheiten" und „Bedürfnisse" ergibt, deren Ursachen außerhalb des Einflußbereiches des Architekten liegen, seit *„die Architektur des Hauses sich aus unserer Lebensweise ergibt"*, *„muß man damit beginnen, die Ursachen zu verändern, wenn man das Ergebnis verändern will"*⁷. Nicht eine abstrakt-ästhetische Verschönerung der Fassaden ist wünschenswert, nein, für Daly kann einzig die Veränderung des „Programms" zur Lösung führen. Dafür spricht jedenfalls, daß in England die Achtung für den häuslichen Herd und der gleichermaßen „konservative und antisoziale" Geist zu einer Isolierung des Einzelhauses geführt haben und zu „einer extremen Zersplitterung im privaten Bauwesen"; da der Architekt gezwungen worden ist, in den Neubaugebieten eine einzige Fassadenwand für mehrere Häuser zu errichten „in der Absicht, den Eindruck eines Architekturstiles großzügigeren Charakters zu erwecken, bekommen die Wohnungen ein schäbiges Aussehen".⁸ Die englischen *terrace houses* — Daly bezieht sich hier implizit auf Bath of Wood, auf das London der *squares*, auf die Eingriffe eines Adam oder eines John Nash in die Regent Street — werden als „architektonische Lügen" verurteilt, als „Ausdruck einer nicht vorhandenen Assoziation": So hat sich aber „das Gefühl für die Kunst verwandelt in offene Rebellion gegen die Bedürfnisse des Privatlebens, wie es in diesem Lande verstanden wird"[9].

Die theoretische Definition der Bedingungen für den Fortschritt darlegend, fährt Daly fort: „Jedes Mal, wenn ein Programm die Formulierung der verschiedenen komplexen Bedürfnisse, wie sie aus dem Zusammenleben einer großen Zahl von Menschen entstehen müssen, enthält, wird die architektonische Lösung eines solchen Problems immer einem schönen Gesamtcharakter in Verbindung mit einer großen Formenvielfalt Raum geben müssen; [...] überdies werden Vielfalt, Harmonie und Schönheit eines solches Gebäudes — wenn auch *in gewissen Grenzen* — in einem geometrischen Verhältnis zur Anzahl der in ihm wohnenden Individuen, zur Anzahl, Vielfalt und Vielschichtigkeit ihrer Bedürfnisse wachsen"[10]. Grundlage dieser Ästhetik der großen Zahl sind die Assoziation von Personen und Sachen, der Wiederholungseffekt des schlichten Elements und die Vielfalt durch „regelmäßige Kombinationen": Was zählt, ist nicht der Luxus des Details, sondern der „schöne Gesamteindruck", Ergebnis von einfachen, ja, geradezu „naiven" — diesen Begriff verwendet Daly —, ursprünglichen Methoden. Beispiele sind die Kaserne, die *Kasinos* und die englischen *Clubs*, besonders der Travellers' Club von Charles Barry: All dies verrät auch Dalys fourieristische Herkunft, denn die formalen „Lügen", die die Zersplitterung des privaten Bauwesens verbergen, sind seiner Meinung nach nur so lange akzeptabel, bis der Punkt erreicht ist, an dem die „früheren Lebensgewohnheiten" verändert werden.

Mit dem Katholizismus eines Pugin in England und dem Fourierismus eines Considérant und eines Daly in Frankreich[11] macht die Architekturtheorie einen Schritt in eine neue Richtung: die ‚Moralisierung'. Anstatt haargenau auf die vorhandenen Bedürfnisse einzugehen, sie getreulich nachzuzeichnen, setzt sich der Architekt in den Kopf, eben gerade die ‚Gewohnheiten' des zukünftigen Nutzers zu verändern. Während die Architektur des 18. Jahrhunderts eine ‚sprechende' Architektur sein und vermittels der *Form* auf das Wahrnehmungsvermögen einwirken wollte, versteht sich die Architektur des 19. Jahrhunderts als eine ‚moralisierende' Architektur und hat die Tendenz, sich wie eine *Reform* zu benehmen.

In der langen Geschichte der Literatur zum Haus ist der Text von Daly innovatorisch, weil er über sanitäre Betrachtungen im engeren Sinne hinaus geht, wie etwa die des Architekten Rohault de Fleury, 1832 vor der zentralen Gesundheitskommission des Département de la Seine[12] vorgetragen, oder auch die von L. Vaudoyer im Jahre 1844 veröffentlichte über die Folgen der Feuchtigkeit in den Wohnungen.[13]

Nicht daß die ‚sanitären' und hygienischen Aspekte des Problems von der „Revue générale de l'Architecture" außer Acht gelassen worden wären; im Gegenteil: Es ist tatsächlich immer noch die hygienisch-medizinische Disziplin, die die quantitativen und empirischen Grundlagen für das ganz ‚moderne' Projekt einer Veränderung der gebauten Umwelt liefert. Zwei Beispiele werden genügen, um zu zeigen, wie sehr die „Revue" Dalys immer wieder auf dieses Thema zurückkommt. Das erste ist das 1844 ausgestellte System zur Erwärmung und Belüftung von Krankenhaussälen von René Duvoir[14]. Immer noch wird das Problem auf die Berechnung der kleinsten erforderlichen Menge an reiner Luft pro Person reduziert: 20 Kubikmeter pro Bett und Stunde. Das zweite: der Bericht „über ein eisernes Hospital, das vom Ingenieur und Architekten A. Romand auf dem Jakobsfeld in Guadelupe gebaut wurde"[15]. Dieser wird, nachdem er im Jahre 1842 in Brüssel eine Arbeit über Eisenkonstruktionen veröffentlicht hatte, damit beauftragt, nach dem Erdbeben des Jahres 1843 das Militärkrankenhaus in Guadelupe wieder aufzubauen. Zu Schiff auf die Insel transportiert, wurde die Hallenkonstruktion innerhalb von zwei Monaten montiert und am 1. Mai 1846 eingeweiht. Das Gerüst bestand aus aufstrebenden Achsen aus geschmiedetem Eisen, die in einem Betonsockel verankert waren. Das Äußere war mit Eisenblechen verkleidet, die mit Bolzen an den Stützen festgeschraubt waren. Tür- und Fernsterrahmen waren aus Gußeisen, und der Innenraum wurde mit einem Holzmantel versehen, der das Zirkulieren der Luft im Raum zwischen den beiden Wänden ermöglichte.

Es war nicht das erste Mal, daß eine rein technische Problemlösung für Zivilbauten vorgeschlagen wurde; schon Jeremy Bentham beantragte die Verwendung von Eisen und Glas für die Konstruktion seines berüchtigten *Panopticon* (1791)[16]. Überdies wurde vor kurzem der Text eines gewissen de Chabannes wiederentdeckt, der, 1801 in Paris herausgegeben, „den Bau neuer Häuser plante, bei denen alle Berechnungen und Details Einsparungen von größtem Nutzen bewirken würden"[17]: Es handelte sich um eine Konstruktion aus Eisen und Glas, in der die durch Metallsäulen zirkulierende Luft und Wärme mittels pneumatischer Vorrichtungen Fenster öffnen und schließen und die Vorhängeschlösser an den Türen zuschnappen lassen konnte. Die vorgestellten Beispiele enthüllen das Vorhandensein einer Verbindung zum Panopticon bei allen Projekten für Phalanstères, Familistères und ‚Aérodômes'; es sind technologische Utopien eines „milieu exact", der gemessenen Umwelt und der präzisen Zuteilung von Wohnraum, ein Traum von der perfekten Maschine zum Heilen, zum Kontrollieren, zum Wohnen . . .

Tatsächlich kreuzen sich gegen 1840 zwei Genealogien: eine auf die exakte Quantifizierung des Fluidums, das eine Gebäude umspült, gerichtete, rein sanitäre, und eine rein technologische, die durch die Verwendung neuer Materialien eine vollständige Programmierung und maximale Ausnutzung aller Räume anstrebt. Wir werden hier nur zwei Paradigmata geben, zwei Metaphern sozusagen, die das Schicksal dieser beiden Genealogien schildern, die in der zweiten Hälfte des 19. Jahrhunderts in Frankreich koexistieren.

Als erstes wollen wir ein Projekt beschreiben, das 1884 in Lyon publiziert wurde und die „Gesundung der großen Städte durch Landluft"[18] zum Gegenstand hatte. Der anonyme Verfasser plädiert für eine Vorrichtung, mittels welcher die Luft „in die Kirchen, Werkstätten, in die Schlafsäle von Pensionen, Gymnasien und Lehranstalten" geleitet werden kann. Dem Verfasser zufolge „muß die mechanische Einrichtung über *einen Luftschlucker* auf offenem Felde verfügen, über *diverse Röhren*, die die Luft zu den Stadttoren leiten, wo *eine Dampfmaschine mit starken Ventilatoren* installiert werden müßte". Es lohnt sich, die fast ‚surrealistische' oder ‚metaphysische' Beschreibung des „Luftschluckers" wiederzugeben: „Das Gelände soll von Mauern umgeben sein. Um die Öffnung herum sollen Tannen und andere, dort zum Zwecke der Luftfilterung und der Eliminierung des Staubes angepflanzte balsamische Hölzer stehen; auch Blumen und andere wohlriechende Pflanzen sollen gepflanzt werden. Als Kustode der Rohrmündungen soll ein Gärtner fungieren, der auch die Pflege der Pflanzen überwacht."[19] Schließlich werden „Verteilerröhren", die sich in Serpentinen über die Wände der Kloaken winden können, mit einfachen Röhrchen aus Weißblech verbunden, die entlang der Gesimse der Zimmer in den zu belüftenden Gebäuden verlaufen und durch zahlreiche Löcher das „atmosphärische Gas" verströmen! Diese urbane Einrichtung macht es darüber hinaus möglich, die Luft zu klimatisieren: *frisch* während des Sommers, *erwärmt* während des Winters . . .

Ein solches „Projekt" könnte uns mit seinem technologischen Extremismus lächeln machen; aber war die Idee, die Landluft in die Stadt hineinzubringen, nicht vielleicht auch ein Mittel — mindestens auf metaphorischer Ebene —, mit Hilfe der Technik den Gegensatz zwischen Stadt und Land aufzuheben? Übrigens erinnert dieser etwas verspätete Text nicht nur von neuem an das Problem von Ventilierung und Klimatisierung, an den Plan zur Bewässerung des Komplexes Stadt mit den Strömen, deren Zufluß Voraussetzung für die Ausbreitung des häuslichen *Komforts* ist: die Kloaken zunächst, später das fließende Wasser und die Zentralheizung (erst mit Dampf, dann mit Luft oder Wasser); viel später dann die Gasbeleuchtung und das elektrische Licht; zu Anfang unseres Jahrhunderts das Telephon; und noch später Radio, Fernsehen, Klimaanlage ... Die historischen Strömungen schwemmen uns weg vom rational gerüsteten, doch wie eine Festung isolierten Ort, hinein in ein Netz von Strömen, einen Stromkreis, in dem das ‚Haus' nurmehr ein ‚Terminal' ist.

Schon 1844 machte Daly auf die Bedeutung der Bestrebung aufmerksam, beim Entwerfen der Wohnungen die Luft-, Wärme- und Lichtströme besser zu lenken, indem man die architektonische Form der Logik dieser Ströme anpaßt: „Das Gebäude, das der Architekt aus der Hand gibt, ist meist noch ein lebloses Gebilde, ein imposanter Kadaver ohne Atmungssystem; es fehlt die für die Versorgung der darin lebenden Personen unerläßliche Zirkulation reiner Luft, und es fehlen die Möglichkeiten, die verdorbene Luft abzuleiten, deren Absonderung nach und nach, so wie sie sich bildet, organisiert werden muß."[20] Was dem „imposanten Kadaver" fehlt, ist also das Leben selbst; einzig eine „Biopolitik der Architektur" kann uns zu den unbekannten Gestaden der Moderne führen.

Wiederum in der „Revue générale de l'Architecture" entdecken wir das zweite Paradigma dieses radikalen Vorhabens, die Umwelt zu verändern. Es soll als eine Art Symbol vorgestellt werden: „Wir haben ausgerechnet", schreibt einer der Redakteure im Jahre 1849, „daß die Stärke der die Häuser einer Stadt trennenden Mauern ein Achtel der bewohnbaren Fläche beansprucht; in eisernen Häusern würde sie kein Zwanzigstel einnehmen; hinzu kommen die Vorteile der Feuerbeständigkeit, der Stabilität, der Widerstandsfähigkeit gegen Blitze und Erdbeben."[21] Walter Benjamin hat darauf hingewiesen, daß man im *Paris des 19. Jahrhunderts* Eisen und Glas bei Wohnhäusern vermeidet, während diese Baumaterialien für Passagen, Ausstellungshallen, Bahnhöfe – „Bauten, die transitorischen Zwecken dienen"[22] – Verwendung finden. Genauere Untersuchungen über das viktorianische Landhaus in Großbritannien[23] und den Wohnungsbau zur Zeit von Haussmann[24] scheinen eine solche Behauptung zu mildern. Aber auch wenn die Dokumente eine immer weiter verbreitete Anwendung des Eisens beweisen, so bleibt dennoch wahr, daß es die Zivilisation selbst ist, daß es die ‚kulturellen Modelle' selbst sind, die die Bewegung in Richtung auf die völlige Transparenz der Wohnzelle bremsen. Nicht das Eisen und das Glas an sich wecken Besorgnis, es ist die Verwendung dieser Materialien, die dem Blick eröffnete Möglichkeit, überall einzudringen. Und Adolphe Lance, der Architekt, der im Jahre 1850 im Namen der „Société centrale des architectes" über die Sanierung gesundheitsschädlicher Wohnungen berichtete, unterstreicht diese Bedenken: „In das Haus eines Bürgers einfallen", warnt er[25], „in sein Privatleben eindringen, und sei es mit den besten Absichten, ihm innerhalb seines häuslichen Wirkungskreises Verhaltensregeln vorschreiben, an einem Ort, wo er der alleinige und einzige unumschränkte Richter ist, all dies gleicht auf den ersten Blick einem ebenso vergeblichen wie indiskreten Versuch."

Den Vorsitz bei der Kommission der „Société centrale" führt Nicolas Philippe Harou-Romain, ein auf die Reform von Strafanstalten und Arbeiterwohnungen spezialisierter Architekt. Sein Entwurf für eine Strafanstalt in Gestalt eines Panoptikums mit Wachtturm und zentral gelegener Kapelle unter einem Dach aus Eisen und Glas ist berühmt-berüchtigt[26]. Eine Wohnung aber kann nicht einfach wie die transparente Zelle eines Panoptikums konzipiert werden, in dem der sich immerfort im Gegenlicht bewegende Schatten des Insassen für den in seinem zentralen Turm postierten Beobachter ständig sichtbar ist; und noch weniger darf sie zum Reagenzglas werden, das der perfekten Reproduktion der menschlichen Species ideale Bedingungen bietet: auch wenn es nicht an Reformern fehlt, die von nichts so sehr träumen als davon, aus dem Proletariat ein Versuchskaninchen zu machen. Andere Mittel und Wege müssen ausprobiert, eine Vielzahl von Hebeln muß in Bewegung gesetzt werden, nachdem es — wie man sich leicht denken kann — nicht möglich ist, die Wohnung auf eine monofunktionale und monokulturelle Formel zu reduzieren. Während der ganzen zweiten Hälfte des 19. Jahrhunderts, bis hin zu den ‚slogans' des sogenannten Neuen Bauens, besteht die eigentliche Versuchung darin, aus der Wohnung einen simplen Mechanismus zu machen.

Es wurde bereits gesagt, daß es ebenfalls Adolphe Lance war, der im Jahre 1853 die Idee der ‚Wohnmaschine' aufbrachte: „Es wäre nicht möglich, noch weiter zu gehen, und auch unsere Gebäude oder unsere Häuser so zu entwerfen, daß der Mensch, der sie benützt oder bewohnt, berücksichtigt würde, nicht allein um ihre allgemeine Verfassung und Verteilung zu ermitteln, sondern auch, um die tausenderlei besonderen Nutzungsformen zu entdecken, die Erleichterungen, die gegebenen und vervielfältigten Hilfsleistungen, die Einsparungen an Zeit und Kraft, die die wissenschaftlichen und technischen Erfindungen unserem häuslichen Leben geben können? Eine Wohnung ist ein Instrument, eine Maschine sozusagen, die dem Menschen nicht allein als Zuflucht dient, sondern seine Aktivitäten und sein Leben fördern muß; indem sie, soweit möglich, all seinen Bedürfnissen entspricht, soll sie die Ergebnisse seiner Arbeit vervielfältigen. Die Industriebauten, die Werkstätten und Fabriken aller Art sind, unter diesem Aspekt gesehen, fast vollkommene Vorbilder und wert, nachgeahmt zu werden."[27]

Zwischen der Mechanisierung von Serviceeinrichtungen und der Neudefinierung des Raumes wird der *Komfort* zum *Axiom* der Architekturtheorie, bis hin zur dramatischen und werbenden Wiederaufnahme des Themas ‚Wohnmaschine' durch Le Corbusier in *L'Esprit Nouveau* im Jahre 1921. So gelangt die Bestätigung der bereits formulierten Hypothese ans Tageslicht: die substantielle Kontinuität der Ziele all dessen, was dazu beiträgt, den corpus disciplinare der Architektur zu schaffen, von — sagen wir — den ersten hygienischen und technologischen Auseinandersetzungen um 1830 bis zu jenen, die in verordnender und totalisierender Form in der Charta von Athen aus dem Jahr 1933 zusammengefaßt sind. Im Innern dieser Kontinuität einer Politik des Komforts, im Kern dieses historischen Abschnittes, taucht die kontradiktorische Frage des ‚Stils' auf, die keine einfältige Dialektik beantworten kann. Es ist wiederum Daly, der in seinem Buch *L'architecture privée au XIXe siècle sous Napoléon III* (1864) bemerkt: „Das Haus beansprucht Behaglichkeit, eine Qualität, die nicht immer mit jenen vereinbar ist, die charakteristisch sind für Bauten von Stil."[28]

Auch Charles Garnier, der Architekt der Pariser Oper, ist der Meinung, daß seine Zeit „das Verdienst hat, eine scharfsinnige Theorie der Grundrißerschließung ersonnen zu haben". Sein Buch feiert denn auch die Denkwürdigkeiten der Weltausstellung von 1889, die im Zeichen des neuen Turms von Gustave Eiffel steht, aber er fügt auch eine kleine Glosse hinzu, die sein Vorhaben optimistisch beleuchtet: „Auch hinter den Umrissen der Bauwerke hat die heutige Epoche das willkommene Glück, ernsthaft an der Verbesserung der Arbeiterklasse zu arbeiten."[29] Darüber hinaus konnte sich dieser Künstler, der mit dem Zeichenstift so gewandt wie reaktionär mit der Feder war, erlauben, den Ton und die weiter oben zitierten Ratschläge aus dem *Armeninspektor* von de Gérando in Erinnerung zu rufen: „In den Arbeiterwohnungen ist zweierlei zu vermeiden: das Zuviel und das Zuwenig"; kurz, das Problem ist schwierig, aber „unterdessen steigt die Zahl der Arbeiterwohnungen überall"[30].

Versuchen wir, am Beispiel Frankreichs herauszufinden, ob eine solche Aussage beweisbar ist. Es wurde gezeigt, daß die Haltung der Franzosen hinsichtlich der Wohnung – dem nach der Ernährung wichtigsten Bedürfnis – sich um 1890 herum ändert: Von da an wird die Kleidung vor der Wohnung zur Hauptsorge. Diese neue Vorliebe für die Kleidung geht – nicht zufälligerweise – zurück auf den Augenblick, in dem das Bauwesen aufhört, im Lande nach der Landwirtschaft wichtigster Beschäftigungszweig zu sein und seinen zweiten Platz der Textilindustrie überläßt.[31] Des weiteren muß gesagt werden, daß die meisten Franzosen ihr Haus in der Zeit vom 18. bis zum 19. Jahrhundert gebaut haben: Das rapide Bevölkerungswachstum zwischen 1750 und 1850 hatte dem Bauwesen riesige Investitionen auferlegt. So erklärt sich, weshalb die trickreichen Darbietungen des modernen Komforts, wie sie in der zweiten Hälfte des 19. Jahrhunderts sichtbar wurden, sich in Frankreich nicht mit so großer Leichtigkeit verbreiten konnten wie in England. In Frankreich vollzog sich statt einer kostspieligen Umstrukturierung des Ganzen ein partieller Anpassungsprozeß. Die letzte pompöse Wachstumsperiode des französischen Bauwesens vor 1960 liegt genau im hier untersuchten Zeitraum: Die Anzahl der Häuser steigt von 7 Millionen im Jahr 1847 auf 9 Millionen im Jahr 1890.[32] Anschließend und bis 1939 ist die Zunahme auf nur drei Viertel einer Million Wohnungen begrenzt und ist auf die städtischen Zentren konzentriert.

Die von Alfred de Foville geleitete Untersuchung der Wohnverhältnisse in Frankreich (1894) – eine sehr gut dokumentierte Quelle – schildert diesen Mangel an Komfort und zeigt, daß in den ländlichen Gebieten in der Regel keine Latrinen vorhanden sind, daß aber das Zusammenleben von Tieren und Menschen oder sogar aller Bewohner des Hauses (Eltern, Kinder, Knechte und Tagelöhner) im selben Raum, wenn nicht sogar im selben Bett, die Regel ist. Ariès und Flandrin haben gezeigt, daß dies im ländlichen Mittelalter die übliche Lebensweise war.[33] Noch 1906 hatten zwei von drei Häusern keine Latrine, weder innerhalb noch außerhalb des Hauses. Im Jahre 1911 schließlich, hatten 43 Prozent der französischen Häuser nur ein Erdgeschoß, und nur ein bis zwei Prozent der Wohngebäude hatten mehr als vier Stockwerke.[34] Diese Zahlen genügen, um dem Optimismus der offiziellen Erklärungen Garniers zu widersprechen, die wir weiter oben zitiert haben.

Nun werden präzisere Angaben zur territorialen Verteilung der neuen Häuser nötig. Was das emigrierte oder nomadisierende Proletariat betrifft, so lassen sich in Europa nach 1850 drei verschiedene Entwicklungen differenzieren: Erstens, eine Konzentration in den großen urbanen Zentren, wo der Baumarkt unfähig ist, der Nachfrage gerecht zu werden, eine Situation – wir haben es gesehen –, die überall eine ‚Kultur metropolitaner Armut' schafft. Zweitens: In den großen industriellen Siedlungen außerhalb der Städte leben die Arbeiter in halb-agrikolen Verhältnissen, und die qualifizierteren Teile der Bevölkerung (sie allein) werden in kollektiven oder privaten Einrichtungen untergebracht (Kasernen, Gemeinschaftshäuser oder Einfamilienhäuschen und Pavillons . . .). Drittens: In ganz Europa ist jene Situation am weitesten verbreitet, die wir in den mittelstädtischen Zentren finden, wo der größte Teil der emigrierten Arbeiterbevölkerung Aufnahme findet, und die daher eine rapide demographische Expansion erleben; dort, in den mittelgroßen Zentren, ist die Lage des Wohnungswesens nicht allzu katastrophal, denn die Neuankömmlinge treffen da auf eine Mittelschicht, die über viel Platz verfügt und bereit ist, diesen in Wohnraum (Zimmer, Schlafsäle) zu verwandeln und an die neu Angekommenen zu vermieten.[35]

Die neuen Haustypen, die zwischen 1840 und 1914 von den gebildeten Architekten diskutiert werden, sind meistens nur für die beiden ersten der oben genannten Situationen gedacht: die Wohnungen in den Metropolen einerseits und die kollektiven Einrichtungen in den außenstädtischen Industriezentren andererseits. Die Vorschläge der Sozialisten und der öffentlichen Wohlfahrt halten die Mitte dazwischen. Diese Modelle machen die Verwirklichung einer Reihe praktischer Maßnahmen möglich, die eine geordnete Streuung der Bevölkerung bewirken sollen.

Die Liste dieser Maßnahmen ergibt eine Art Genealogie der weiter oben beschriebenen Maßnahmen, die das Haus nach und nach verändert haben: endgültige Trennung von Arbeitsplatz und Wohnung; Ausschluß der nicht zum engeren Familienkreis gehörenden Personen aus der Wohnung der Familie (‚ospiti paganti' und ‚subaffittuari' in Italien, ‚coucheurs' und ‚souslocataires' in Frankreich, ‚Schlafgänger' und ‚Zimmermieter' in Deutschland)[36]; Reglementierung der nachbarschaftlichen Beziehungen und der Zirkulationssysteme innerhalb und außerhalb des Gebäudes; Einrichtung kollektiver Serviceleistungen außerhalb des Hauses; Individualisierung des Wohnbereiches (ein Zimmer, ein Bett pro Person); Anpassung der Wohnfläche an die Familiengröße. Schließlich soll dem häuslichen Bereich eine funktionale Struktur gegeben werden, durch die

die Spezialisierungen stabilisiert und die häuslichen Beziehungen in einem „nützlich gemachten Raum"[37] funktionstüchtig gemacht werden. Die Liste zeigt auch, daß die bahnbrechenden Thesen Sigfried Giedions zur „Herrschaft der Mechanisierung"[38] und Reyner Banhams zur Architektur der „wohltemperierten Umwelt"[39], beide vor allem darauf bedacht, die Etappen des technischen Fortschritts im Bauwesen zu rekonstruieren, es nicht vermocht haben, die diesem historischen Prozeß innewohnende Vielfalt der Sozialpolitik zu erkennen.

* * *

Es ist unmöglich, hier all die theoretischen Vorschläge und die architektonischen Modelle aufzuzählen, die in Frankreich die Debatte zur Wohnungsfrage in der zweiten Hälfte des 19. Jahrhunderts gekennzeichnet haben; wir können nur einen kurzen Abriß davon rekonstruieren.

Einmal mehr müssen wir, so scheint es, mit der Zeitschrift von Daly den Anfang machen. Von 1845 bis 1846 erscheinen dort folgende Publikationen: das Schlafhaus von Sydney Smirke (1834), die Projekte für Modell-Unterkünfte und -Wohnungen in Brüssel, wie sie der Kriminologe und Gefängnisreformer E. Ducpétiaux entworfen und die Architekten A. Cluysenaar und L. Spaak gezeichnet haben (1846), und schließlich die Pläne für Arbeiterwohnungen aus dem Handbuch des englischen Architekten Charles Pierce.[40] Ducpétiaux wird immerhin kritisiert wegen der „zu restriktiven und sehr zur Zucht erziehenden Natur" seines Projektes.[41] Man fürchtet, daß neue *work houses* gebaut werden, neue ‚Armenhäuser' oder Zuchthäuser: Das Gespenst der Strafkolonie geht um auf diesen Seiten.[42]

Kolonie, Kaserne oder ‚Arbeiter-*Klub*'? Eine Fülle von Dokumenten erhellt von 1846 bis 1852 diese Diskussion. Unter den vielen Beispielen wird immer wieder das Projekt der „Caserne des douanes" in Le Havre zitiert: Diese Kaserne ist das perfekte Beispiel einer *Cité ouvrière* für die einen, für andere, etwa für C. Daly, ist sie „Genossenschafts"-Architektur.[43] Sie ist das Werk des städtischen Architekten Louis-Fortuné Brunet-Debaines (1801–1862) und wurde im Jahre 1847 gebaut. Die Beschreibungen lassen vor unseren Augen einen riesigen, dreistöckigen Komplex mit fünf Höfen entstehen, in dem 1850 508 Männer, 300 Frauen und 515 Kinder untergebracht waren. Küchen und Speisesäle, Kinderhorte, Schulen, Schlafsäle für Unverheiratete, Pavillons für die Familien, eine medizinische Beratungsstelle, Gasbeleuchtung, Reinigung der Gemeinschaftsräume: Die großzügigen Dienstleistungen werden finanziert, indem 12 Prozent des Einkommens der Angestellten zurückbehalten werden. „Eine solche Einrichtung scheint als Problemlösung eher zu den *Cités ouvrières* zu passen", sagt 1858 ein Arzt[44], „und kann sogar als Modell gelten, weil es in sich alle Bedingungen vereinigt, die wir dort anzutreffen wünschen. Jeder einzelne findet dort Sicherheit, Gesundheit, individuelle Freiheit, Erziehung, Sparmöglichkeiten im Haushalt; alles in allem genießt er alle Vorteile des gemeinschaftlichen Lebens, ohne dessen Unannehmlichkeiten erfahren zu müssen. Die Überwachung und die geforderte Disziplin sind mit Sicherheit weniger fühlbar als die Polizeiaktionen in den städtischen Arbeiterwohnungen.(...) Die *Cité ouvrière* ist eines der wirkungsvollsten Mittel für die sittliche Erziehung der Arbeiterklasse" etc., etc. Im Programm, in der Durchführung und im Bericht über die „Casernes des douanes" sind etwa 150 Jahre Stadt- und Wohnungsbaupolitik zusammengefaßt.

Daly war von ihnen begeistert; in seinem Kommentar zu den Plänen der Kaserne anläßlich ihrer Ausstellung im *Salon* 1849 gibt er aber auch die Kritiken wieder, die das Experiment auslöst: „Man hat uns versichert, daß der Erfolg nicht so umfassend war." Auf den folgenden Seiten macht er sich daran, verschiedene koloniale Vorhaben zu beschreiben, zum Beispiel jenes des Herrn Bourla: das „Projekt einer landwirtschaftlich-industriellen Strafanstalt von zivilem oder militärischem Charakter" für die Ansiedlung von 1 200 Siedlern in Afrika; wunderschöne Kasernen mit zentralem Korridor, die in der Tradition reinster französischer Militärarchitektur um einen quadratischen Hof herum angelegt sind. Daly fügt hinzu: „Wir haben selber den Plan für eine Reihe afrikanischer Kolonien entworfen für die ‚Gesellschaft zur Kolonialisierung Afrikas', die 1835 unter der Verwaltung von General Bernard mit einem Kapital von 50 Millionen gegründet wurde."[45]

Das Thema der Kolonie zieht sich durch die gesamte Literatur über das Haus und die urbane Entwicklung im 19. Jahrhundert. Erinnern wir uns einerseits an die Projekte zur Errichtung perfekter Erziehungs- und Strafkolonien (z.B. die von Mettray, die vom Architekten A. Blouet 1839 in Indre-et-Loire gebaut wurde[46]) und, andererseits, an die Vorschläge zur Zivilisierung der überseeischen Territorien, etwa das Entwicklungsprogramm für Australien, das Edward Gibbon Wakefield in seinem Buch *A View of the Art of Colonisation* aus dem Jahre 1849 vorstellt[47], eine Synthese aus Malthusianismus, Nationalismus und Rassismus, eine Schrift, die den Vorschlägen der ‚Sozialimperialisten' zur inneren Kolonisation (der Landgebiete) und zur äußeren Kolonisation (der Kolonien) eines Alfred Marshall, eines Samuel Barnett und eines Charles Booth[48] den Weg bahnen wird.

In der Absicht, zu einer – im übrigen noch zu schreibenden – „Kurzen Geschichte der Kolonie" beizutragen, möchten wir an den Band des Kollektivisten P.R. Marchand mit dem Titel *Du paupérisme* (1845) erinnern; dieses Buch ist ein erbarmungsloser Aufruf zur Konstruktion einer geschlossenen und hierarchisierten Welt mit dem freundlichen Namen *Cité de refuge* (Stadt des Schutzes, der Zuflucht), eine eingezäunte, auf Inseln verbannte Welt, in die die gefährliche und kriminelle Bevölkerung des Königreiches eingesperrt werden soll. „An Stelle eines Gefängnisses werden wir eine richtige Stadt haben", schreibt Marchand, „ein enormer Unterschied für die Spitzbuben, die, wenn sie unter normalen Bedingungen lebten, schließlich anfangen würden, an die Freiheit zu glauben, mindestens aber würden sie die Vorstellung der Freiheit mit Freuden aufgreifen." Der Staat könnte Ausgaben vermeiden, indem er „Kapitalisten, die, die Verantwortung für ein solches Unternehmen auf sich nehmend, das Nützliche tun und die ruinösen Schönheiten der Künste vollständig ablehnen, eine einfache Rente aussetzen würde. Mit einem so einfachen Mittel könnte man der Weisheit der Herren Architekten ein Ende machen, und sollten diese dabei auch nicht auf ihre Rechnung kommen, so würde doch der Staat mit Sicherheit einen Nutzen davon haben."[49]

Jedes Häuschen wäre mit seinem Hausrat versehen: „eine einfache Hängematte zum Schlafen, ein kleiner Tisch, eine hölzerne Sitzgelegenheit, und schließlich einige irdene Schalen." „Der allgemeine Charakter dieser Cité de refuge", sagt der Autor, ganz auf der Linie eines Goyon de la Plombanie, in einer urbanistischen Anmerkung, „müßte zwei hauptsächlichen Zielen gerecht werden: erstens, dieser freiheitlichen Luft, der unsere modernen Städte eine beseelte Schönheit verleihen; zweitens, der öffentlichen Sicherheit und der Aufrechterhaltung von Ruhe und Ordnung unter den Bewohnern."

Alles in allem präsentieren sich auch die ‚sozialistischen' Vorschläge von Owen, Fourier und Cabet, bis hin zu Considérant, als autonome, produktive Siedlungen, die wie neue Kolonien zu gründen sind. Die verschiedenen von Cabet und den Ikariern in Texas und Illinois erlittenen Mißerfolge sind bekannt, ebenso die Schwierigkeiten bei der Leitung des vom Abgeordneten Baudet-Dulary gegründeten Phalanstère von Condé-sur-Vesgre, die fast mystischen Erfahrungen des Gatty de Gamond an der Côte-d'Or, die von der Sekte Considérants verteidigte Orthodoxie, die nicht erfolgte Finanzierung des ‚Palais de Société', den der Architekt Victor Calland im September 1846 erfolglos dem König Louis-Philippe unterbreitete, die Nutzbarmachung der Idee des Phalanstère und der Genossenschaftsideologie durch Katholiken wie Hippolyte de la Morvonnais.[50] Barthélemy-Prosper Enfantin selbst, der ‚Vater' der Saint-Simonisten, wird 1843 in seiner Publikation *La colonisation de l'Algérie* die Ergebnisse der ‚Commission scientifique de l'Algérie', deren Mitglied er im Dezember 1839 geworden war, veröffentlichen[51]: Alle Schriften der Anhänger der ‚Religion' von Saint-Simon berufen sich auf den Nutzen der Kolonialisierung. Enfantin ist auch einer der ersten gewesen, die die „Geborgenheit in der Familie" (domesticité) abschaffen wollten, indem er 1832 in dem Haus an der rue de Ménilmontant, an der Peripherie von Paris, die 40 ‚Apostel' um sich scharte: „In den Obergeschossen befanden sich zahlreiche Zimmer; im Erdgeschoß ein großer Speisesaal, eine Bibliothek (...); die Küche war vergrößert, ein großer, hufeisenförmiger Tisch in den Speisesaal gestellt worden. 17 Betten und 23 Hängematten waren beschafft worden."[52] Von unserem beschränkten Standpunkt aus gesehen, vom Standpunkt des Wohnungshistorikers aus, ist das nichts Besonderes. Die Architektur der Wohnung überschreitet ihren Nullpunkt.

Während solche Bauten Beispiele liefern für die ‚architettura povera', die Vorwegnahme der bigotten Entwurfsthematik, die fast ein Jahrhundert später die Schemata des *Existenzminimums* zu erzwingen versucht, eröffnet der im November 1849 von dem Publizisten H. Dameth in Druck gegebene Plan zur Gründung von ‚Cités de l'Union' genannten Industriestädten die Suche nach einem neuen architektonischen Gewand für das Wohnungsbauprogramm. Dameth ist einer der vielen katholischen Sozialisten, die den Mutualismus praktizieren, die Gegenseitigkeit, die Solidarität und die Gemeinschaft.[53]

Diese *Cité* sollte von einer Aktiengesellschaft gegründet werden; in der Umgebung von Paris gelegen, war sie wirtschaftlich unabhängig, und man propagierte sie als „eine Vereinigung der ganzen menschlichen Gesellschaft"[54]. Im Werbeprospekt wird angekündigt, sie verwirkliche „die gesunde, komfortable und wirtschaftliche Unterkunft; einen gewissen Grad *fakultativer* Gemeinschaft, ein Konsum- und Produktionszentrum, das nach dem Prinzip des Austauschs arbeitet; eine Gemeinschaftsbank, die die Guthaben aller verwaltet; ein mit allem Zubehör versehenes ‚Institut' zur Erziehung des Volkes: Horte, Schulen, Heime . . . ."

Es war Dameths Glück, in der Person des Théodore Charpentier

(1797–1867) einen guten Architekten gefunden zu haben. Charpentier war ein schöpferischer Architekt: Acht Jahre lang war er Stadtbaumeister von Odessa, der Stadt am Schwarzen Meer; er baute aber auch verschiedene Theater in der französischen Provinz und arbeitete in Paris mit Erfolg als Bühnenbildner. Er war ein ‚romantischer' Architekt, der *Schlösser* in ‚mittelalterlichem' und ‚Renaissance'-Stil entwarf.[55]

Im Jahre 1832, als die Cholera-Epidemie die Hauptstadt erreichte, beschäftigte er sich mit diversen Vorschlägen, die Auswirkungen der Seuche zu lindern.[56] 1838 veröffentlichte er das Projekt eines Zellenbau-Gefängnisses in panoptischer Form, in dem jeder Gefangene eine häuschenartige Zelle bewohnt, die auf einen kleinen Garten blickt, „wo er Blumen pflanzen kann, wenn er Lust dazu hat"[57]. Die aus einem Zimmer und einer kleinen Werkstatt bestehenden Zellen sind wie ein Amphitheater angeordnet und liegen im Blickfeld des Gefängnisaufsehers. Ausgerechnet bei der Rekonstruktion des Theaters von Le Havre 1844 hat Charpentier mit dem Stadtbaumeister Brunet-Debaines zusammengearbeitet, dem Manne, der die erwähnte ‚Caserne de la Douane' geschaffen hat.

Mit der von Charpentier entworfenen *Cité de l'Union* haben wir, in Frankreich zum ersten Mal, eine architektonische oder zumindest planimetrische Studie des Konzepts des kollektiven Wohnens, und nicht bloß eine politische, soziale oder einfach die Bedürfnisse schildernde Untersuchung. Im unteren Teil des Entwurfes sind 13 jeweils fünfstöckige ‚pavillons d'habitation' (‚Wohnpavillons') zu sehen, die an drei Seiten um einen quadratischen Garten von etwa 55 Metern Seitenlänge herum angeordnet sind. Auf der vierten Seite, mit Blick auf die Straße, erhebt sich das ‚Basar'-Gebäude mit Restaurants, Café, Kantine, Lesesaal, Bibliothek und Versammlungssaal. Kontakte finden unter gedeckten Galerien statt. Noch zu erwähnen: Die Häuser auf der linken Seite verfügen über Appartements mit zwei bis vier Zimmern, die auf der rechten Seite öffnen sich auf einen langen Mittelgang, der eine Reihe von Doppelzimmern erschließt. Bewundernswert finden wir auch die facettierte Ecklösung. Das 13. Haus in der Mitte dient als *garni*; seine Zimmer werden möbliert vermietet. Im Mittelpunkt der Anlage liegen die Gemeinschaftsräume (Bäder, Horte, Kindergärten, Bäckerei, Wäscherei . . .); oben befindet sich das produktive Zentrum, die Kuh- und Pferdeställe, die Dampfmaschinen und die gemeinschaftlichen Werkstätten; die Komposition wird abgeschlossen durch das Schulgebäude, das, nicht ohne symbolische Hintergedanken, in der Achse der gesamten Anlage liegt.

Im gleichen Jahr wurde der Bau der ersten großen *Cité*, die wirklich realisiert wurde, der *Cité Napoléon* an der rue Rochechouart in Paris, beschlossen. Entworfen hat sie der Architekt Veugny, zusammen mit dem Verwaltungsbeamten Chabert; die Finanzierung übernahm der Staat. Im Inneren des auf die Straße blickenden Hauptgebäudes bietet ein komplexes System von weiten, über ein großes Glasdach belichteten Gängen, großzügige Gemeinschaftsräume für die Zirkulation zwischen den Stockwerken, den Zugang zu den Wohnungen, Begegnungen, Kinderspiele und das Schwätzchen der Ältesten ... Die übrigen ‚Pavillons‘ der Wohnanlage sind dagegen eher traditionell: Enge, dunkle Treppen und Mittelgänge erschließen die Zwei-Zimmer-Wohnungen.

Diese ‚soziale‘ Spende des späteren Napoleon III., wurde – wie R.-H. Guerrand darlegt – sehr lebhaft diskutiert. Auf den Titelseiten der Zeitungen stehen liberale Positionen wie die des Advokaten Alphonse Grün, Chefredakteur des *Moniteur universel* und kämpferischer Verfechter einer staatlichen Intervention[58], konservativen Positionen gegenüber, etwa der von Amédée Hennequin 1848 in der Zeitung *Le Correspondant* vertretenen, die die „Freiheit der Wohnung" verteidigt und an Stelle staatlicher Zwangsvorschriften lieber eine private Überzeugungskampagne organisiert sehen will[59]. Wenn die *Cité Napoléon* für den Fouriersten Victor Meunier (1817–1903), Verfasser wissenschaftlicher Artikel für die republikanischen Zeitungen von 1848 bis zum Zweiten Kaiserreich, ein „warmes Gewächshaus, das die sozialistischen Keime zum Blühen bringt"[60] war, so konnte sie für den Konservativen Villermé „nur die sozialistischen Tollheiten" der jungen Arbeiter anspornen, und „die daraus resultierende Wirtschaft würde sich für sie in Ausschweifung verwandeln"[61]. Nach Ansicht dieses berühmten Arztes hindert der Planimeter der *Cité* an der rue Rochechouart die Familien daran, sich von einander abzugrenzen. Es wurde nichts getan, um „Begegnungen zu erschweren", „Gespräche zu verbieten": „Es ist bekannt, daß solches Geschwätz die Nachbarsfrauen von der Pflege ihres Haushalts ablenkt; das Tratschen schafft Unordnung, Streit, Feindschaft und gewohnheitsmäßige Faulheit."[62] Zu all diesen Gefahren kommt noch die unsittliche Promiskuität: Die unverheirateten Arbeiter stehen „auf der Lauer und warten auf die Gelegenheit, die moralischen Grundsätze der jungen Frauen zu schwächen"[63]; dann die politische Empörung: „Ist nicht zu befürchten, daß die *Cités*, die in ihren Mauern zahlreiche Arbeiter aufnehmen, diese noch stärker von der gesamten Gesellschaft isolieren und ihre Eifersucht auf jene verstärken, die sie die Reichen nennen und denen sie imaginäres Unrecht zur Last legen?"[64]

Das Ziel des Reformers ist also in hohem Maße widersprüchlich: Einerseits sollen die Häuser aus hygienischen Gründen allen Winden zugänglich und die Wohnung für das Licht und die Sicht transparent gemacht werden; andererseits aber soll die Kommunikation verhindert, die Sicht versperrt werden, um politischer und moralischer Infizierung entgegenzuwirken.

Bereits 1849 verkündet der Architekt Harou-Romain, übrigens ein Experte für die Planung von Gefängnissen: „Sich in Kenntnis der Dinge für die *Cité ouvrière* aussprechen heißt unserer Ansicht nach, sich für den Sozialismus aussprechen."[65] Das von Liberalen oder von Konservativen am häufigsten gegen die *Cités* vorgebrachte Argument ist die immer wieder angeführte ablehnende Haltung der Arbeiter kollektiven Lebensbedingungen gegenüber. „Die Einrichtungen, die die private Lebensfreiheit behindern", schreibt A. Audiganne in einer seiner zahlreichen Untersuchungen zur Lage der Arbeiterklasse[66], „und die sogar am häuslichen Herd nie endende Unterwerfung und nicht zu vermeidendes Beaufsichtigtsein erzwingen, können in Frankreich unter gar keinen Umständen weite Verbreitung finden." Angesichts einer solchen Übereinstimmung der Meinungen versteht man, warum so gut wie alle Lösungen, die kollektive Wohnverhältnisse anstreben, verworfen werden sollten: der Vorschlag zum Beispiel, den Albert Lenoir, von 1857 bis 1863 Professor an der Ecole des Beaux Arts, zwischen 1846 und 1858 mehrmals unterbreitete (er war übrigens der Sohn von Alexandre Lenoir, dem Gründer des Musée des Monuments Français), aber auch der des Publizisten Victor Calland, der Fourierist und Katholik war. Das Projekt bekam immer neue Namen, zuerst „Palais sociétaire" (Gemeinschafts-Palast), dann „neuer, das häusliche Leben revolutionierender Bautyp", endlich wurde es *„Institution des Palais de famille"* (1855) genannt. Für die Autoren war das gleichbedeutend mit der Lösung des „großen Problems", wie „behagliches Leben zu billigen Preisen für alle" verwirklicht werden könnte. Die Idee bleibt immer dieselbe: das Bauen einer großen, durch die „Kapitalisierung des Bodens"[67] zu finanzierenden Gemeinschaftsunterkunft und das utopische Zusammenleben aller sozialen Klassen.

Vor dem Hintergrund von tausend Vorschlägen spüren wir die fixe Idee des Zirkulierens von Waren und Personen auf, die Vorstellung von Mobilität und Dezentralisierung; zur selben Zeit unterbreitet beispielsweise ein Unbekannter (der ohne Zweifel zum Kreis des von 1792 bis 1867 lebenden Architekten Jacob Ignaz Hittorf gehört, welcher 1863 den wunderschönen Nord-Bahnhof in Paris entwarf) der Öffentlichkeit die

Idee von *Cités de chemins de fer*[68]. Sie sollten gleichzeitig mit dem französischen Eisenbahnnetz gebaut werden und folgende Probleme lösen: zuallererst das Problem der „unbeschränkten Mobilität" und der Bevölkerungswanderung; dann das Problem, jeder Familie, die versetzt wird, unverzüglich eine „vollständige häusliche Dauereinrichtung" anzubieten; schließlich das Problem, dem „Unbehagen, das heute die Mittelklassen quält", abzuhelfen, dem Nicht-Reisen-Können, denn bis zu diesem Zeitpunkt war das Reisen ein Luxus, der wenigen Reichen vorbehalten war. Es gibt verschiedene Typen von Eisenbahn-*Cités*: Sie reichen vom „Einzelhaus", dem „Außenposten" für den Dienst im Bahnhof eines Dorfes, bis hin zu den *Cités* erster Klasse, „deren Kette die Stirn der glorreichen Stadt Paris krönen wird wie ein Diadem"[69].

Die *Cités* schaffen die Möglichkeit, die alten urbanen Agglomerationen, häßlich wie sie sind und gebunden an überholte Reisemittel, aufzulösen und in einen geschlossenen energetischen Kreis zu verwandeln, in dem „der üppige Strom einer gesundeten Lymphe und die freie Bewegung des Lebens"[70] fließen. Das Konzept der Architektur wird dort nicht nur ein ‚eisenbahnerisches' oder von der Art von ‚Weltausstellungen' sein können: „Der im Stadtgürtel geknebelte Genius der Architektur" – fährt der Anonymus fort – „wird freie Bahn haben, um zusammen mit dem neuen Ideal, das der moderne Geist allmählich erahnt, zu kämpfen; (...) beim Entwerfen seiner Pläne wird er frei sein und die Vielfalt der Natur kühn zu nutzen wissen." Man stelle sich „ein sanft abfallendes Gelände vor einer schönen Landschaft", etwa am Genfer See, vor: Die *Cité*, „ausgehend von einem auf dem höchsten Punkt gelegenen zentralen Gebäude, senkt sich zu beiden Seiten eines weiten Amphitheaters aus blumigen Wiesen und Gärten nach unten, umschlossen von einer Reihe von Einzelpavillons mit Blick auf die Landschaft (...), während die gläsernen Tonnengewölbe, die den Bauwerken als Bedachung dienen, von oben den gesamten Entwurf hervorheben, wie ein leuchtendes Band, das zu beiden Seiten auf funkelnden Stufen emporsteigt, als sollte es die durchsichtige Kuppel des Hauptgebäudes tragen."[71]

Dieser Text aus dem Jahre 1857 ist ein wahres Manifest für den technisch-pittoresken ‚Stil', eine Hymne an das Eisen, das Glas, an die Grünanlagen; er ist durchdrungen vom ‚Fortschritt' und von der ‚Moderne', von all dem, was wir in anderen ‚Utopien' wiederfinden, seien sie realisiert oder nicht, wie dem „Familistère" in Guise aus dem Jahre 1858[72] oder auch der weniger bekannten, von dem Advokaten A. Houzé de l'Aulnoit geförderten und von dem Architekten E. Vandenbergh entworfenen und 1860 gebauten *Cité Napoléon* in Lille, einer Einheit von großen Pavillonbauten mit zentralen Korridoren. Sie beherbergt rund 900 bis 1000 „Arme", und eine eigenartige planimetrische Lösung ermöglicht es dem „Nutznießer", den seiner Familie zugewiesenen Raum von 4 x 4 Metern nach Belieben mit Hilfe von Zwischenwänden zu unterteilen.[73] Eben diese Faszination für den durch und durch technischen Stil läßt sich auch in den wohlbekannten Superblocks entdecken − interne Straßen, glasgedeckte Innenhöfe, Fahrstühle bis zur elften Etage, Schulen auf dem Dach −, die der Ingenieur Henry-Jules Borie 1865 unter dem Namen *Aérodômes*[74] propagierte.

Am Ende verursachte die Vielfalt der sozialen oder technischen ‚Utopien' des kollektiven Wohnens − man könnte noch die Arbeitersiedlung von Saint Antoine zitieren, die der katholische Sozialist Jacques Fabien 1863 beschrieben hat[75] − auch bei den Zeitgenossen eine gewisse Mißstimmung; Sénécal, eine Figur aus Flauberts *Education sentimentale*, ist unser Zeuge: „Er kannte (...) die ganze schwere Fuhre der sozialistischen Schriftsteller, jene, die für die Menschheit das Niveau von Kasernen fordern, jene, die sie in einem Lunapark zerstreuen oder über einen Ladentisch krümmen möchten. Und aus einer Mischung von all dem hatte er sich das Ideal einer tugendhaften Demokratie mit zwei Gesichtern geschaffen, Bauernhof und Spinnerei zugleich, eine Art amerikanisches Sparta, wo das Individuum nur existieren würde, um der Gesellschaft zu dienen (...)."[76]

* * *

Die von den Industriellen und den Arbeitgebern getroffene Wahl ist bekannt: Nachdem die Phase der totalen Militarisierung der arbeitenden Bevölkerung in den großen Industriebetrieben − zumeist Folge der Absonderung jeglicher bewohnter Zentren von den neuen Eisenhütten (wie Le Creusot) oder Bergbaugebieten (wie Anzin) − einmal überwunden war, schaffte man sich die innerhalb der Fabriktore stehenden Arbeiterkasernen vom Halse, um ab 1850 das monotone Raster der Industrie- oder Bergarbeiter-Siedlungen (die *corons* im Norden Frankreichs) mit Häuschen aufzufüllen. Die *cité ouvrière* in Mülhausen (aus dem Jahre 1849), jene in Guebwiller, beide im Elsaß, und viele andere. Guerrand macht deutlich, wie all dies in die Weltausstellung von 1867 einmündet, die von Frédéric Le Play geleitet und von etwa neuen Millionen Schaulustigen besucht wurde.[77]

Um die Kranzsche Galerie des machines herum, genau in der Mitte des Marsfeldes, wurden an Ort und Stelle gebaute Modell-Häuser ausgestellt: vier mehrstöckige Miethäuser mit 142 Wohnungen, wie sie der Architekt Eugène Lacroix auf einem nahegelegenen Gelände errichtete; eine Reihe von 41 Reihenhäusern aus Eisenbeton an der Avenue Daumesnil, entworfen im Stile der Neo-Renaissance und vom Kaiser persönlich finanziert; eine Doppelreihe von 90 Einfamilienhäusern entlang einer langen Straße, die eine Mme Jouffroy-Renault beim Architekten Hervey-Picard für Clichy an der Pariser Stadtgrenze in Auftrag gegeben hatte, etc., etc. All dies dient dazu zu zeigen, daß die beste Lösung für das Wohnungsproblem außerhalb der großen Zentren in Gestalt des ‚pavillon', des Einfamilienhäuschens, zu suchen ist. Ganz in der Nähe der Modell-Siedlungen sind 769 Quadratmeter vorbereitet für die Zurschaustellung von „Gegenständen, die dazu bestimmt sind, das Wohlbefinden der Massen zu verbessern"[78].

Die *Cité* Jouffroy-Renault macht auch die Allerkonservativsten zu Enthusiasten: Nachdem sich Graf A. Foucher de Careil über das Fehlen eines *Typs* für das moderne Leben der Arbeiterfamilie beklagt hatte, finden wir ihn beim Betrachten der suburbanen Häuschen: „Hier übersteigt nichts die wirklichen Verhältnisse des Arbeiters: nichts, das einem Eldorado ähnlich sähe oder einem Phalanstère, einem Paradies auf Erden oder dem Familistère in Guise (. . .). Das Problem der Hygiene und der Architektur besteht in der Kunst, die Übergänge zu berücksichtigen und dem Arbeiter aus der Stadt etwas vom Land zurückzugeben, ein wenig von der verlorenen Virilität und Gesundheit also, die unwiederbringlich verloren gegangen sind. Die Architektur kann und muß uns helfen. Sie kann es durch die Wahl des Stadtteils und mit der halb-ländlichen Form." Immer zynischer werdend, fährt der Graf fort: „Der Mensch, und insbesondere der Mensch der ersten sozialen Schichten, die unpassenderweise die letzten genannt werden, ist ein Mittelweg zwischen dem Künstler und dem Kind. Auf diese Weise ist er doppelt empfänglich für Illusionen. Ihr, die Ihr ihm eine Wohnung geben, ihn zum Wohlstand führen wollt, raubt ihm nicht die *Illusion* des heimischen Herdes, das Symbol für die Familie. Fügt ihm, wenn ihr könnt, noch die Illusion der Felder hinzu."[79]

Auch wenn sie zahlenmäßig wenig bedeutend sind — in den 63 Pariser *Cités* leben im Jahre 1866 nur 1 118 Mieter, während die Kapitale 442 000 Arbeiter beherbergt —, so ist doch die vom Staat und von den Arbeitgebern getroffene Entscheidung für die Arbeitersiedlung von Bedeutung, denn sie macht in diesem Falle deutlich, wie tatsächlich regiert wird. Was Foucher de Careil und Leute seines Schlages planen, ist ein Prozeß zur *Integration* der Klasse der Angestellten und der qualifizierten Arbeiter. Kurz gesagt handelt es sich darum, die neue Familienzelle wieder an ein Stück Land zu binden. Im Gegensatz zu den fortschrittlichen oder ‚sozialistischen' Vorschlägen, die alle darauf zielen, den Lauf des Nomadentums und des kollektiven Lebens mit Hilfe von ‚neuen' technologischen Projekten zu beschleunigen, soll der häusliche Herd wieder fest auf einem Stück Land verankert werden: Der Archaismus der politischen Entscheidung ist folglich beabsichtigt. Es ist nicht eine Entscheidung, die auf einer rationalen Analyse von *Nutzen*, von *Bedarf* oder irgendeiner *Funktion* basiert, es ist eine Regierungs-, eine Herrschafts-Entscheidung. Verwirft man die Lösung der ‚Wohnungsfrage' mit Hilfe des Gespanns öffentlicher *und* kollektiver Wohnungsbau als untauglich, dann setzt sich das Modell des privaten *und* individuellen Wohnungsbaus durch, das einzige Modell, das es möglich macht, die familiäre Struktur zu monopolisieren und zu isolieren, das es erlaubt, im Arbeiter das Gefühl von räumlicher Identität und materieller Kultur zu wecken, ihm den Sinn für Eigentum einzutrichtern, das symbolische Äquivalent für den „heimischen Herd" als Gegenwert für das Leben am Arbeitsplatz zu stabilisieren, den Körper zu disziplinieren und seine Gewohnheiten zu regulieren.[30]

Bedenken wir, daß die verschiedenen Arten von Gewohnheiten nicht nur durch Institutionen geregelt, von der Ideologie vorgeschrieben, oder durch die Umstände gelenkt werden; sie haben auch ihre eigene ‚Regelmäßigkeit', ihre Logik, ihre Strategie. Michel Foucault hat solche Regelmäßigkeiten vor einigen Jahren als die „Herrschaft der Gewohnheiten" definiert: als „programmierte Verhaltensweisen, die gleichzeitig wie Vorschriften wirken bezogen auf das, was zu tun bleibt (der Effekt der ‚Jurisdiktion'), und wie eine Kodifizierung, bezogen auf das, was zu wissen bleibt (der Effekt der ‚Wahrhaftigkeit')"[81].

„Die Existenz der vertrauten Wohnung als nicht-kollektive Infrastruktur ist genealogisch nicht zu fassen als Ergebnis von Herrschaft und der Errichtung einer neuen Ordnung durch Teilung allein. Der Nutzen ist sekundär."[82] Glauben Sie nicht, daß eine solche Politik etwa gescheitert wäre! Im Gegenteil: Noch heute werden in Frankreich jährlich 260000 Einfamilienhäuser gebaut, und für 80 Prozent der Franzosen bleibt das individuelle Haus die Verkörperung des Glücks.[83] Es gibt keine *Notwendigkeit* des Bedarfs oder der Bedürfnisse bei diesem dringlichen, heute von der Mehrheit empfundenen Bedürfnis; es ist der Effekt der vom modernen Staat aufgezwungenen Strategien. Nicht die sozialen Bedürfnisse sind die ‚Ursache' für die vom Staat gegründeten öffentlichen und privaten Einrichtungen; es ist der Staat in seinen verschiedenen Gestalten, der diese Infrastruktur erzwingt, die spezifische, ihnen entsprechende, aber nicht objektive Bedürfnisse hervorbringt und ‚bedient'. Das Subjekt wird so von der Herrschaft geformt und existiert nur noch *für* den Staat. Offensichtlich gibt es nicht nur eine einzige Strategie, und diese produziert nicht immer die beabsichtigten Effekte; umgekehrt ist es nicht gesagt, daß es dem Staat, wenn er das Soziale formt und konform macht durch die Raumverteilung (Stadt-Land), die Wahl der Eigentumsformen (privat-öffentlich), die Individualisierung des Konsumverhaltens (individuell-kollektiv) und die Klassifizierung der Bevölkerungskategorien (Kinder-Erwachsene, Normale-Unangepaßte, Mann-Frau), immer gelingt, dieser Vielfalt von Strategien einen positiven Wert und eine Funktionalität zu verleihen.

Es ist nichts Paradoxes an dieser Beschreibung des Herrschaftsstaates. Nietzsche zeigt uns in seiner *Genealogie der Moral*, „daß nämlich die Ursache der Entstehung eines Dings und dessen schließliche Nützlichkeit, dessen thatsächliche Verwendung und Einordnung in ein System von Zwecken toto coelo auseinander liegen; daß etwas Vorhandenes, irgendwie Zu-Stande-Gekommenes immer wieder von einer ihm überlegenen Macht auf neue Ansichten ausgelegt, neu in Beschlag genommen, zu einem neuen Nutzen umgebildet und umgerichtet wird". Die Rationalisierung der Dinge, wie die des Hauses – wie auch anderer Reformen – kann nur *außerdem* zu einem „Überwältigen" und zu einem „Herrwerden" führen, das eben in einem „Neu-Interpretieren" besteht: Wer herrscht, bestimmt, was die Wahrheit ist. „Wenn man die *Nützlichkeit* von irgend welchem physiologischen Organ (oder auch einer Rechts-Institution, einer gesellschaftlichen Sitte, eines politischen Brauchs, einer Form in den Künsten oder im religiösen Cultus) noch so gut begriffen hat, so hat man damit noch nichts in Betreff seiner Entstehung begriffen." Dies mag jenen als Warnung gelten, die vorhaben, als „Antwort auf die Bedürfnisse", eine Geschichte des Hauses zu schreiben, eine neue Planung des Raumes, vermittels derer man zu neuen Zwecken, neuen Funktionen und zu einer neuen „Nützlichkeit" gelangen könnte. „Aber alle Zwecke, alle Nützlichkeiten", fährt Nietzsche fort, „sind nur *Anzeichen* davon, daß ein Wille zur Macht über etwas weniger Mächtiges Herr geworden ist und ihm von sich aus den Sinn einer Funktion aufgeprägt hat."

Die Illusion einer Geschichte des Hauses, die auf die Mechanisierung, auf die fortschreitende Funktionalisierung konzentriert ist: Wo *Anzeichen* und *Symptome* mit den wirklichen, vielfältigen Überwältigungsprozessen verwechselt werden, jenen „mehr oder minder tiefgehenden, mehr oder minder von einander unabhängigen". Schließlich warnt Nietzsche: „die Form ist flüssig, der ‚Sinn' ist es aber noch mehr."[84]

Unser Ziel muß es folglich sein, nach der Wesensart des Hauses in dem Augenblick zu fragen, in dem das Haus zu einer Einrichtung der Infrastruktur wird. Was bedeutet das, Infrastruktur? Um eine solche Frage beantworten zu können, ist es nötig, nicht aber ausreichend, die Grundrisse der Häuser zu untersuchen; wir müssen aber auch einen Beitrag zu dem zu leisten versuchen, was man eine *Genealogie der Infrastruktur* nennen könnte, denn der Begriff Infrastruktur ist nicht nur ein ökonomisches Dispositiv. Auch der nicht wirtschaftliche Profit ist in Rechnung zu ziehen, die Modalitäten der Produktion, die durch die Infrastruktur induzierten Effekte. In diesem Sinne wurde gesagt, daß jede „Infrastruktur eine Produktion produziert", das heißt, sie produziert nicht allein Güter oder Waren, sie produziert auch einen neuen Sektor von Aktivitäten, neue Strukturen der Überwachung, ruft nach neuen Verwaltungsmaßnahmen, nach neuen Institutionen. Eine Infrastruktur produziert auch eine Nachfrage; mit der Schaffung eines Marktes produziert sie effektiv einen ‚Konsumenten' mit all seinen Bedürfnissen und Eigenschaften als Sozialempfänger. Schließlich vereinheitlicht eine Infrastruktur die Produktion beziehungsweise paßt sie an die Produktion der Nachfrage an und bringt diese beiden Ebenen in Übereinstimmung, indem sie klassifiziert, Regeln aufstellt und Grenzen und Ausnahmen festlegt.[85]

Die Geschichte des ‚Hauses' schreiben heißt also, das Haus in den Rahmen der genealogischen Geschichte der großen *Axiome* der modernen Gesellschaft zu stellen. Solche Axiome sind etwa die Freizeit, die aber nichts gemein hat mit der *klassischen Muße*; das Wohnen, das keine Ähnlichkeit hat mit dem poetischen ‚Wohnsitz' der Sterblichen und der Götter auf der Erde und unter dem Himmel; die Schule, die kein Ort für kindliche Spiele ist; und schließlich das weite Feld der öffentlichen Hygiene, die eine ‚Bevölkerungstechnologie' ist und nicht das, was dem Einzelnen die Gesundheit garantiert.

Es gibt analytische Verfahren, die es erlauben, die Materialien zum Haus des 18. Jahrhunderts mit neuen Augen zu sehen. Unter diesen möchten wir in erster Linie die „Ethnologie des gesellschaftlichen Raumes" vorstellen: Im Kielwasser der Schriften von Emile Durkheim (1858–1917), von Marcel Mauss und anderen erschaffen, findet sie den Augenblick größter Klarheit in der strukturellen Anthropologie von Claude Lévi-Strauss, dem es gelingt, das System der grundlegenden Beziehungen zwischen Raum und Individuum verständlich zu machen: „Raum und Zeit sind zwei Bezugssysteme, die es uns erlauben, die sozialen Verhältnisse einheitlich oder vereinzelt zu denken (...). Diese Dimensionen (...) haben keine andere Eigenschaften als jene der gesellschaftlichen Phänomene, deren Grundlage sie sind."[86]

Dennoch liegt die im Strukturalismus gegenwärtige methodologische Gefahr darin, daß er als ‚Strukturrealismus' definiert worden ist, welcher – so der Soziologe Pierre Bourdieu – die Beziehungssysteme „hypostatisch" macht, sie in schon außerhalb einer Geschichte des Individuums und der Geschichte der Gruppe vorhandene Totalitäten verwandelt und zu den gläubigen Bekenntnissen eines Durkheim zum „kollektiven Bewußtsein" und zum „kollektiven Gedächtnis" führen kann, die der französischen Stadtgeschichte (z.B. Marcel Poëte) und unseren zeitgenössischen Architekten so teuer sind. Will man mit den Mitteln der Geschichte etwas aufbauen, das sich in der Praxis der Handelnden abspielt und nicht in ihrer Vorstellung, will man eine gültige „Theorie der Praxis" aufstellen oder, genauer gesagt, die Art und Weise ihrer Entstehung, die Genealogie der Praktiken, sichtbar machen, dann fehlen uns die Worte; Bourdieu hat daher einen neuen Begriff geschaffen, den Begriff *habitus*:

„Die konstruktiven Strukturen eines besonderen Typs von Ambiente (z.B. die materiellen Existenzbedingungen, die für die Verhältnisse einer bestimmten Klasse charakteristisch sind), und die empirisch erfaßt werden können in der Form der einem sozial strukturierten Ambiente beigegebenen Regelmäßigkeit, produzieren *habitus*, oder *Dispositions*systeme, die dauern, strukturierte Strukturen, vorbestimmt um zu funktionieren wie strukturierende Strukturen, also als generatives und strukturierendes Prinzip von Praktiken und Darstellungen, die objektiv ‚reguliert' und ‚regulierend' werden können, ohne in irgend einer Weise Produkt des Gehorsams und der Regeln zu sein, objektiv ihrem Ziel angepaßte Strukturen, die keine Idee stützen, die sich der Ziele und der durch die für ihre Verbindung notwendigen Operationen bewußt wären und, da die Dinge so sind, Praktiken oder Strukturen, kollektiv orchestriert, ohne das Produkt der organisierenden Aktion eines Orchesterleiters zu sein."[87]

Der Begriff *habitus* hat demnach die Tendenz, die Schwierigkeiten zu überwinden, denen er bei der Verwendung anderer Konzepte der historischen, sozialen oder anthropologischen Analyse begegnet, die der sozialen *Norm* beispielsweise, der theoretischen *Modelle*, der *Regeln* oder der *Schemata* (auch Prinzipien), wie sie den Praktiken immanent sind. Er wird sich außerdem dem Konzept des *habitus*, soweit es den von Foucault vor kurzem definierten Konzepten der „*Regelmäßigkeit*" oder der „*praktischen Ordnung*" zugänglich ist, nicht entziehen können.

Stellen wir beispielsweise die Frage nach der historischen Alternative, wie wir sie weiter oben entwickelt haben, die Frage also, ob man sich für den kollektiven Massenwohnungsbau entscheiden soll oder für den Bau von Einfamilienhäusern, ein Problem, das sich − besonders seit 1848 − überall in Europa stellt. Der Industriekapitalismus und der Staat haben das Ziel, ein *habitat* für die lohnabhängigen Klassen in den ländlichen und den Bergbaugebieten, aber auch in den Industriestädten zu schaffen. Sie folgen dabei einer drängenden Notwendigkeit. Jede ‚Lösung', jede erzwungene Norm wie die, die die ‚hygienistische' Architektur des 19. Jahrhunderts anbieten kann, wird daher Schwierigkeiten nicht allein ökonomischer, sondern auch sozialer und politischer Art berücksichtigen müssen (Ablehnung des sogenannten kollektiven Lebens in den Arbeiter*cités*, Vorliebe für die Einzelhauslösung, wie sie von breiten Schichten der neuen industrialisierten Klassen ländlichen Ursprungs manifestiert wird, diverse nicht in die moderne Gesellschaft integrierte ‚Familienkulturen'). Während der *habitus* oder das ‚kulturelle Modell' einer traditionellen Gesellschaft mit Hilfe der ethnologischen Untersuchung wahrgenommen werden können, ist es schwierig − wenn auch nicht unmöglich −, die objektive, vielfach widersprüchliche Realität der Wohnkultur in Gesellschaften wie der unseren zu definieren, in der bestimmte Institutionen bestimmten sozialen Gruppen ‚Lebensweisen' oder ‚Verhaltensnormen' diktieren, die oftmals zu den kulturellen Verhaltensweisen dieser selben Gruppen in Widerspruch stehen. Und es ist so, daß im Kontext der urbanen, staatlichen und lokalen Politik gegen Ende des 19. und zu Anfang des 20. Jahrhunderts die neuen sogenannten ‚Bedürfnisse' nach Einfamilienhäusern, nach öffentlichen und familiären Dienstleistungen etc., die Auswirkungen des übergeordneten Systems von Dienstleistungseinrichtungen legitimiert haben, indem sie seinen Ursprung verschleiern. Diese Bedürfnisse werden in der Tat der ‚Person' des Bewohners zugeschrieben, während es sich dabei in Wirklichkeit um eine Reform der Moral handelte, die von den herrschenden sozialen Verhältnissen *erzwungen* wurde. Das historische Problem besteht darin zu erkennen, wo und wie sich die Kämpfe abspielen, bei denen gestritten wird um kulturelle *Modelle*, Verhaltens*regeln* oder bestimmten sozialen Gruppen wie Normen aufzuerlegende *Typen* einerseits, und um den *habitus* andererseits, beziehungsweise um Verhaltensweisen, die örtlich-historisch überliefert sind und die eigentliche ‚Wahrheit' des Wohnens ausmachen. Das Problem ist vielleicht sogar noch komplexer, weil die Verhaltensregeln oft ‚induziert' sind und am Ende Teil der Transformationsstrategie werden können, die von außen erzwungen wird, von der Spekulation beispielsweise (die vorstädtischen Einfamilienhaus-Gebiete auf parzelliertem Gelände), oder von innen, durch die Wahl der Projekte, wie sie von den ‚neuen Bauherren' getroffen wird, von den ‚sozialistischen' Vereinen etwa, oder von den Gesellschaften für „soziales Bauen" (den Gewerkschaften, etc.). Die selben Programme solcher Transformationsstrategien könnten in gewissen Fällen als wirkungsvolle Werbungs- oder Verkaufs-Argumente eingesetzt werden (vgl. die Polemik zum ‚Stil' der Vorstadtvillen in metropolitanen Peripherien): Die Strategie verwandelt sich in diesem Falle ganz einfach in Ideologie.[88]

Diese kritischen Instrumente (der Typ, das kulturelle Modell, das Regelmaß bei den Verhaltensweisen, der *habitus*, das individuelle und das kollektive ‚Bedürfnis', die Norm) haben die Definierung der sozialen Struktur des architektonischen *Typs* möglich gemacht und folglich „ein Ensemble von räumlich-symbolischen Beziehungen, die abzuleiten sind von den kulturellen Modellen in Gestalt einer distributiven Typologie der Verhaltensräume."[89].

Ist der Typ auf der Ebene der sozialen und zwischenmenschlichen Verhaltensweisen einmal definiert, so wird man, will man sich der Architektur nähern, nicht umhin können, das Gebiet der *Poetik des Raumes* von Gaston Bachelard[90] zu streifen, der die imaginären Konzepte vom „Nest", von der „Muschel", vom „Winkel", vom „Intimen", vom „Draußen" und vom „Drinnen" erforscht. Die Forschungsarbeiten können daher den *habitus* zerlegen in die *Regularitäten* des Umschlossenen und des Offenen, des Unreinen und des Reinen, der Leere und der Fülle, des Innen und des Außen, des Davor und des Dahinter, des Exponierten und des Verborgenen, des Winkels, der Nähe im Verhältnis zur Nachbarschaft (denken wir nur daran, wie wichtig die Vorstellungen des *neighbour* in der urbanen angelsächsischen Kultur sind), des Pflanzlichen und des Mineralischen, etc.

Wie auch immer, diese Untersuchungen zu Poetik und Stil wären unzulänglich, würden sie nicht von einer Geschichte des Raumes bestätigt, von einer *Topologie* der komplexen Konstellationen unserer Gesellschaft; das heißt, wenn wir − wie der Philosoph Michel Serres schreibt − nicht eindringen in die Ereignisse oder die „Katastrophen des Raumes" und in die „Vielzahl räumlicher Mannigfaltigkeiten." „Was ist das: geschlossen, offen, ein Verbindungsweg, ein Riß? Was ist stetig und unstetig (kontinuierlich und diskontinuierlich)? Was ist eine Schwelle und eine Grenze? Wir haben hier ein elementares Programm für eine Topologie. Es ist also nicht mehr der Volksmund oder Mutter Gans als feststehender Erzähler aller möglichen Mythen (...), sondern was diese alten Geschichten bedingt, ist nunmehr der Raum oder sind die Räume. Die Räume, an die ich mit einem neuen Wissen herangehen kann. Und die Mythen sind über sie geschrieben."[91]

Axiome, Genealogie der Organigramme („die der Sprache, der Fabrik, der Familie, der Partei und so weiter"[92]), Mittel zur Erzeugung kultureller und sozialer Verhaltensregelung, Phänomenologie der Werte der Intimität des inneren Raumes, Topo-Analyse des Geheimen und des Verborgenen, Stilistik der gebauten Form, Kartographie der Zusammenhänge und Verbindungen, die der Körper in dieser vielzähligen Familie der Räume praktisch anwenden muß: Aber, nicht zufälligerweise tun diese Instrumente bereits in der theoretischen Kraft der Schriften eines Benjamin, eines Valéry, eines Borges oder eines Rilke ihr Werk:

„Häuser? Aber, um genau zu sein, es waren Häuser, die nicht mehr da waren. Häuser, die man abgebrochen hatte von oben bis unten. (...) Neben den Zimmerwänden blieb die ganze Mauer entlang noch ein schmutzigweißer Raum, und durch diesen kroch in unsäglich widerlichen, wurmweichen, gleichsam verdauenden Bewegungen die offene, rostfleckige Rinne der Abortröhre. (...) Das zähe Leben dieser Zimmer hatte sich nicht zertreten lassen. Es war noch da, (...) Man konnte sehen, daß es in der Farbe war, die es langsam, Jahr um Jahr, verwandelt hatte: Blau in schimmliches Grün, Grün in Grau und Gelb in ein altes, abgestandenes Weiß, das fault. (...) Und aus diesen blau, grün und gelb gewesenen Wänden, die eingerahmt waren von den Bruchbahnen der zerstörten Zwischenmauern, stand die Luft dieser Leben heraus, die zähe, träge, stockige Luft, die kein Wind noch zerstreut hatte."[93]

Typisiertes Haus (Maison-type) in der Region Carcassonne (Aude) im Pays de Sault et de Corbière. Aus: Alfred de Foville, Enquête sur les conditions de l'habitation en France, Les Maisons-types, 2 Bde., Paris 1894–1899

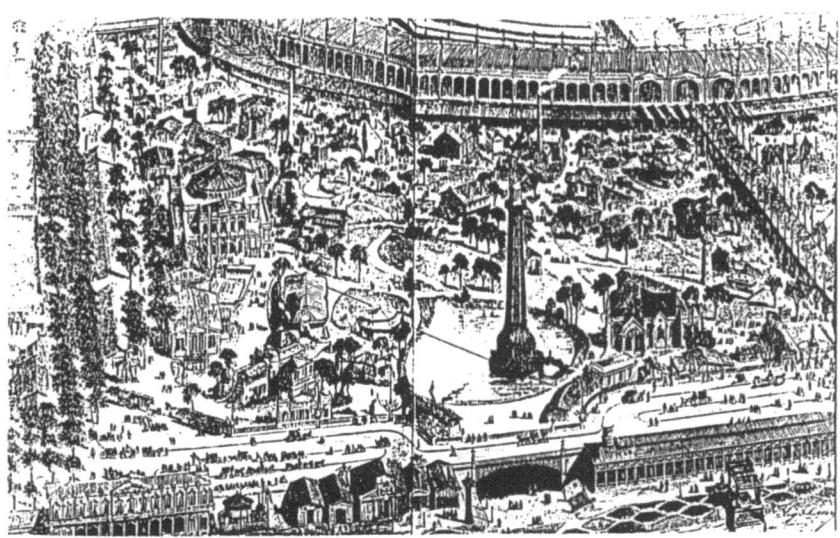

Weltausstellung in Paris, 1867, französischer Teil: Arbeiterhäuser, im Park rund um die ‚Galerie des Machines' von J.B.S. Kranz auf dem Marsfeld errichtet, aus: E. Sonzogno, L'Esposizione Universale del 1867 illustrata, o.O., o.J.

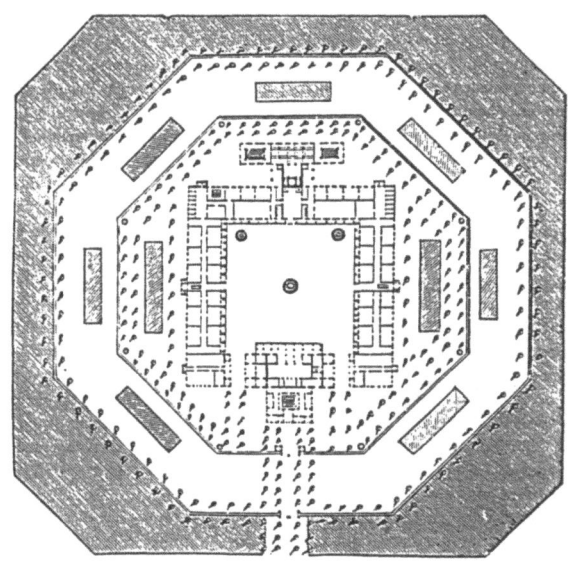

Bourla, Projekt einer „landwirtschaftlich-industriellen, zivilen oder militärischen Strafkolonie" für 1200 Siedler in Afrika, publiziert von César Daly in seinem Bericht zur Ausstellung von 1849. Aus: Révue Générale de l'Architecture, VIII, 1849–1850

Ansicht des „Palais de famille" bzw. des „Palais Beau-Site" von V. Calland und A. Lenoir (1855–1858)

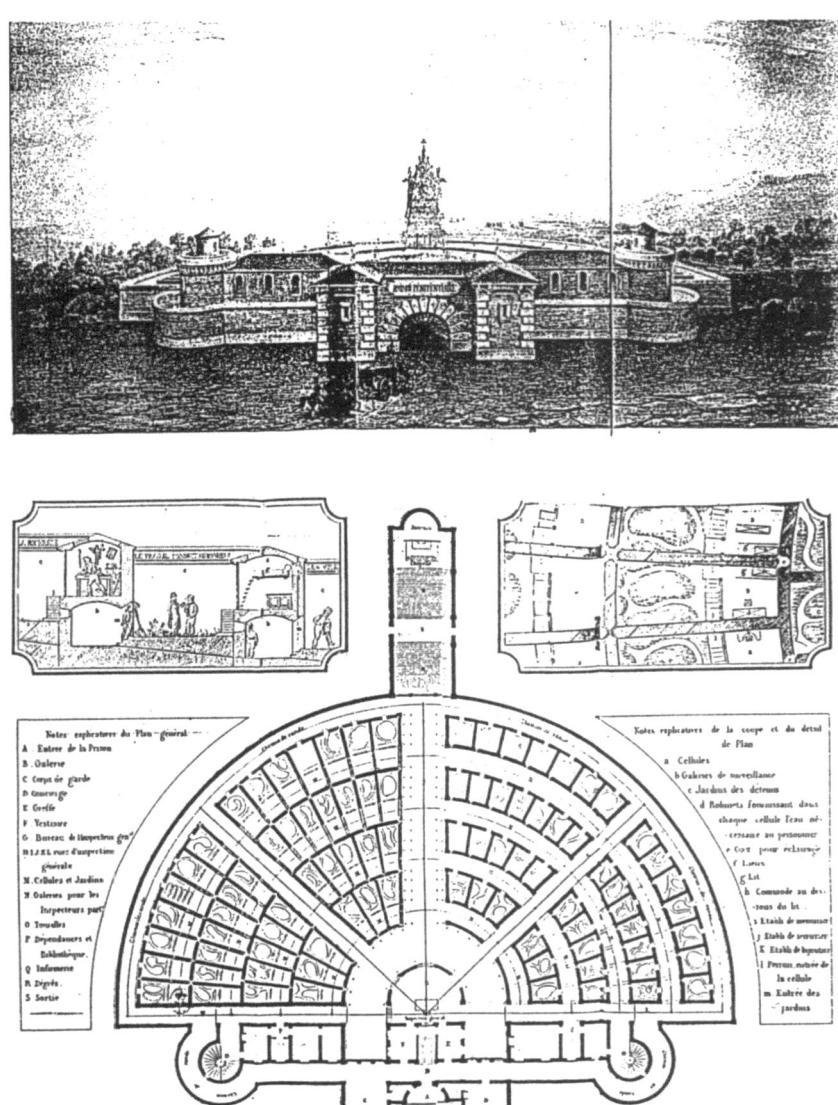

Pespektive, Grundrisse und Schnitt durch die Besserungsanstalt, 1838 entworfen von Th. Charpentier

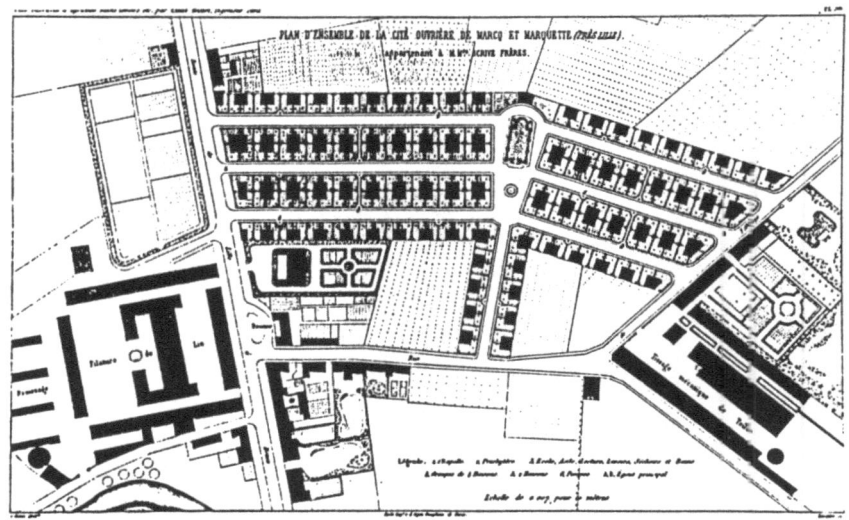

Gesamtplan der Arbeiterstadt der Gebrüder Scrive in Marcq et Marquette nördlich von Lille

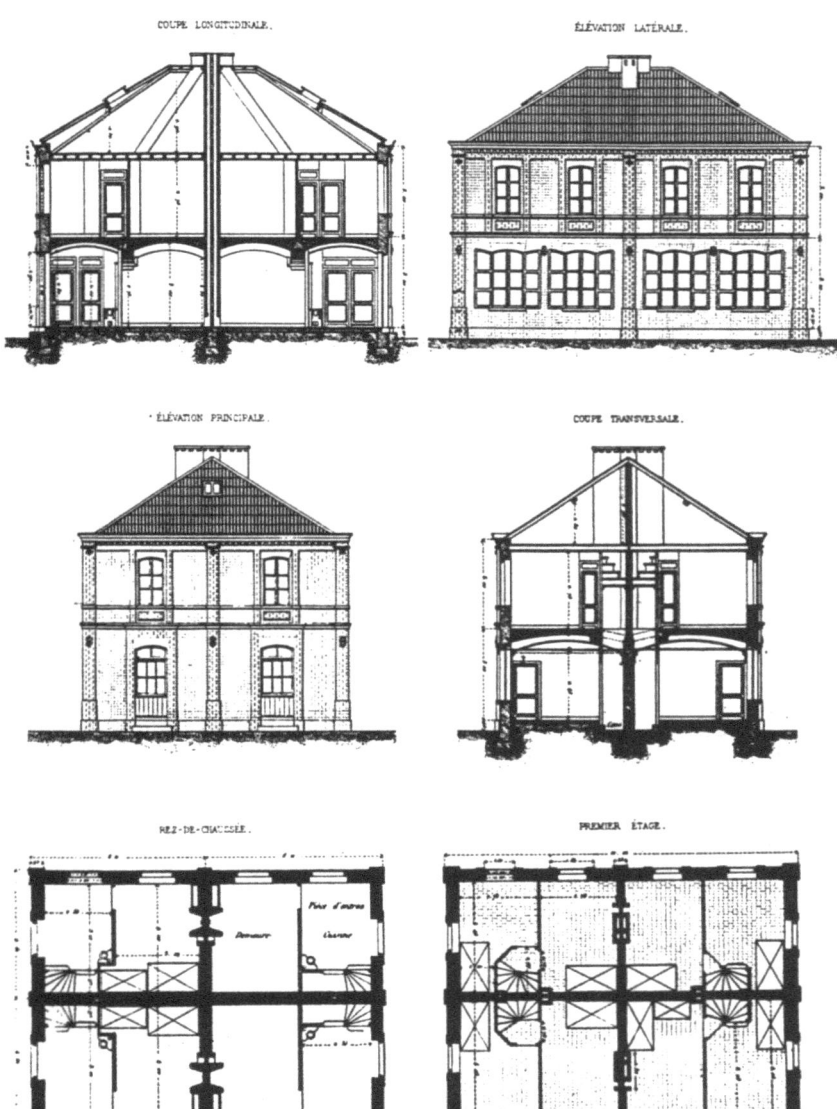

Doppelhaus in der Arbeiterstadt Marcq et Maquette, Lille aus: E. Müller, Habitations ouvrières, Paris 1854

4 Zu vermieten

> *Die Möbel lebten ein stilles Leben, strömten Glück aus, genossen eine Art weiser, kaum wahrnehmbarer Freude, und davon merkte während des Tages niemand etwas.*
>
> Alberto Savinio, Infanzia di Nivasio Dolcemare

Wieder César Daly: In einer ideologischen Vision der französischen Wohnwirklichkeit — „Revue générale"[1] — legt er eine Aufteilung fest in ,*Cités de pavillons*', Einzelhaussiedlungen (Arbeiterwohnungen), Miethäuser (bürgerliche Wohnungen) und Hôtels (Wohnhäuser für die Aristokratie). Diese Kategorien entsprachen der Berufspraxis der Architekten und listeten die Haustypen entsprechend ihrer Clientel auf; offensichtlich waren wenige von ihnen bestrebt, ein tieferes Wissen über die soziale Wirklichkeit der Wohnungsfrage zu erlangen.

Wir bemühen uns, Dalys Klassen zu überwinden, um ein vorläufiges Bild von der Genealogie der verschiedenen Wohnungsbautypen zu zeichnen, wie es sich in Frankreich zwischen 1850 und 1870 darbietet. Es ist heute eine gesicherte historische Tatsache, daß es gerade der Bau von ,Fabriken', von Pavillons, von *cottages* und *fermes ornées* (Modell-Dörfchen) in den Parks ,im englischen Stil' war, der sowohl die Kompositionsprinzipien klar wiedergibt — beispielsweise den Primitivismus der Pläne — als auch die Ästhetik — die gewollte Einfachheit und die Freude an pittoresken und charakteristischen Bauformen — des kleinen Wohnpavillons; gemeint ist das Einfamilienhäuschen[2]. Um genauer zu sein: Es ist wahrscheinlich, daß die Anlehnung an das Bauernhaus und das ländliche Haus, wie sie in Frankreich und Italien beim Entwerfen dieser Gebäude so häufig ist[3], eine Reihe von Vereinfachungen und Rationalisierungen im Grundriß bewirkt hat. Es scheint, als ob gerade das Cottage die vielfältige und vielgestaltige Typologie des kleinen Einfamilienhauses hervorgebracht hätte. Trotzdem ist diese Hypothese nur unter der Voraussetzung annehmbar, daß ihre Grenze genau fixiert wird; das Cottage konnte nur in jenen städtischen Vororten des 19. Jahrhunderts das Kleinhaus hervorbringen, wo der Geschmack jedes einzelnen Eigentümers sich in einem ,eigentümlichen' Stil ausdrücken konnte.

Die Teilung indessen in pittoreske Cottages und in Siedlungen oder Arbeiterviertel, diese strenge Aufstellung von kleinen Häusern in Reih und Glied entlang rechtwinkliger Wege, stellt sehr wahrscheinlich eine irrige Hypothese dar, mindestens aber eine unvollständige.[4] Für das Arbeiterviertel könnte das ursprüngliche Modell anderswo wurzeln, in einer Ordnung, die darauf abzielt, das Vorherrschen disziplinierender Praktiken im Alltagsleben zu verbreiten, in der Ordnung der Klöster der Kamaldulenser Eremiten (zum Beispiel das Kloster Camaldoli nahe der stadt Lanzo in Piemont).[5] Wenn wir wirklich eine Analyse der Form und der Herkunft durchführen wollten, fänden wir dort seit dem 17. Jahrhundert die immer gleiche Repetition von Einzelhäuschen mit Garten, gleichmäßig angeordnet wie auf einem rechtwinkligen Schachbrett.

So könnten sowohl der Unterschied als auch die Parallelität der beiden Typen (die kleine Vorstadtvilla und das Arbeiterhäuschen) erklärt werden, die beide doch der selben Gleichung folgen (Einzelhaus / Kleinfamilie). Genauer gesagt: Obwohl sie die gleiche Ordnung in das Alltagsleben bringen und Teil der selben ‚sozialen Architektur' sind, folgen sie dennoch nicht dem gleichen architektonischen Ziel: äußerste architektonische Sparsamkeit und Disziplin bei der Repetition der Arbeiterhäuser einerseits, andererseits gestalterische Vielfalt, phantasievolle, jedoch meist funktionale Gestaltung des Grundrisses, Erprobung neuer Haushaltseinrichtungen, die den neuen häuslichen Bedürfnissen einer mittelständischen Schicht von Bauherren angepaßt sind.

Keiner hat in Frankreich die Ästhetik, die sich mit dem neuen Programm des ländlichen oder vorstädtischen Hauses verbindet, besser beschrieben als Viollet-le-Duc. Er führt — was zu Recht hervorgehoben worden ist[6] — eine „dreifache Geometrie" ein: eine *territoriale*, weil die städtebauliche Anordnung der Cottages und der Villen eine neue Landschaft formt; eine *soziologische* in dem Sinne, daß wir ein neues Phänomen erleben, das des Zugangs neuer sozialer Schichten zum Haus; eine *semantische*, weil sich auf der Grundlage neuer Abhandlungen und neuer Kataloge (Vitry, Boussard, Petit, Rivolaen) ein neuer Bestand an Formen und Stilelementen bildet.

In seiner *Geschichte des Hauses*, einem der wichtigsten Instrumente für die Verbreitung der neuen Ästhetik, veröffentlicht von Hetzel, dem Verleger der Jules-Verne-Romane, legt Viollet-le-Duc 1873 die neuen Entwurfsprinzipien dar: „Zwei Methoden sind zu befolgen (...), entweder entwerfen Sie eine symmetrische architektonische Schachtel, in der Sie, so gut Sie können, die für ein Wohnhaus unerläßlichen Einrichtungen verteilen (...). Oder Sie ordnen die Einrichtungen auf dem Plan an entsprechend ihrer Wichtigkeit, ihrer jeweiligen Position, und im Verhältnis der zwischen ihnen bestehenden Beziehung und errichten die

Schachtel im Sinne dieser Einrichtungen, ohne sich Gedanken um den Aspekt der Symmetrie zu machen (...). Bei einer privaten Wohnung ist die zwingende Regel die, die Bedürfnisse der Bewohner zu erfüllen und keine unnötigen Kosten zu verursachen. Weder die antiken noch die mittelalterlichen Wohnhäuser sind symmetrisch."[7] „Es ist gut", fährt Viollet-le-Duc fort, „sich der baulichen Zwänge als eines dekorativen Mittels zu bedienen und solche Notwendigkeiten frei heraus zu zeigen."[8] „Wir werden ein Gebäude schaffen, in dem man – so bescheiden es auch sein mag – keine Einzelheit wird finden können, die nicht die Konsequenz einer Notwendigkeit der Struktur oder der Bedürfnisse der Bewohner wäre. Es wird uns nicht mehr kosten, und ist das Haus einmal gebaut, werden wir ruhig schlafen, denn wir werden nichts Verborgenes haben, nichts Vorgetäuschtes, nichts Unnötiges, und das *Einzelhaus*, das wir geschaffen haben, wird uns seine Organe und wie diese Organe funktionieren jederzeit sehen lassen."[9] Keiner vor ihm hatte die Theorie der „Bedürfnisse", der „Wahrheit", der „Notwendigkeit", die der organischen und funktionalistischen Theorie der modernen Architektur zugrunde liegt, so klar ausgesprochen: Von den Theorien des Pittoresken, die dazu neigen, die individualisierte und individualisierende Vorstellung von der Villa und dem Cottage zu beschreiben, kommen wir so zur rationalistischen Theorie des *Einzelhauses*, einer perfekten Maschine zum Nutzen ihres Eigentümers, die über den Komplex der Instanzen des Komforts, der konstruktiven Logik und der Wirtschaftlichkeit der Mittel, der Stoffe, der Zeichen und Wünsche agiert.

Die andere große genealogische Achse in der Geschichte der Wohnungsbautypen ist der Wohnblock, dessen Ursprung – wir rekapitulieren kurz – auf das Entwerfen von Baracken für Kasernen und Hospitäler zurückgeht, Typen, die entwickelt worden sind, um mit neuen baulichen Lösungen auf die großen Disziplinierungs- und Technisierungsreformen zu reagieren, die im 18. Jahrhundert durchgeführt wurden. Es handelt sich dabei einerseits um das Einschließen der unteren Dienstgrade innerhalb neuer Baustrukturen und unter der Kontrolle von Offizieren[10], und, andererseits, um die nosologische Festlegung des für die Heilung des Kranken im Hospital bestimmten Raumes, erstens durch den Prozeß der funktionalen Zuweisung spezifischer, angemessener und wiederverwendbarer Orte; zweitens durch die serienmäßige Anordnung des einzelnen, jedem Kranken zugeteilten Raumes (das Bett); drittens durch die topologische Definierung des Saales oder der Säle (in Reihen, Schichten oder Lagen, kammförmig, mit Innenhof oder schachbrettartig), die so den modernen Krankenhaus-Pavillon bilden.[11] Gerade der große Pavillon sollte für den Häuserblock mit Sozialwohnungen, für das Mehrfamilienhaus zum Modell werden — zunächst, während der zweiten Hälfte des 19. Jahrhunderts, als Experiment, später dann als allgemeine städtebauliche Regel für alle neuen Wohnviertel unseres Jahrhunderts. Nicht zufälligerweise werden wir bei den Mehrfamilienhausblöcken häufig die generell kammförmige Anlage finden, und das bis zum Ende des 19. Jahrhunderts; es sollte genügen, auf das Beispiel des Projektes für die *Cité ouvrière* zu verweisen, die auf den Besitzungen Cousin de Granvilles in Belleville nach dem Entwurf des Architekten A. Normand aus dem Jahre 1855 in der näheren Umgebung von Paris errichtet werden sollte, oder auf die schon erwähnte Cité Napoléon in Lille aus dem Jahre 1863.

Im Inneren des großen Mehrfamilienhauses wird die Wohnung als neuer, nicht kontinuierlicher und unzusammenhängender Raum definiert, dessen Konzept ab 1840 formuliert und zwischen 1850 und 1914 genau festgelegt werden sollte. Etymologisch ist die Wohnung, das Appartement, der Ort, in den sich der Hausherr zurückziehen konnte (‚appartarsi'), ein sehr intimer Raum, der vom Rest des Hauses abgetrennt und nach klassischer Weise eingebunden war in eine Gesamtheit von Räumen, die unterteilt waren in Vorzimmer, Zimmer und Arbeitszimmer.[12] Uns bleibt die Aufgabe, die einzelnen Entwicklungsschritte dieses neuen Raumes häuslicher und familiärer Intimität nachzuzeichnen, der seinen Namen von dem alten aristokratischen Ort des Sich-zurückziehen-Könnens (‚appartement') herleitet und eine ‚abgesonderte' Einheit architektonischer Gestaltung im Inneren der beiden großen städtischen Wohnungsbautypen — dem Mehrfamilienhaus und dem Mietshaus — darstellt. Unter dem Stichwort „Appartement" kündigt der Architekt P. Planat in seiner *Encyclopédie de l'Architecture et de la Construction* die neue Ära an: „Nach dem Klerus war es der Adel, gestern war es die Bourgeoisie, morgen wird es der Arbeiter sein. Und zu diesem Thema wird ein neues Kapitel geschrieben werden müssen unter dem Titel: die ‚Arbeiterwohnung' (‚l'Appartement ouvrier')."

* * *

Im Jahre 1848 waren in Frankreich nur fünf Prozent des ererbten Geldes in Aktien angelegt, während 58 Prozent in Grund und Boden oder in Häusern festgelegt waren. Um 1900 waren 31 Prozent in Aktien und 45

Prozent in Grundstücken oder Häusern angelegt. Boden und Immobilien bleiben die sichersten Anlagemöglichkeiten; im siebten Jahrzehnt des 19. Jahrhunderts beginnen die Bodenpreise jedoch zu fallen, und die Immobilie wird entsprechend immer rentabler. Die Mieten verdreifachen sich zwischen 1850 und 1913, während der städtische Wohnungsbau seinen größten Boom in der Geschichte erlebt. Die Investition in Boden und ins Bauwesen fällt auf 37 Prozent im Jahre 1908, nach der Krise der ersten Nachkriegszeit (1934) steigt sie indessen wieder auf 43 Prozent.[13] Die von Rente lebenden Grundbesitzer sind die kleinste Gruppe innerhalb der Bevölkerung: 1856 sind es 1,7 Millionen Personen (auf eine Gesamtbevölkerung von 36 Millionen); 1891 sind es 2,1 Millionen (auf 38 Millionen Einwohner).[14]

In Paris verdoppeln sich die Mieten für Ein- oder Zwei-Zimmer-Wohnungen während des II. Imperiums. Man erlebt ein allgemeines Absinken des Lebensstandards: Die Sozialpolitik des Barons R. Haussmann, des Präfekten des Département de la Seine, ist ein Mißerfolg. Er hatte darauf verzichtet, den Arbeiterwohnungsbau zu fördern, der – stimuliert durch die Immigration – von alleine funktionierte; dafür hatte er mit Vorrang die „schönen Bauten" begünstigt, denen der Einwanderungsschub nicht zustatten kam. Auf diese Weise wurden die zwei Gesichter der Stadt Paris geschaffen. Es entstanden zwei Bautypen: das *Paris der Ziegelsteine*, der freie Sektor der populären Wohnhäuser, ein Bereich, der vom Miet- und Kaufpreis regiert wurde, einem Markt, der der Haussmannschen Abriß-Politik nichts verdankte, und das *Paris aus gehauenem Stein*.[15]

In der nach 1859 der Hauptstadt angegliederten näheren Banlieue hat der Boden einen Wert von etwa einem Fünftel bis zu einem Drittel des Preises, der innerhalb der alten Akzisenmauer realisiert wird. In diesem Gebiet städtebaulicher Expansion läßt sich ein generelles Phänomen des Grunderwerbs erkennen: In den Randgebieten sind die Eigentümer Handwerker, Angestellte und qualifizierte Arbeiter. Es handelt sich hier aber um eine regellose Verstädterung; vor der Bezirkskommission erklärt Haussmann im Jahre 1859, es sei unmöglich zuzulassen, daß um Paris herum ein „kompakter Gürtel von unentwirrbaren Vorstädten, von krummen öffentlichen Straßen, Gäßchen und Durchgängen ohne Ausgang (geschaffen werde), wo sich mit gefährlicher Geschwindigkeit eine nomadisierende Bevölkerung akkumuliert"[16]. Solche „Pioniere" des spontanen Bauens werden auf die andere Seite der Befestigungsmauern der Stadt Paris, mit deren Abriß erst 1920 begonnen wird, vertrieben, in die Vorstadtgemeinden, wo sich der zukünftige „rote Gürtel" der Stadt bilden sollte.[17]

Um das soziale und wirtschaftliche Bild zu vervollständigen, lohnt es sich, neuere Überlegungen zu zitieren. In der zweiten Hälfte des 19. Jahrhunderts, heißt es bei L. Niethammer, ist der Baumarkt in voller Umstrukturierung begriffen und wechselt von einer Familienökonomie zur Ausbildung eines Marktes. Es handelt sich dabei allerdings um einen Markt ganz besonderer Art, insbesondere für die kleinen Wohnungen: Das Produkt als solches ist teuer und dauerhaft, die Nachfrage jedoch kommt von einer nomadisierenden und mittellosen Bevölkerung, die zur Emigration gezwungen ist. Unter diesen Bedingungen ist der Produktionsprozeß gezeichnet von einer Fraktionierung der Protagonisten und einer Multiplikation der Mittelspersonen mit oder ohne eigenem Kapital, und, besonders in der Provinzstadt, von einer Stagnation des Sektors auf handwerklicher Ebene; all dies erhöht die Preise, aber nicht den Kapitalertrag, denn die Profite werden begrenzt durch die Armut und die Mobilität der Mieter und verteilen sich auf die Mittlerpersonen (Spekulanten, Unternehmer, Baumeister, Eigentümer, etc.). Aus dieser zersplitterten Struktur des Sektors ergeben sich drei Hauptwirkungen:

1. Ein großer Teil der Unterkünfte für Arbeiter und andere Habenichtse wird von Kleineigentümern zur Verfügung gestellt, die die Nachfrage ausbeuten, indem sie vorhandene Häuser unterteilen oder aufstocken, Dachwohnungen einrichten und Heuböden oder Ställe in Hinterhöfen in Wohnraum verwandeln; auf diese Weise sind die Zentren zu Slums geworden. Der Arbeiterwohnungsbau hängt zum großen Teil vom Vorhandensein mittlerer städtischer Schichten ab. Da, wo sie fehlen, oder wenn die Nachfrage zu stark wird (in den großen Industrialisierungsgebieten), absorbiert die Produktion die Nachfrage nicht mehr, und der Staat oder die Großindustrie sehen sich gezwungen, einzugreifen.

2. Ein anderer Effekt besteht darin, daß die Produktion nicht auf die Bedürfnisse der Bevölkerung ausgerichtet ist, weil der Profit in diesem Bereich des Marktes begrenzt ist, wenn auch relativ hoch. Die Spekulation neigt immer dazu, sich in Zeiten guter Konjunktur nach der bürgerlichen Nachfrage zu richten. In Depressionsperioden expandiert der Markt der Kleinwohnungen nicht, während die großen Wohnungen leer stehen: In metropolitanen Gebieten werden sie häufig unterteilt, man wohnt also der sozialen Umwandlung bei der Besetzung der Wohnungen bei.

3. Die letzte Konsequenz ist, daß der Baumarkt äußerst sensibel für die wirtschaftliche Konjunktur und folglich nicht der demographischen Konjunktur angepaßt ist. Kaum erweist sich die industrielle Investition als gewinnbringend, wird kein Pfennig mehr in den Bereich der Kleinwohnungen investiert – gerade in dem Augenblick, in dem die Konzentration der industriellen Arbeitskraft die beschleunigte Entwicklung in diesem Sektor erforderlich machen würde. Beim ersten Krisenzeichen hingegen fließt das Geld wieder in Richtung Bauwesen, und der Kredit wird wieder ohne große Schwierigkeiten gegeben, während die Nachfrage nachläßt."[18]
Das hat schon die Untersuchung von Audiganne gezeigt: „Die Spekulation verlagert sich nicht auf die kleinen Wohnungen, die einzigen, die für Arbeiterfamilien erschwinglich sind."[19] In der Tat, niemand hat eine klare Vorstellung davon, wie das Problem gelöst werden könnte. Die Architekten veröffentlichen Entwürfe für Bürgerhäuser, beispielsweise Victor Calliat in seinem Buch *Parallèle des Maisons de Paris* (1850), oder César Daly in verschiedenen Aufsätzen aus dem Jahre 1852 in seiner „Revue" *Pariser Häuser*.[20] Keiner von ihnen aber denkt auch nur im Traum daran, diese Häuser billig anzubieten. Schließlich erkennt Lavallée, ein Mitglied der „Société d'Economie Charitable", die Unmöglichkeit, das „Système de Mulhouse" in Paris einzuführen, obwohl es für Arbeiter als Bauherren entworfen worden war. Im Unterschied zu den großen Industriestädten, wo die Kapitalisten die Arbeitskraft um die großen Fabriken herum festlegen mußten, sind in Paris „die Arbeitsbedingungen unsicherer und bedingen die Mobilität (...). Der Arbeiter hat es sehr leicht, seine Arbeitsstelle zu wechseln und profitiert davon." „Der Mechanismus der Amortisierung der Kosten für das Haus durch Zahlung des Mietzinses, der von den Arbeiterfamilien einen ständigen Wohnsitz von 15, 20 oder 30 Jahren verlangt", ist in der Hauptstadt nicht denkbar.[21]

Nach Engels erklärt der Architekt H. Grandpierre, ohne ein Blatt vor den Mund zu nehmen, worin der ökonomische Schwindel des „Mülhausener Systems" besteht, nach welchem ein Häuschen erworben werden kann, wenn man während 15 bis 20 Jahren einen monatlichen Mietzins entrichtet: „Dieses Häuschen, zur Miete, in Sparweise gebaut, damit ein mäßiger Kostenaufwand nicht überschritten wird, ist kein gediegenes Bauwerk, und nach der Bezahlung der Miete und der Annuität während 20 Jahren findet sich der neue Besitzer als Eigentümer einer Immobilie, die in schlechtem Zustand ist, und für welche er genötigt ist, relativ große Summen für Restaurierungs- und Unterhaltsarbeiten auszugeben." „Daß man mir nicht damit komme", fährt er fort[22], „das Land habe zum Zeitpunkt des Verfalls des 20-Jahre-Vertrages einen Mehrwert erlangt. Welches ist der Nutzen, der sich tatsächlich aus einem Terrain von 60 Metern Oberfläche ergeben kann, das in einer Arbeitersiedlung (*Cité*) liegt, umgeben von anderen kleinen Bauten für Arbeiter? Keiner. Es ist die Isolierung angesichts der allgemeinen Aktivität!." Auch Emile Cacheux, der große Verfechter der Arbeitersiedlung, muß 1897 einräumen: „Ich bin genötigt zu erkennen, daß in vielen Fällen der Kostenpreis meiner Häuser es mir nicht möglich macht, sie an Arbeiter zu verkaufen."[23] Es versetzt also nicht in Erstaunen, die Vorschläge zur „Lösung des Problems" von verschiedenen Seiten kommen zu sehen: Audiganne wünscht sich 1860, „Wohnungen zu bauen, die nach identischen Plänen konzipiert sind, (so daß sie) den Bedürfnissen von Arbeiterfamilien entsprechen und gleichzeitig dem kapitalen Interesse förderlich sind, wie bei solchen Investitionen üblich"[24]. Der ‚possibilistische' Sozialist Paul Brousse indessen propagiert 1883 mehrstöckige, von den Kommunen oder vom Staat subventionierte Häuser: „Es ist klar, daß, wenn das Lohnniveau mit Energie gehalten wird (...), jeder öffentliche Dienst, sei es ein produktiver oder ein konsumptiver, der Güter wie Brot, Fleisch, die Wohnung oder Kleidung zu Produktionspreisen liefert, eine fühlbare Verbesserung der materiellen Lage der Arbeiter bringen würde."[25] In England wurden die gleichen Ideen von Samuel Barnett, einem ‚Sozialisten des Möglichen' propagiert und auch von dem Radikalen Arnold Toynbee.[26]

Bereits 1853 konnte Charles Gourlier, der fleißige Sekretär des *Conseil des Bâtiments civils*, dem Kontrollorgan der staatlichen Bauwirtschaft in Frankreich, die Lösung der *Arbeitersiedlungen* kritisieren und „ein *Einheitshaus*" propagieren, „*in welchem jede Wohnung (ob klein, mittelgroß oder groß) völlig abgetrennt wäre und in ihrem Inneren* (intérieur) *alles enthielte, was für die verschiedenen Bedürfnisse des Lebens nötig ist* (Eingang, Toilette, Küche, separate Zimmer für die Eltern und die Kinder), das Ganze vollständig beleuchtet, belüftet, geheizt, mit Wasseranschluß versehen und ausgestattet mit Verbindungsgalerien und breiten Treppen ..."[27]. Die moderne Einrichtung der Wohnzelle wird aus der Forderung geboren, die Geschlechter zu trennen und die Undurchlässigkeit der Anlagen zu sichern; das war Gegenstand der Diskussion zwischen Ducpétiaux und Gourlier während des Kongresses zur öffentlichen Hygiene in Brüssel im Jahre 1851[28].

In Frankreich sind die einzelnen Etappen bei der Bildung der Wohnzellen nur zum Teil bekannt. Vor allem sind die englischen Experimente weit verbreitet gewesen: Wir zitieren die Übersetzung des Buches von Henry Roberts über die Arbeiterwohnungen aus dem Jahre 1851 und die Publikation in der „R.G.A." zu den Typologien der Einfamilienhäuser, die vom Unternehmen des zukünftigen Bürgermeisters der City und Londoner Abgeordneten Sydney Waterlow gebaut wurden, die Langbourne Buildings an der Mark Street in Finsbury (1863), oder die Coleshill Buildings an der Pimlico Road (1870)[29]. In Paris wurden, wie bereits erwähnt, bescheidene Experimente mit dem ‚ökonomischen Haus' verwirklicht. Während das bürgerliche Appartement in der „steinernen Architektur" an den neuen Haussmannschen Boulevards Triumphe feierte, wurden im „Paris der Ziegelsteine", verstreut in der „proche banlieue" (das Gebiet, das nach 1859 eingemeindet wurde), die billigen Häuser gebaut: im Quartier des Batignolles 1850 die Häuser von Péreire, im Quartier de Grenelle die subventionierten Gemeinschaftshäuser des Unternehmers L. Puteaux, usw. Die dabei gemachten Erfahrungen werden von den beiden großen Spezialisten der Wohnungsfrage, E. Muller und E. Cacheux, sorgfältig gesammelt und publiziert und finden in der Fachpresse großes Interesse. Die von Péreire gebauten Häuser mit 204 Zimmern werden beispielsweise als wahre Kasernen mit viel zu viel Überwachung beurteilt. Ganz besonders stößt man sich an der Repetition der Zellen und Betten in den Schlafsälen; sie sollten denn auch sehr bald in möblierte Unterkünfte umgewandelt werden.[30] Das „hôtel garni", auch einfach „garni" (das Möblierte) genannt, wird zur selbstverständlichen Unterkunft des in die Stadt emigrierten Arbeiters: 1853 wurde die Zahl der Pariser Arbeiter, die in solchen Unterkünften wohnte, auf 40 000 geschätzt. „Es ist nicht selten", erklärt der Bürgermeister des 5. Bezirks in einem Bericht aus dem Jahre 1861, „zwei Familien in einem einzigen Zimmer zusammengedrängt zu sehen (. . .), Ergebnis der hohen Mieten."[31] Als Reaktion auf solche Zustände versucht der Engländer George Clark, ein Mitarbeiter des Architekten Henry Roberts, die französische Regierung für sein Projekt eines „neuen Systems zur Verbesserung der Arbeiterwohnungen"[32] zu interessieren. Das Ausgangsprinzip des Planers besteht in folgender Überlegung: „Ertragsquelle ist die Jahresmiete für den Wohnraum. Je größer dieser Raum im Verhältnis zu einem Gebäude ist, desto größer ist der Kapitalzins." Der Planer wird also den Raum maximal ausnützen müssen, um das Maximum an vermietbarem Raum zu erhalten. Wesentliches Ziel ist es, „das wirtschaftlichste Verhältnis bei der Zuteilung von Rente produzierendem Wohnraum und Raum für die Zirkulation, die Ventilation und andere unumgängliche Bedürfnisse der Mieter zu definieren."

* * *

Für Joris-Karl Huysmans gibt es absolut keinen Zweifel daran, daß „die unheilbare Dummheit der Architekten eifrig dem Kasernen-Ideal der Ingenieure gefolgt ist". Es ist wahr, daß dieser Held der Modernität hier insbesondere die Produktion von Plänen meint, die im offiziellen Salon von 1881 ausgestellt und prämiiert wurden: „Es sind die Kleinmütigen, die hier am Werk sind; alle flicken sie diese wurmstichigen Riesengebäude zusammen oder kopieren wieder einmal Wort für Wort die bereits entworfenen Villen- oder Kasernen-Typen."[33] Widersacher jeglicher Neuerung ist die administrative Macht, die seit dem Zweiten Kaiserreich Paris schnurgerade zerschnitten hat und deren Personifizierung der Arbeitsminister der Stadt Paris ist, Alphand in diesem Falle, „der Mann, der so förmlich den Geschmack des Jahrhunderts verkörpert, der Mann, der das Denken der ganzen Welt sekretiert, und der sich folglich offen dazu bekennt, für die Kunst einen unstillbaren Haß zu hegen". Die Öffentlichkeit, diese anonyme Masse prosaischer Philister — so Huysmans — ist zufrieden, denn sie ist davon „überzeugt, daß Paris gesund ist". „Früher waren die Straßen eng und die Behausungen weitläufig, jetzt sind die Straßen maßlos groß und die Zimmer winzig klein und ohne Luft; der Raum bleibt der gleiche, aber er wird anders verteilt; es scheint, daß dies, vom hygienischen Standpunkt aus gesehen, einen exorbitanten Vorteil darstellt."[34]
Die Stadt, die Straße und das mikroskopisch kleine, aber hygienische Zimmer: Nach Léonce Reynaud, Michel Chevalier, César Daly, Viollet-le-Duc und Hector Horeau schlägt Huysmans vor, die neue Gleichung des urbanen Lebens durch den Bau „eiserner Monumente" zu lösen. Eine wagemutige Architektengeneration könnte „mit neuen Materialien eine neue Kunst schaffen"[35]. Was Huysmans nicht begreift ist, daß die Erfindung der billigen Wohnung in Frankreich um 1880 nicht so sehr Ergebnis der Furcht vor der Verwendung neuer technischer Verfahren oder dem Gebrauch neuer Materialien (Eisen, Glas) ist, sondern vielmehr Resultat einer aufgezwungenen neuen Lebensweise, der Ausdeh-

nung einer neuen Kultur auf die Wohnung: der Ästhetik der *wohlfeilen Kunst*. Es scheint uns, daß diese neue ‚Philosophie der Möblierung' einige Erwägungen verdient, damit wir in unsere Vorstellungen von den Ursprüngen des *Design* und der minimalen Existenz im heutigen Wohnungsbau etwas Licht bringen können.

Bereits 1863 hatte der Publizist C.A. Oppermann das Programm dieser neuen Ästhetik aufgestellt: „Es handelt sich jetzt darum, einen *modernen Stil* zu schaffen und die künstlerischen Voraussetzungen des 19. Jahrhunderts in jedem Land mit Plänen, Aufrissen und elementaren Formen zum Ausdruck zu bringen, die solchermaßen kombiniert werden, daß sie verschiedene neue Ordnungen vorstellen. (...) Durch das Einfügen von Ornamenten symbolischer oder historischer Art (Wappen, Inschriften, Daten, Reliefs) in die sichtbaren Teile, Ornamente, die von einem besonderen und persönlichen Standpunkt aus an interessante Fakten erinnern, wird man ohne große Kosten Bauwerke schaffen, die ebenso interessant sind wie Kunstwerke, und es werden die Mißstände der Billighäuser, wie sie durch die Anwendung der Billigkunst entstanden, beseitigt." Dennoch müssen sich die Verwendung neuer Materialien und die Entwicklung einer neuen ornamentalen Rhetorik mit der Schaffung einer Typologie des Bauens verbinden: „Was getan werden müßte", sagt Oppermann, „ist eine Kombination aller Teile, so wie die antiken Architekten es gemacht haben, die Schaffung von *Typen* für jede Art von modernen Gebäuden."[36]

Der „moderne Stil" beim billigen Wohnhaus wird gerade darin bestehen, die Produktionstechniken des Wertlosen, des Surrogats und des Unechten für den Lebensraum des Alltags zu benützen. Dabei soll es sich nicht nur um einen Eingriff der „Rationalisierung" des Raumes handeln, sondern vielmehr um die Schaffung von Äquivalenten für den Reichtum und den Luxus. Man weiß, daß diese Umkehrung der Werte von der Originalität zur Banalität, und der provisorische, fortwährend erneuerte Überfluß an produzierten Gegenständen im häuslichen Bereich die alltägliche Erfahrung des Benutzers in eine unabwendbare Verurteilung des Vergänglichen verwandeln. Doch unterstreicht man wahrscheinlich nicht zur Genüge, daß die Errichtung dieses Trugbildes eines Wohnraumes nicht während der zwanziger Jahre unseres Jahrhunderts seinen Anfang nahm, sondern eben schon 1880.

Beschränken wir uns darauf, die Lösungen zu analysieren, die zu architektonischen und räumlichen Innovationen geführt haben: Tatsächlich haben die allermeisten der verwirklichten Experimente nichts anderes bewirkt, als die Formel des ‚hôtel garni' in Gestalt der neuen ‚Arbeiterherberge' wieder aufzuwärmen. Beispiele dafür sind das bereits erwähnte Projekt von Normand in Belleville, das kleine Miethaus, dessen Wohnungen auf zwei Räume verkleinert, aber für das Kleinbürgertum bestimmt sind, wie in der *Cité* mit 85 Häusern und 5000 Einwohnern, die vom Grafen Adrien de Madre in der rue Saint-Maur in Paris gebaut wurde.[37] Das Buch des Polygraphik-Ingenieurs C. A. Oppermann, *300 projets et propositions utiles* aus dem Jahre 1865, enthält viele Anregungen für „Häuser zu niedrigen Mieten"[38], für „Familien-Herbergen"[39], für „Cités industrielles": Diese im Jahre 1858 zur Diskussion gestellte „Industrie-Stadt" sieht den Bau von Wohnungen vor, die mit Hilfe eines senkrecht stehenden, durch ein mit Dampf angetriebenes Räderwerk mit liegenden kleinen Wellen verbundenen Baumes alle Stockwerke mit Energie versorgt.[40] Und gerade diese Idee sollte als erste realisiert werden. In der rue des immeubles industriels in der Nähe der Place de la Nation in Paris wurde vom Architekten Emile Leménil 1872 eine Privatstraße mit einer Doppelreihe von Wohnhäusern aus Gußeisen und Ziegelsteinen gebaut mit Werkstätten im Erdgeschoß und im Zwischengeschoß, ausgestattet mit einer im Keller installierten Energieachse, die von einer Dampfmaschine betrieben wurde und vertikale Transmissionsriemen an jeden beliebigen Arbeitsplatz brachte. In den Obergeschossen liegen die Wohnungen der Arbeiter, die als Gruppe in einer „Société industrielle et immobilière du Faubourg Saint-Antoine" organisiert sind. In einer Welt von Handwerkern, die zuhause arbeiten wie eben in diesem Faubourg, ist diese Fabrik*stadt* sicher eine harmonische Lösung, und das Experiment war denn auch von Erfolg gekrönt.

Es gibt indessen Projekte, die das ganze Haus oder die Arbeiterwohnung um die Idee der *salle commune*, um den Gemeinschaftsraum herum, anordnen möchten, in dem sich jede produktive oder häusliche Aktivität entfalten soll, so wie es Charles Lucas in seinem Vortrag, den er anläßlich der Weltausstellung von 1878 in Paris hält, beschreibt: „Noch ein Wort, ein letztes: In dieser Wohnung finden Sie den Gemeinschaftsraum wieder, und ich möchte Ihre Aufmerksamkeit auf diesen Punkt lenken: Der Gemeinschaftsraum muß das Hauptelement in der preisgünstigen Wohnung sein; der Gemeinschaftsraum, in dem die Mutter die Kinder erzieht, während sie gleichzeitig mit den Obliegenheiten des Haushaltes und der Küche beschäftigt ist; der Gemeinschaftsraum mit seinen großen Fenstern, ein perfekt belüfteter und beleuchteter Raum, in dem sich das Gewerbe installieren kann, was dem Arbeiter in vielen Fällen ermöglichen wird, außerhalb der Fabrik und der mörderischen Großstadt zu arbeiten; der Gemeinschaftsraum schließlich, wo sich alles im hellen Licht des Tages abspielt, wo es unumgänglich ist, tugendhaft zu sein. An diesen Ort gehören die Portraits der Vorfahren und die Symbole der Religion; die zweite Generation soll in den Möbeln der ersten leben, die dritte in denen der zweiten, etc.; man muß dem Kind den letzten Seufzer des Großvaters ins Gedächtnis senken, so wie er auf die letzten Seiten der protestantischen Bibel oder in unsere kleinen Zivilstandsbücher geschrieben wird. Der Gemeinschaftsraum scheint mir daher zuerst moralische und dann erst materielle Grundlage zu sein, außerhalb welcher es bei der Schaffung von Wohnraum für Arbeiter nur Utopien gibt."[41]

Das Prinzip der durch jährliche Raten abzahlbaren Mietwohnung wurde 1884 vom Architekten und Bevollmächtigten für den Straßenbau in Paris, Charles Le More, vorgetragen, nachdem sich der Gemeinderat bereits 1880 die Frage nach dem Haus für das Volk gestellt hatte.[42] Er erfindet praktisch das „Miteigentum des Volkes" an der Wohnung. Sein Ziel ist es, den Mieter mit geringem Einkommen zum Besitzer der von ihm bewohnten Wohnung zu machen, indem er das Eigentum nach Stockwerken aufteilt: „Jeder Besitzer ist Eigentümer der Bretter, über die er schreitet." Ein Wohnblock mit sechs Etagen zu jeweils vier Zwei-Zimmer-Wohnungen mit festgelegten Wegen (Eingang, Küche und Toilette) ist nicht das, „was man gewöhnlich einen *Typ* nennt, sondern ein Prinzip". Le More beantragt schließlich die Errichtung von zehn Häusern dieser Art auf Kosten der Stadt Paris und nimmt damit den Vorschlag des radikal-sozialistischen Gemeinderates Amouroux wieder auf, der 1882 zur Diskussion gestellt worden war.[43] Ein Jahr später macht A. Alphand, der Arbeitsminister von Paris, im Gemeinderat folgenden Vorstoß: Steuererleichterungen und Befreiung von der Zahlung der Zölle, mit denen die Baumaterialien belegt sind, für alle Eigentümer und für jedes Gebäude, vorausgesetzt daß mindestens die Hälfte der Wohnfläche mit Kleinwohnungen zu Mieten von weniger als 330 Francs bebaut wird; er schließt: „Vor allem anderen brauchen wir Geld."[44] 1884 schreibt die Gemeinde einen Wettbewerb für vier Haus-Typen für Billig-Wohnungen (Habitations à bon marché, genannt H.B.M.) aus; die Projekte der Architekten „der Sektion" der Stadt Paris, Bouvard, Aldrophe, Lheureux und Vaudremer, wurden als zu wenig gewinnbringend angesehen, da der Nettozins von 3,7 Prozent auf das Kapital das Interesse keines Geldgebers auf sich zu ziehen vermöge.[45]

Im selben Jahr beantragt der Architekt P. Fouquiau bei der Gemeinde eine Garantie, um beim *Crédit foncier* eine Finanzierung zu günstigen Konditionen zu erwirken. 78 Millionen Francs wollte er in den Bau von 400 Immobilien zu 12000 normalen und 15000 Billigwohnungen (H.B.M.) investieren. Die Gemeinde hätte auch die Befreiung von den Steuern garantieren und die Infrastrukturarbeiten in dem Gebiet auf eigene Kosten durchführen lassen müssen. Das Projekt wurde von E. Poubelle, dem Präfekten des Département Seine, abgelehnt. Einzig der Staat könne seines Erachtens den Rahmen für ein solches Unternehmen bieten; tatsächlich fehlte die legislative Grundlage für die Vertragsbestimmungen mit den Kreditinstituten. Diese Probleme werden erst mit dem Gesetz vom 30. November 1894 über die H.B.M. gelöst.[46]

Fouquiau ist ein millionenschwerer Bauunternehmer und Direktor einer Immobilien-Zeitung, der vierzehn Immobiliengesellschaften gegründet hat, zwölf von ihnen zwischen 1879 und 1883, ein Mann, der Häuser für andere und für sich selbst baut. In seinem Büro beschäftigt er zwölf Zeichner. 1880 gelingt es ihm, ein Gelände von mehr als 25000 qm in der Gegend von Montmartre-Clignancourt zu erwerben und zu urbanisieren, dessen Eigentümer er durch einen Anleihevertrag mit einer Versicherungsgesellschaft geworden war. Er gründete dann eine „Immobiliengesellschaft S.A. von Montmartre", die ihm das Gelände verpachtete und 88 Häuser mit etwa 3000 Wohnungen nach Plänen baute, die das Büro des Architekten selbst geliefert hatte. 1882 werden alle im Besitz der Gesellschaft befindlichen Gebäude – sie stehen schon, sind aber noch nicht fertig – an die *Rente foncière* verkauft, eine im Jahre 1879 von der *Banque de Paris* und anderen Gesellschaften gegründete anonyme Gesellschaft unter der Leitung des Ex-Präfekten des Département Seine, Baron Haussmann. Und so kommt es, daß in Paris die Banken direkt in das Baugeschehen eingreifen und dennoch auf indirekte Weise intervenieren, indem sie die Rolle von Kapitalgebern übernehmen.[47] Zusammen mit Laubière und Bariquand ist Fouquiau einer der größten Bauunternehmer der Kapitale. Dennoch wird er nur eine einzige Arbeitersiedlung im strengen Sinne bauen, jene, die von der „Société de la rue de Clichy" an der rue des Poissonniers und an der rue de Doudeauville gefördert wird, „eine kleine Siedlung, die 8000 bis 10000 Bewohnern Raum bieten kann"[48]. Die Mieten sind bis zu 67 Prozent niedriger als die 400 Francs: Nicht zufälligerweise ist dies aber das einzige Projekt dieser Art, das von Fouquiau in Gang gebracht wird. Bei Bedarf denkt Fouquiau nicht so sehr an die Arbeiter als Bauherren, als vielmehr an die Angestellten, die in voller Expansion begriffen sind; wenn das Gehalt der Angestellten auch niedrig war, so wurden sie doch monatlich bezahlt, und außerdem besaßen sie einen sicheren Arbeitsplatz. Die andere Schwierigkeit bestand darin, daß — will man den Unternehmern glauben — die „Arbeiterhäuser nicht viel weniger kosten, als die Luxusbauten"[49]: Es ist daher in ihrem Interesse, große Wohnungen zu bauen.

Während der von uns untersuchten Periode erlebt der tertiäre Sektor (Handel und Verwaltung) in Frankreich die größte Expansion, gefolgt von der Industrie. Zwischen 1856 und 1906 erhöht sich die relative Beschäftigung im tertiären Sektor um 6,7 Prozent, während sie im industriellen Bereich um 6 Prozent steigt. In den Städten bemüht man sich, vor allem für diese unteren Mittelschichten (Beamte, technische und kaufmännische Angestellte) Wohnungen zu bauen, eine neue Schicht, die in ganz Europa im Wachstum begriffen ist, und das in einem städtischen Kontext, der mit ihrem Streben nach bürgerlicher Kultur unvereinbar ist und ihr den Genuß eines privaten Bereiches nicht bietet.[50] In Paris ist der Angestellte fast immer dem *Internats*-System unterworfen; der Großhandel ist dafür nur ein Beispiel. Vom Patron ernährt und untergebracht, verdient er als Anfänger wenig mehr als das, was er für die kleinen Ausgaben braucht. Viele von ihnen schlafen an ihrem Arbeitsplatz, hinter dem Ladentisch; nicht ohne Grund streiken 1869 die 12 000 Verkäufer der Stadt Paris.[51]

Der Zugang zum Hauseigentum ist bloßes Blendwerk. 1908 kostet ein Haus vom Typ kleines Einfamilienhaus mit Garten in der Pariser Vorstadt im Durchschnitt 747 Prozent des jährlichen Einkommens eines Arbeiters und 577 Prozent des Jahresgehaltes eines Angestellten.[52] Das Gesetz P. Strauss aus dem Jahre 1906 erlaubte den Gemeinden, den H.B.M.-Gesellschaften Geld zu leihen; das Gesetz A. Ribot von 1908 rief die Kreditanstalt für Immobilien ins Leben, die ihrerseits Gesellschaften wie Privatleuten direkt Staatsgelder lieh. Die den Eigentumsanwärtern durch diese Gesetze zugestandenen Steuer- und Kreditvergünstigungen haben in keiner Weise den Arbeiter als Bauherrn begünstigt. „Das Werk der H.B.M.", sagt Paul Strauss[53], „das sich auf die Ersparnisse des Volkes und die kooperativen Vereinigungen stützt, hat als Hauptauftraggeber die Angestellten, Arbeiter und Erwerbstätigen, deren Gehälter ein gewisses Niveau erreichen." Bereits 1883 empfahl der Ingenieur E. Muller, den die Gemeinde Paris damit beauftragt hatte, die Vertragsbedingungen für die Verbindlichkeiten auszuarbeiten, die durch den Bau von Häusern mit niedriger Miete entstehen, solche Häuser in allen

Stadtvierteln zu bauen „nicht nur mit dem allzuoft als einzigem ratsam erscheinenden Ziel, die Arbeiterbevölkerung mit Wohnungen zu versorgen (...), sondern auch jene mindestens ebenso, vielleicht sogar noch viel interessantere Bevölkerungsgruppe der Angestellten mit geringem Einkommen, denn zahlreiche Angestellte mit bescheidenen Gehältern erwarten von ihren Häusern ein schönes Äußeres"[54].

Nur wenige konnten sich in Frankreich durch die Gründung einer H.B.M.-Gesellschaft, deren einziges Ziel es war, die Proletarier mit Wohnungen zu versorgen, bereichern. Eine Gruppe von Industriellen versuchte es 1886 in Lyon: Bereits 1887 standen fünf aus mit Kohlenschlacke vermischtem Beton gebaute Gemeinschaftshäuser, die Zwei- und Drei-Zimmer-Wohnungen mit Eingang und Toilette anboten. Die Miete — um etwa 30 Prozent niedriger als jene für vergleichbare Wohnungen in derselben Stadt — belief sich auf 72 Francs pro Jahr und Zimmer. Vielleicht war der Erfolg des Unternehmens seinem noch philanthropischen Charakter zu verdanken; die Gründer waren Lucien und Félix Mangini, Bauingenieure bei der Eisenbahn, und, vor allem, Edouard Aynard, ein Bankier und reicher Kunstsammler, von 1889 bis 1913 Abgeordneter, Mitglied des Verwaltungsrates der Banque de France und zahlreicher anderer Verwaltungsräte, bekannt als ‚Ministermacher'. Im Jahre 1900 hatte die Gesellschaft 1437 Wohnungen für 7350 Personen gebaut.[55]

Daß die Philanthropen die einzigen Handelnden waren, kann nicht überraschen: Das Thema Haus ist zu sehr an den Kampf gegen das Konkubinat in den unteren Schichten des Volkes (etwa 30 bis 50 Prozent aller Verbindungen), an das Thema Ehekrise (für die Frau) und Vermögen (für den Mann) gebunden, an das von Le Play und Jules Simon behandelte Thema der Zivilisierung der Arbeiterklasse, um nicht zum Ort und zum Mittel für jegliche reformerische Tat zu werden. Wir wollen hier nicht auf der Rolle beharren, die die „Ausstellungsgruppe" von 1889 übernommen hat, welche bei der Gründung der ersten französischen Gesellschaft für den Bau billiger Wohnungen (H.B.M.) mitgewirkt hat, in welcher sich die Gründer der „Société philanthropique de construction", der 1880 gegründeten Philanthropischen Baugesellschaft, wiederfinden: der protestantische Industrielle Jules Siegfried aus Mülhausen, der für den Zugang zum Eigentum kämpft; der Industrielle und Statistiker Emile Cheysson, Präsident der „Société générale des prisons", Direktor der Schmelzhütten Le Creusot, Experte für Fragen des Frankreich „heimsuchenden" Geburtenrückganges, Anhänger einer Wiederherstellung der

„Stamm-Familie"; Georges Picot, Richter beim Gerichtshof des Département Seine, Leiter der Abteilung für Kriminalsachen im Justizministerium. Wenn wir den Ökonomen Léon Say, den weiter oben erwähnten Schriftsteller Jules Simon, die Ingenieure Emile Muller und Emile Cacheux, den Dr. O. Du Mesnil (Arzt in der Nationalen psychiatrischen Anstalt von Vincennes) hinzunehmen, dann haben wir den aktiven und denkenden Kern der Pressure Group, die 1894 die Annahme des ersten Gesetzes zum Bau von Billigwohnungen (H.B.M.) durchsetzen wird.

Auf der Ebene des Wohnungsbaus indessen waren ihre Vorstellungen sehr zurückhaltend und eigentlich noch mit der Idee der Rückkehr zur Erde verbunden. Und es sollte vielleicht einzig das Experiment der Genossenschafter sein, das dem Wohnungsbau für das Volk einige Neuerungen brachte. Am Anfang dieser Entwicklung finden wir im abgelegenen 18. Bezirk der Stadt Paris eine „Société civile coopérative de consommation", eine Konsumgenossenschaft, die 1866 gegründet wurde, 146 eingeschriebene Mitglieder zählte und Nahrungsmittel an ihre Mitglieder verkaufte. 1884 beschlossen diese, an der rue Jean Robert 14 ein Wohnhaus zu bauen, das durch eine von den Mitgliedern der Kooperative zu zeichnende Subskription, ein Darlehen von der Gemeinde und einen Kredit des *Crédit foncier* sowie durch Anleihen bei anderen Unternehmen finanziert werden sollte. Ein Jahr später war das Dach vollendet; die Arbeiten wurden im Verlauf des Jahres 1886 abgeschlossen, die Unternehmer wurden per Annuität (mit Zinsen und Amortisation) innerhalb von zwei Jahren bezahlt (Kosten des Unternehmens: 300 000 Francs).[56]

Das Programm sah Werkstätten im Erdgeschoß vor, zwei Kellergeschosse und kleine Mietwohnungen in den oberen Etagen. Architekt war Alcide Vaillant, ein einfacher Baufachmann, der 1910 ein Buch mit dem Titel *Les conditions de tirage des cheminées* (die Luftzirkulation in den Schornsteinen) und 1919 eine *Théorie de l'architecture économique* veröffentlichen sollte. Er hatte es sich zum Ziel gemacht, Wohnungen ohne überflüssigen Luxus zu bauen, Wohnungen für die Kleinfamilie, die einladend, komfortabel und gesund sein und mit den Ersparnissen der Mitglieder der Kooperative finanziert werden sollten. „Was braucht man, um dieses Ziel zu erreichen? Guten Willen, Beharrlichkeit und das Mitwirken der kleinen Sparer (...); aber unter der Bedingung, sich einzig und allein auf die Privatinitiative zu verlassen, nichts vom Sozialismus des Staates zu erhoffen (...), ohne auch nur das Geringste vom naiven Konzept des ‚Fürsorge-Staates' zu erwarten, das bestimmt die trostloseste von allen Utopien ist."[57]

Das Interessante an diesem Projekt – und seinem Begleittext – ist die analytische Gliederung der Elemente, die später zur Grundlage der Arbeiterwohnung werden sollte. Die *Treppe*: „Die Stufen sind alle gleich hoch (...), vom Erdgeschoß bis zum Dach. Der Kraftaufwand beim Treppensteigen bleibt folglich gleich. Ich meine, daß diese Regelmäßigkeit in hohem Maße die Anstrengungen der Muskeln mildert, ebenso wie die psychischen Effekte, die sie begleiten..."; die innerhalb des Hauses zu verrichtenden Hausarbeiten müssen erleichtert werden durch eine Art Ergonomie der Tätigkeiten (z.B. das Tragen der Einkaufstaschen). Das „*Dispositiv*" des Inneren (der Begriff ist von Vaillant) ist dann ein Problem, das den größten Teil der Stadtbevölkerung beschäftigt. Nach Meinung der Architekten muß „dieses Bedürfnis nach Koketterie und Sorgfalt, das die Hausfrauen mit ihrem ‚Intérieur' verbinden", ermutigt werden. Begeben wir uns indessen in das „Dispositiv" hinein: Es besteht aus einem „Vorzimmer" (einem Eingang), einer Küche, einem Eßzimmer und einem oder zwei Zimmern.

Das *Vorzimmer* „sollte groß genug sein, um hin und wieder als Abstellraum, als Spielplatz für die Kinder und als Ausweichmöglichkeit für andere Räume dienen zu können". Eine solche Entlastung macht „das simultane, von den Räumen unabhängige Wohnen möglich; das erleichtert die Pflege, die Isolierung im Krankheitsfall". Das Vorzimmer ist auch eine Lösung „für die Be- und Entlüftungsprobleme während der Nacht". In dieser Archäologie des Wohnungsgrundrisses ist zu beachten, daß die Loslösung der einzelnen Zimmer von bestimmten Funktionen – sogar auf kleinstem Raume – zahlreiche Nutzungsmöglichkeiten eröffnet. Es genügt zu erwähnen, daß die Wohnungen im Karl-Marx-Hof (1927) in Wien noch nicht über eine derartige planimetrisch weitsichtige Lösung verfügten.

Die *Küche* „ist Laboratorium, häusliche Werkstatt und Warenlager", ausgerüstet mit einem Spülstein ohne fließendes Wasser, aber mit Abfluß, und mit in einer Kammer befindlichen Latrinen, die direkt an die öffentliche Kanalisation angeschlossen sind. Ein eiserner Herd mit Backofen, Schränke und eine „Stange zum Aufhängen der Kochtöpfe" werden geliefert; diese Einrichtung kündigt bereits die ‚Frankfurter Küche' der zwanziger Jahre an und kann deshalb eigentlich als ‚Pariser Küche' bezeichnet werden. Rationalisierung der Einrichtung und Bewegungsökonomie sind das logische Ergebnis. Aber es ist noch nicht die von Catherine Beecher (der Schwester von Harriet Beecher Stowe, der Autorin von *Onkel Toms Hütte*) bereits 1869 in ihrem gemeinsam mit der Schwester verfaßten

Buch *The American Woman's House* beschriebene Modell-Küche. *The American Woman's House* ist das erste Buch, das die Organisation des Hauses beschreibt; der Küche dient die Schiffskombüse als Vorbild.[58] In der ‚Pariser Küche' könnte man — das ist wohl wahr — einfach einen ganz banalen Schritt in die Richtung einer Technologie des Sozialen, des Häuslichen und des Intimen sehen: immer moderner, immer raffinierter. Dabei würde man allerdings die Versklavung der Frau außer Acht lassen, der Frau, die bis zu 16 Stunden am Tag vor dem Herd verbrachte — und das ihr ganzes Leben lang. Im Falle der ‚Pariser Küche' sind die technischen Neuerungen — auch wenn sie zumeist den Schichten der Angestellten vorbehalten bleiben — sehr oft Errungenschaften derselben Personen, die die Verwirklichung dieser Projekte finanziert haben.[59] Die Schwierigkeit besteht darin, die Unterschiede kenntlich zu machen; was für die eine soziale Schicht eine ‚Befreiung' sein kann, bedeutet offenbar auch den Beginn der Versklavung einer anderen. In den Vereinigten Staaten entwickelt sich die Bewegung für die rationale Organisation des Hauses in dem Moment, in dem es in diesem Hause nichts mehr zu *produzieren* gibt: Sehr bald wäre da — so scheint es — nichts mehr zu *tun* gewesen. Die sozialen Aufklärer, die Philanthropen, wurden unruhig angesichts dieser ‚häuslichen Leere'. Aber der Streit um die Frauenfrage berücksichtigt insbesondere die schnell expandierenden städtischen Mittelschichten und die Bourgeoisie. Daß die Reformerinnen des Hauses und die weiblichen Förderer der „Amerikanischen Bewegung der häuslichen Wissenschaft", die besonders engagierte Ellen Richards an ihrer Spitze, ab 1920 dahin gelangten, eine Generation von Experten für die Kommerzialisierung der Hausindustrie und der elektrischen Haushaltsgeräte zu produzieren, kann all jene nicht überraschen, die die subtilen Herrschaftsverhältnisse aufmerksam beobachten, welche jedes beliebige Wissen mit der beliebigen Interpretation der ‚Wahrheit' eines solchen Wissens verbinden.[60]

Kehren wir zum Haus an der rue Jean Robert zurück und treten wir, von der Küche kommend, ins *Eßzimmer* ein. Zwischen diesen beiden Räumen ist ein Eisenblech sichtbar, das von einem klassischen, wie aus einem bürgerlichen Hause stammenden Kamin eingerahmt ist. So erwärmt die Rückseite des mit Holzkohle geheizten Küchenherdes durch Wärmerückstrahlung auch den Gemeinschaftsraum und schafft gleichzeitig die Fiktion eines Feuers. Der „alte Gemeinschaftsraum", sagt der Architekt, ist hier zum „Eßzimmer geworden, das dem Salon der vermögenden Leute entspricht", zu einem multifunktionalen, aber besonderen

Tätigkeiten vorbehaltenen Repräsentationsraum: „Der Vater schreibt, die Kinder machen ihre Schulaufgaben, und hier werden die Freunde empfangen." Die Drei-Zimmer-Wohnungen haben 44 qm und kosten 460 Francs im Jahr; die Zwei-Zimmer-Wohnungen haben 35 qm und kosten 380 Francs. Die Miete entspricht also der obersten Preisbindung für Arbeiterwohnungen, die 300/400 bis höchstens 500/600 Francs im Jahr kosten durften. Man erinnere sich daran, daß der II. CIAM-Kongreß in Frankfurt die Größe einer Arbeiterwohnung mit drei Zimmern auf 57 bis 68 qm festlegte.[61] Das Bauwesen hat Fortschritte gemacht: Eisendekken mit von Schichten aus Sand, Schlacke, Bitumen gedeckten Zementblenden, über welche das Eichenparket verlegt wird. Die Gesimse sind aus Stein, und die Mauern werden mit Ziegelsteinen aus Burgund errichtet.

„Das Bauwerk ist hygienisch und befördert die Moral", sagt Vaillant; „unsere Wohnungen sind wie Appartements behandelt worden. Wir haben sie getüncht und nach bestem Können ausgeschmückt (...). Der vorgefaßten Meinung, man könne den bescheidenen Arbeiter in einer Wohnung unterbringen, ohne sich Gedanken darüber zu machen, was er selber schicklich oder erstrebenswert findet, sollte man mißtrauen." Die Möglichkeiten, die Bedürfnisse, die „innere Lebensart" des Arbeiters müssen untersucht werden - für den Planer Vaillant der einzige Weg, auf dem man bei der Planung der Arbeiterwohnung zum Ziel gelangen kann. Und dann darf auch die Hoffnung auf den sozialen Aufstieg nicht übersehen werden, die ihren Ausdruck im *Ornament* findet: „Keine Klasse hängt so sehr am Dekor wie die der Arbeiter in bescheidenen Verhältnissen." Der Architekt hat sich deshalb einige „Verrücktheiten" erlaubt: „Die Eßzimmer sind mit einem kleinen Gesims geschmückt, mit einer Rosette in der Mitte der Decke und einem Haken für die obligate Hängelampe; sie haben eine falsche, unterhalb eines Gesimses gemalte Wandverkleidung und eine Tapete mit etwas starken Farben. Das ist alles." Der *horror vacui*, der für die Ausstattung des bürgerlichen Appartementes charakteristisch ist, verschafft sich Zutritt zur Arbeiterwohnung. Man begnügt sich allerdings mit „dekorativen Äquivalenten". Der Kamin in den Zimmern beispielsweise ist nichts weiter als Dekoration: „Auf der Marmorplatte des Kamins haben der Spiegel, die Pendüle, die Kerzenleuchter und die bescheidenen Nippsachen der Hausfrau ihren Platz."[62]

Der Scharfsinn Walter Benjamins bringt es auf den Punkt: Das „‚Intérieur' nötigt den Bewohner, das Höchstmaß von Gewohnheiten anzunehmen, Gewohnheiten, die mehr dem Intérieur, in welchem er lebt, als ihm selbst gerecht werden"[63].

* * *

Die Abbildung, mit der Vaillant seine technischen Erläuterungen illustriert — eine gezeichnete Ansicht des Eßzimmers —, gibt die Spiegelung des leeren Zimmers im großen Spiegel oberhalb des Kamins wieder. Eine seltsame Stimmung schwebt in diesen Räumen: als ob die Bewohner mit ihren Möbeln ausgezogen wären. Oder sind sie in aller Eile geflüchtet? Wer weiß, was sie hinterlassen haben? Spuren des täglichen Lebens . . . oder eine Leiche, die Dupin, der Inspektor aus Poe's Erzählungen, zu entdecken haben wird?
Unweigerlich gehen einem die Bemerkungen Walter Benjamins in der *Einbahnstraße* durch den Sinn: „Vom Möbelstil der zweiten Hälfte des neunzehnten Jahrhunderts gibt die einzig zulängliche Darstellung und Analysis zugleich eine gewisse Art von Kriminalromanen, in deren dynamischem Zentrum der Schrecken der Wohnung steht. Die Anordnung der Möbel ist zugleich der Lageplan der tödlichen Fallen und die *Zimmerflucht* schreibt dem Opfer die Fluchtbahn vor."[64]
Die Verbreitung von Glas und Spiegeln ist zusammen mit der Heizung einiger Zimmer die Neuerung, die den Bewohner der Großstadt am meisten beeindruckt. In Flauberts *Education sentimentale* liefert uns der junge Frédéric bei seiner Ankunft im Hôtel des Dambreuse (Vorbild scheint das Haus des Bankiers Delessert gewesen zu sein) beinahe ein Handbuch des Komforts und der Dekoration des 19. Jahrhunderts: Im Eingang „atmeten die weiten Öffnungen der Heizkörper eine schwere Luft aus"[65]. In der Empfangshalle: „Die großen Leuchter erblühten wie Strahlenbündel vor den Vorhängen; sie wiederholten sich in den Spiegeln . . .". „. . . erhob sich die Kredenz wie der Hochaltar einer Kathedrale oder eine Ausstellung von Goldgeschmeide . . ."[66] Spiegel und Glas, deren Preis zu Beginn des Jahrhunderts um die Hälfte sank[67], vertiefen die Perspektive, tragen die Illusion von Licht bis in den dunklen Hintergrund des Salons: „Wenn man an die Tendenz des Schrumpfens denkt, die heute alle Wohnungen in den großen Städten haben, die Tendenz, aus Mangel an Raum und Licht immer düsterer zu werden, dann kann man nur auf die Produktion von Spiegeln zu möglichst billigen Preisen hoffen um — zum Teil wenigstens — diesen ernsten Mißständen Abhilfe zu schaffen", sagt Oppermann 1854.[68] Joly war anderer Meinung: „Mit

Spiegeln geschmückte Wohnungen! Das ist es, was die Mieter anlocken soll, als ob Spiegel für den Lebenskomfort von existentieller Wichtigkeit wären."[69] In seiner *Philosophy of Furniture* geht auch Edgar Allen Poe von der Kritik des „falschen Geschmacks" aus: Wenn „der Teppich die Seele der Wohnung ist", dann „ist der *Glanz* die grundlegende Häresie der amerikanischen Einrichtungsphilosophie (...). Gewaltsam werden wir mit Gas und Glas überschwemmt."[70] Alles was glitzert ist vulgär; das Gaslicht im Haus ist unannehmbar und „die wichtigste Eigenschaft von Glas ist das Glitzern — und welche Welt abscheulicher Dinge dies einzige Wort heraufbeschwört!"[71] Vermeiden wir den übertriebenen Gebrauch von Spiegeln: „Abstrahiert man einmal von seiner Fähigkeit zu reflektieren, so stellt der Spiegel eine durchgehende, platte, farblose, monotone Fläche dar, — ein immer und offensichtlich unerfreuliches Ding. Als Reflektor trägt er kräftig dazu bei, eine monströse und hassenswerte Uniformität herzustellen, und das ist das schlimmste dabei."

Den wirklichen Luxus, den Charakter der Einrichtung, bestimmen die diskreten Polstermöbel, die karmesinroten Seidenvorhänge, die golddurchwirkten Brokatstoffe, die Silberfarbe der Seidenbezüge...[72]. Auch Zolas *Nana* hat ihren Salon mit roter Seide bespannt, aber das Zimmer hat einen Mißklang, denn es ist „zu prunkvoll". Auch Des Esseintes von J.K. Huysmans reiht die warmen Töne aneinander: Um in seinem Haus das „Gelb der Verwaltung und der Kirche" nachzuahmen, läßt er die Mauern mit safranfarbener Seide verkleiden. Anderswo bevorzugt sein überreiztes und ermüdetes Auge „fast immer das Orange: dieses Kolorit des vorgetäuschten Glanzes, der bösen Fieberträume"[73]. Der Gipfel des Wohlstandes wird im intimsten der Räume, im hintersten Teil des Hauses, das Flaubert uns in seiner *Education sentimentale* als eine Topologie der Freuden beschreibt, erreicht: „Er empfand eine sich steigernde Freude, während er nach und nach das große Tor, den Hof, das Vorzimmer und die beiden Salons durchschnitt. Endlich gelangte er in ihr Boudoir; es war verschwiegen wie ein Grab, von der lauen Wärme eines Alkovens, und überall stieß man sich zwischen hier und da verstreuten Gegenständen aller Art an den Polstermöbeln. Da gab es Kommoden, Wandschirme, Dosen und Schalen aus Lack, Schildpatt, Elfenbein und Malachit, kostspielige Kleinigkeiten, die häufig ausgetauscht wurden."[74] Frédéric, der Held, setzt sich auf die Kante eines Hockers auf kleinen Rädern; sie läßt sich auf einer „causeuse", einem niedrigen Sofa, nieder. Es ist der Stil des 18. Jahrhunderts, denn „allein das 18. Jahrhundert war in der Lage, die Frau mit einer lasterhaften Atmosphäre zu umgeben, der Einrichtung die Grazie ihrer Rundungen zu verleihen, dem Holz, dem Kupfer durch seine Windungen und Biegungen etwas von ihren Gebärden mitzuteilen, etwas von ihren lustvollen Spasmen", bemerkte Huysmans.[75]

Die Einrichtung beginnt, ihr eigenes Leben zu leben, die Kunst des Einrichtens wird autonom im 19. Jahrhundert: „Die Möbel haben längliche, hingebreitete, schmachtende Formen. Die Möbel scheinen zu träumen; man möchte sie wie Gewächs und Gestein mit einem nachtwandlerischen Leben begabt denken", sagt Baudelaire in „Das doppelte Zimmer" (*Der Spleen von Paris*).[76] Von diesem Zustand träumerischer Autonomie sollte man sehr bald zu der Revolte der Möbel kommen, zu ihrer Flucht voller Angst vor man weiß nicht welchem panischen Schrekken, welcher Naturkatastrophe: „Und plötzlich bemerkte ich auf der Schwelle einer Tür einen Sessel, meinen großen Lektüresessel", erzählt Maupassant[77], „der sich wiegend das Zimmer verließ. Er ging fort, durch den Garten. Andere folgten ihm, die Möbel meines Salons, dann die niedrigen Sofas, die sich auf ihren kurzen Beinen fortschleppten wie Krokodile, dann alle meine Stühle, mit Bocksprüngen, und die kleinen Hocker, hoppelnd wie Hasen...". Sigfried Giedion hat in seinem Buch *Die Herrschaft der Mechanisierung* das Band hervorgehoben, das diesen „Aufruhr der Möbel" im 19. Jahrhundert mit der Verfremdungstechnik in den Bildern von Max Ernst verbindet, besonders bei *La femme à 100 têtes* aus dem Jahr 1929[78]. Giorgio De Chirico notierte in *Statue, mobili e generali*: „Ich weiß nicht, ob bekannt ist, unter welch einzigartigem Aspekt die Betten, die Spiegelschränke, die Sessel, die Diwane, die Tische in Erscheinung treten, wenn man sie auf einmal auf der Straße erblickt, mitten in einer Szene, in der wir nicht gewohnt sind, sie zu sehen, etwas, das sich bei Wohnungswechseln ereignet (...)."[79]

Die Möbel, Agenten des Komforts, Zeichen des Wohlstandes, Inneneinrichtung, Stützen der gesellschaftlichen Position, symbolische Form des Gefühlsstoffes, der auf den Rahmen der Dinge gespannt wird, Instrument der häuslichen Verhaltensweisen[80], können auch *entfremden* und das Zimmer, den intimen Raum par excellence, ungastlich machen. Nachdem die Möbel in Baudelaires „doppeltem Zimmer" träumend und matt in Erscheinung getreten sind: „hier die einfältigen, staubigen, angeschlagenen Möbel; der Kamin ohne Flamme und ohne Glut, mit Spucke besudelt." Die Qualität des *Intérieurs* kann sich mit einem Mal als Elend entpuppen oder, schlimmer noch, als Kriminaltragödie: „Das bürgerliche Interieur der sechziger bis neunziger Jahre (des 19. Jahrhunderts,

d. Verf.) mit seinen riesigen, von Schnitzereien überquollenen Büfetts (...) und den langen Korridoren mit der singenden Gasflamme wird adäquat allein der Leiche zur Behausung."[81]

Das *Zuhause* ist in Scherben gegangen: Es wurde zerstört von den Kriegen, den Revolutionen oder von einem Erdbeben; oder es kann sich nicht von seinen Neurosen erholen; das Erinnerungsvermögen vermag die einzelnen Elemente nicht wieder zusammenzufügen.

Zerstörung und Krieg hinterlassen eine Spur, hören wir Flauberts Frédéric im Paris des Jahres 1848: „Der Aufstand hatte in diesem Viertel furchtbare Spuren hinterlassen. (....). Die Häuser waren von Geschossen durchlöchert, und hinter dem abbröckelnden Putz kam ihr Gebälk zum Vorschein. Nur von einem Nagel gehaltene Jalousien hingen wie Lumpen herab. Hinter eingestürzten Treppen öffneten sich Türen auf das Nichts. Man erblickte das Innere von Zimmern mit zerfetzter Tapete; manchmal waren delikate Dinge erhalten geblieben."[82]

Die Welt in Ruinen: Baudelaire notierte in einem Entwurf für ein „Nachtgedicht": „Anzeichen von Ruinen. Riesige Gebäude, wie auf hoher See, eins über dem anderen. Wohnungen, Zimmer, *Tempel*, Galerien, Treppen, *caecum*, Aussichtstürme, Laternen, Brunnen, Statuen. – *Sprünge, Risse. Feuchtigkeit, die von einem Reservoir in der Nähe des Himmels kommt.* – Wie die Leute warnen, die Nationen? – Flüstern wir es den Intelligentesten ins Ohr. (...) Ich gehe hinunter, dann gehe ich wieder hinauf. *Ein Turm.* – *Labyrinth. Ich habe niemals herausfinden können. Ich bewohne für immer ein Gebäude, das einstürzen wird, ein Gebäude, das von einer heimlichen Krankheit unmerklich zerstört wird.*"[83] In der Metapher der Stadt-Metropole als Motor, die ihren Ausdruck im Zyklus des Speichers, des Kreislaufs und des Residuums findet[84], wird es gerade der Speicher sein, der Ort, an dem die Energie gelagert wird, der sich, ungebunden und unvollkommen, gegen die Stadt-Maschine wendet.

Die Qualitäten des Komforts eines Hauses können auch nicht gegen die „heimliche Krankheit" ankämpfen – das Fortschreiten der Neurose –, sie können die Seele nicht mit der Welt versöhnen; umsonst hatte Des Esseintes – in *A Rebours* von Huysmans – „versucht, hydrotherapeutische Apparate im Badezimmer aufzustellen". Baudelaires einsturzgefährdeter, oberhalb der Stadt balancierender Speicher kann die nötige Wassermenge nicht abgeben: „In Fontenay ist das Wasser so rar, daß es nur zu gewissen Stunden verteilt wurde", und „es wäre unmöglich gewesen, es bis auf die Ebene steigen zu lassen, auf der sich das Haus befand."[85]

Die räumliche Aufteilung des Hauses, die die Wohnungen strukturiert, die Freuden, das Intime, die Gefühle, die Aktivitäten und die Verhaltensweisen bis hin zu den Gewohnheiten selbst, dies alles ist zertrümmert. Im Paris des Jahres 1920 kann Rilke die Stücke des Hauses seiner Kindheit nicht wieder zusammenfügen: „So wie ich es in meiner kindlich gearbeiteten Erinnerung wiederfinde, ist es kein Gebäude; es ist ganz aufgeteilt in mir; da ein Raum, dort ein Raum und hier ein Stück Gang, das diese beiden Räume nicht verbindet, sondern für sich, als Fragment, aufbewahrt ist. In dieser Weise ist alles in mir verstreut, — die Zimmer, die Treppen, die mit so großer Umständlichkeit sich niederließen, und andere enge, rundgebaute Stiegen, in deren Dunkel man ging wie das Blut in den Adern; die Turmzimmer, die hoch aufgehängten Balkone, die unerwarteten Altane, auf die man von einer kleinen Tür hinausgedrängt wurde: — alles das ist noch in mir und wird nie aufhören, in mir zu sein. Es ist, als wäre das Bild dieses Hauses aus unendlicher Höhe in mich hineingestürzt und auf meinem Grunde zerschlagen."[86] Rilke erprobt die endgültige Trennung von seinem Selbst, vom Haus, von der Stadt, von den Worten, von ihrem „Getrenntsein": „Ich würde so gerne unter den Bedeutungen bleiben, die mir lieb geworden sind (...). Noch eine Weile kann ich das alles aufschreiben und sagen. Aber es wird ein Tag kommen, da meine Hand weit von mir sein wird, und wenn ich sie schreiben heißen werde, wird sie Worte schreiben, die ich nicht meine. Die Zeit der anderen Auslegung wird anbrechen, und es wird kein Wort auf dem anderen bleiben, und jeder Sinn wird wie Wolken sich auflösen und wie Wasser niedergehen."[87] Der zertrümmerte innere Raum und zerstückelte Worte sind in der Erfahrung des jungen Malte gleichbedeutend. Ist der Verfall der Bedeutungen dann vollendet, fügt er hinzu: „Aber diesmal werde ich geschrieben werden." Diese Aussage ist im Sinne Nietzsches zu verstehen: Ich werde gedeutet und folglich von einer „anderen Auslegung" überwältigt werden.

* * *

Im „reformierten" Haus, dem zukünftigen H.B.M., wird es die abstrakte *ratio* sein, die die absolute Herrschaft ausübt ohne Rücksicht auf den schlechten Geschmack des Bewohners, oder sogar direkt gegen ihn. Schon Benjamin suchte nach der Tatwaffe in der Bürgerwohnung des Fin de siècle. Siegfried Kracauer stellt in seiner Dissertation über den Detektiv-Roman fest, daß die „gelbe Reihe" einen literarischen Raum eröffnet, der „von der ratio grenzenlos geweitet"[88] ist. „Die Gehalte jener Zone, die den in der Mitte gelegenen Lebensraum des existentiellen Menschen umlagert, dringen" — im Roman in Szene gesetzt — ein „durch die geöffneten Poren in den Ödbezirk, der den Figuren zum Aufenthalt wird", während der Zeit des Aktionsablaufs und der „Lösung" des Falles: „und das ‚Über', das ‚Außen', das ‚Innen' verkehrt sich unterschiedslos zum ‚Zwischen'"[89].

Die Sterilität und Kälte der Räume im Kriminalroman sind, wie in einem „Billigkaufhaus", wo „das Innen im Außen verschwindet"[90], aus der absoluten Bejahung der Legalität und Permanenz der Norm gebildet. In diesem Falle entsprechen sich literarische Gattung und Eigenschaften des umbauten Raumes vollkommen: Bei beiden wird es eben der *Kitsch* der Produktion sein, der kritisiert wird. Beim Roman ist das gute Ende immer mit dieser Sentimentalität gefärbt, die einer der ästhetischen Bestandteile des schlechten Geschmacks ist[91]; innerhalb der Arbeiterwohnung unterdrückt die *ratio* — wie in den Szenerien des Detektiv-Romans, die in den großen Hotels angesiedelt sind — jegliche temporale, sich der Spazialisierung entziehende Erfahrung; daher der stilistische Eklektizismus, der Hang zum Exotischen des Objekts auf dem Kamin, das Geheimnisvolle und der Stempel absoluter Fremdheit, die in die extreme Banalität des Alltäglichen eingetaucht wird.[92]

Gegen Ende des 19. Jahrhunderts erlebt man in Frankreich eine doppelte Bewegung im Bereich der Architektur–Ästhetik: Während die ‚proletarische Elite' versucht, den Geschmackskanon des bürgerlichen Hauses durch vorschriftsmäßige Anpassung zu übernehmen, wird eben dieser, von den akademischen Autoritäten als *Kitsch* oder als vulgär bezeichnete Geschmack, ersetzt durch ein die (frühere) Täuschung *ergänzendes* Thema, durch die neue *Bigotterie* des Design (der Begriff ist von Ernst Bloch[93]), die auf ihrem Wege über die „populäre Kunst", die neue Kunst und die „Kunst für das Volk mangels einer vom Volk gemachten Kunst" (Jean Lahor) zu der puritanischen Ästhetik des Objektes in den zwanziger Jahren unseres Jahrhunderts gelangen wird. Die „Bigotterie" der Neuen Sachlichkeit wird bald von einem „technoiden Firlefanz" (der Ausdruck stammt wiederum von Ernst Bloch, aus *Erbschaft dieser Zeit*) überlagert, der seine erste theoretische Erwähnung in der Kritik der „sozialen" Architekten am „falschen Luxus" der Wohnungen für Arbeiter und Angestellte zwischen 1880 und 1914 findet. In seiner Arbeit über die H.B.M. rät Charles Lucas zu einer Anordnung, die „kostbar im Sinne der Hygiene" sein sollte: „Die Verbindung der vertikalen Zimmerwände mit den Decken" muß, „entsprechend den Vorschriften der Hygieniker für Schulbauten oder Krankenhäuser, gerundet sein, in einigen dieser Gebäude durch eine einfache Viertelrundung, die das Waschen leicht macht und wo keinerlei Schmutz zurückbleiben kann; sie sollte keinesfalls mit kostspieligen Ziergesimsen überlastet sein, wie es in gewissen Gebäuden der Fall ist, die wahre Staubnester sind."[94]

Die Grenzen zwischen Hygiene und Ästhetik sollten bald darauf in Stücke gehen, und aus dieser Fusion sollte eine neue Kunst geboren werden, eine „Kunst für die Demokratie", eine neue Wohnkultur: „Die Kunst ist aber", schreibt der Arzt Henri Cazalis, der sich als Poet Jean Lahor[95] nennt, „wie das Licht, die Luft und das tägliche Brot, für das Volk genau so unentbehrlich wie für uns; und in unserem eigenen Interesse, im Interesse dessen, was ich ästhetische Hygiene nennen könnte, dürfen wir das Volk nicht in seinen abscheulichen Häßlichkeiten lassen, an denen es Gefallen zu finden scheint, anstatt gegen sie zu revoltieren; diese um sich herum Gestank und eine ungesunde Atmosphäre verbreitenden Abscheulichkeiten sind so etwas wie ein Infektionsherd für Geschmack und Kunst." Hygiene, Eugenik, Ästhetik der Leere, fortschrittliches technisches Können: Die Bestandteile der gut gezeichneten Wohnung machen aus der Wohnung eine Wohnmaschine.

Die Technik muß die Kontrolle über den Wohnraum übernehmen, und die Metapher vom Haus als Wohnmaschine wird zum Gemeinplatz. Noch im Jahre 1937 schlägt ein so berühmter Autor wie Paul Claudel weiterhin das positivistische Konzept für das Haus vor, wenn auch in poetischen Worten: „Nichts ähnelt so sehr einem Rohbau mit seinen Werkstätten, seinen Nerven, seinen Leitungen, seinen Lagern, seinen Zirkulationswegen, wie ein Haus mit seinen Zimmern, seinen Korridoren und seinen Treppen, seinen Kommunikationsmöglichkeiten mit Vorratskammern und Keller; und es gab eine Zeit, da war über all dem der Taubenschlag, um in Windeseile zu entfliehen, vom rauchenden Schornstein gar nicht zu reden."[96]

Jeder Bestandteil des Hauses wird wie eine gute Maschine entworfen und gehorcht konsequenterweise vor allem der Notwendigkeit des eigenen Funktionierens, auch bei der Fassade: Das Äußere des Hauses unterwirft sich – gemäß der Ideologie des „Neuen Bauens" – wie in den Bildern von Klee der Notwendigkeit des Ausdrucks der Grundzüge, ganz besonders seinem „Inneren". Walter Benjamin fügte hinzu: „Dem Innern mehr als der Innerlichkeit: das macht sie barbarisch."[97] So wird der Mechanismus des *Inneren* der Qualität der *Innerlichkeit* gegenübergestellt: der gleiche Gegensatz, den neuere Untersuchungen zwischen dem *Intimen* und der *Intimität* ausmachen. Traditionell ist das Intime, mindestens bis zum Ende des 17. Jahrhunderts, der Ort des Gespräches des Gläubigen mit Gott; es ist der Raum des Rückzugs, des Gebets, des Denkens, der Buße und der körperlichen Zucht. Auf die Prüfung des Gewissens folgt die Prüfung des Körpers, der Empfindungen und der Gefühle: Zwischen 1750 und 1850 entwickelt sich die moderne Idee von der Intimität innerhalb des häuslichen Bereiches der Familie, und die Intimität erobert eine klare soziale Funktion[98]. Während aber die Bürgerwohnung das Märchen von der Familiengeschichte mit Hilfe der Annäherung an das „System der Objekte" erzählt, von denen keines ohne Drama zerbrochen werden kann, macht die Tilgung jeder *Spur* der Existenz einiges durch; die „billige" Wohnung muß sich von Überflüssigem befreien, als wollte sie wieder die Kutte der Armut anlegen. Benjamin sagte vom Bauhaus: „sie haben Räume geschaffen, in denen es schwer ist, Spuren zu hinterlassen"[99]. Diese Nacktheit, die die in den Objekten verdichtete Erfahrung abschafft, zeugt für die „Erfahrungsarmut" des Bewohners und läßt die „Armut, die äußere und schließlich auch die innere"[100], zum Vorschein kommen.

Lassen wir nun den Architekten Henry Provensal sprechen, einen Experten auf diesem Gebiet, der beim Rothschild-Wettbewerb des Jahres 1905 den zweiten Preis gewinnt und 1908 ein Buch über die H.B.M. veröffentlicht: „Überall dasselbe verwirrende Chaos greller, unpassender Objekte; ein Tinnef von Möbeln, groteske Kopien sich widersprechender Stile." Die Kunst hingegen „muß ihre Übereinstimmung mit den unvermeidlichen Notwendigkeiten anbieten, um einen Komfort zu erreichen, ein vollkommenes Wohlbefinden". Die „Behandlung des Äußeren muß die verwurzelten Bedürfnisse darstellen . . ."[101]. Das Äußere „verlangt (vom Künstler) einen sicheren Geschmack, Fingerspitzengefühl, denn hier verschwindet das Detail, einzig die Masse zählt. Nur das Volumen macht eine vielfältige und variable Verbindung möglich, von der die Architekten den charakteristischen Ausdruck erwarten. In der weisen Anordnung der Kuben und in ihrer Durchdringung mit anderen Räumen wird er versuchen müssen, die leuchtenden Massen in Bewegung zu versetzen. Die großen Flächen von Schatten und Licht, die Ausbuchtungen und Vertiefungen sind die Elemente, die ihm zur Verfügung stehen, um den vertikalen Flächen ihren definitiven Aspekt zu geben."[102] Eine Ästhetik der Raumverteilung, die unverzüglich die Formeln des „gekonnten

Spiels" in der Architektur von Le Corbusier ankündigt. Provensal schlägt schließlich die Installierung eines Systems „der exakten Respiration" der Umgebung vor: Saubere und erwärmte Luft wird unter Druck durch Röhren, die unter dem Dach einmünden und an den Sockeln Luftlöcher haben, in das Zimmer geführt. „Kurz, man könnte die so ausgerüstete Wohnung mit dem menschlichen Brustkasten vergleichen und das System der Be- und Entlüftung mit dem Funktionieren der Lungen (. . .)."[103]

So ist die ‚Moderne' entstanden: in der Tradition des Neuen, als ‚Wohnkultur', verwandelt durch die Vertrautheit mit der Transparenz und der Heimatlosigkeit. Im Heim des 20. Jahrhunderts bleibt kein Raum mehr für Innerlichkeit und Intimes. Ein katholischer Autor wie Claudel liefert uns die Beschreibung einer neuen „intimen Szene": „Das Zimmer selbst, unser momentanes Behältnis mit all seinen Möbeln, dem Stuhl, dem Sessel, dem Bett, dem Tisch, dem Spiegel, dem Bücherschrank, dem Betstuhl, es ist da, um dem menschlichen Insekt all die mannigfaltigen Tätigkeiten zu ermöglichen, all die Übergänge von der Abwesenheit bis zur Aufmerksamkeit, von der Untätigkeit zur Geschäftigkeit und von der Nacktheit bis zum Sich-Bekleiden und zur Ausstattung. Es ist ein intimes Gefäß für Veränderungen und Haltungen."[104] Dieses Wiedererlangen der religiösen Intimität durch intellektuelle und körperliche Handlungen gibt dem Zimmer eine neue Weihe – „ein Zimmer für sich allein"[105] – als Observations- und Introspektions-Instrument, als Kaleidoskop der Verhaltensweisen und der persönlichen Empfindungen.[106] Aber es ist nicht jedem gegeben, ruhig darin zu leben. Das Draußen bestürmt das Zimmer, dessen Raum nicht nur ein „‚fürchterliche[s] Drinnen – und – Draußen'"[107] sein kann. Die Bergsonschen Vorstellungen vom Zimmer – Zuflucht vor der Welt – müssen angesiedelt werden im „Aneinanderstoßen von Klaustrophobie und Agoraphobie", die sich in uns entwickeln[108], nach einer Dialektik, die sich schon bei Rilke findet: „Und in dir ist beinah kein Raum; und fast stillt es dich, daß in dieser Engheit in dir unmöglich sehr Großes sich aufhalten kann."[109] So ist bei Rilke, wie in der Formulierung „Utopie des Aufenthalts" von Emmanuel Lévinas, das erwählte Haus ganz das Gegenteil einer Wurzel: Es ist, umgekehrt, ein Sich-Befreien, ein Sich-Verirren.[110]

Lévinas, am Vertrauen zweifelnd, das die Staaten in die ‚Raumordnung' als Einflußnahme auf das Individuum setzen, schreibt: „Die ursprüngliche Funktion des Hauses besteht nicht darin, dem Seienden durch die Architektur des Gebäudes eine Orientierung zu geben und einen Ort zu entdecken – sondern darin, das Volle des Elementes aufzubrechen, in ihm die Utopie zu öffnen, in der das ‚Ich' sich sammelt, indem es bei sich bleibt."[111] Sein hieße folglich, eine Bleibe zu bewohnen.[112] Das „Weibliche" ist nur einer der „Kardinalpunkte des Horizontes, innerhalb dessen das innere Leben sich entfaltet"; immerhin gibt es dennoch eine „Dimension des Weiblichen", die im ganzen Haus offen bleibt, und die sich auf das Empfangen bezieht, auf diese Domäne der Frau, und auf die Intimität," die Bedingung für die Sammlung, für die Innerlichkeit des Hauses und für das Wohnen"[113]. Es ist die Sammlung, die es möglich macht, sich zu entwurzeln: „Die Tatsache, daß ich einen Teil der Welt abgegrenzt und abgeschlossen habe, daß ich zu den Elementen, die ich genieße, durch die Tür und durch das Fenster gelange, verwirklicht die Extraterritorialität und die Herrschaft des Denkens (. . .)."[114] Am Ende unseres Unterfangens, das einige Elemente zum Verständnis der „Disposition des Hauses", die Baudelaire als die „Krankheit Horror vor dem Domizil" definiert hat, beitragen wollte, haben wir uns davon überzeugt, daß keinerlei ‚positiver Sinn' einfach aus dieser Genealogie des Hauses für Jedermann gezogen werden kann. Es ist wohl wahr, daß einerseits die ‚sozialdemokratische' Konzeption des Städtebaus – deren erste Spuren wir in Frankreich gegen Ende des 19. Jahrhunderts aufzuspüren versuchten – zur ‚Lösung' der Engelsschen Wohnungsfrage geführt hat (allerdings nur in den reichsten Ländern); wie sollte man aber andererseits den ebenso eisernen Herrschaftsstatus der Beispiele übersehen können, die eben diese ‚Lösung' den Seelen und Körpern aufgezwungen hat? Nur wer an einem ‚sozialdemokratischen' und dogmatischen Konzept des Fortschritts festhält, nur wer sich im „Freudenhaus des Historizismus" zu Hause fühlt, kann seine Augen vor der Barbarei der Organisation des heutigen täglichen Lebens verschließen.

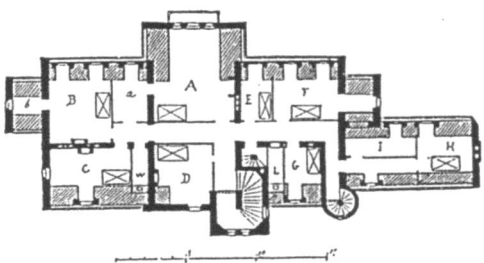

Grundriß der ersten Etage des von Eugène Viollet-le-Duc in seiner „Histoire d'une Maison", Paris 1873, vorgelegten Hauses

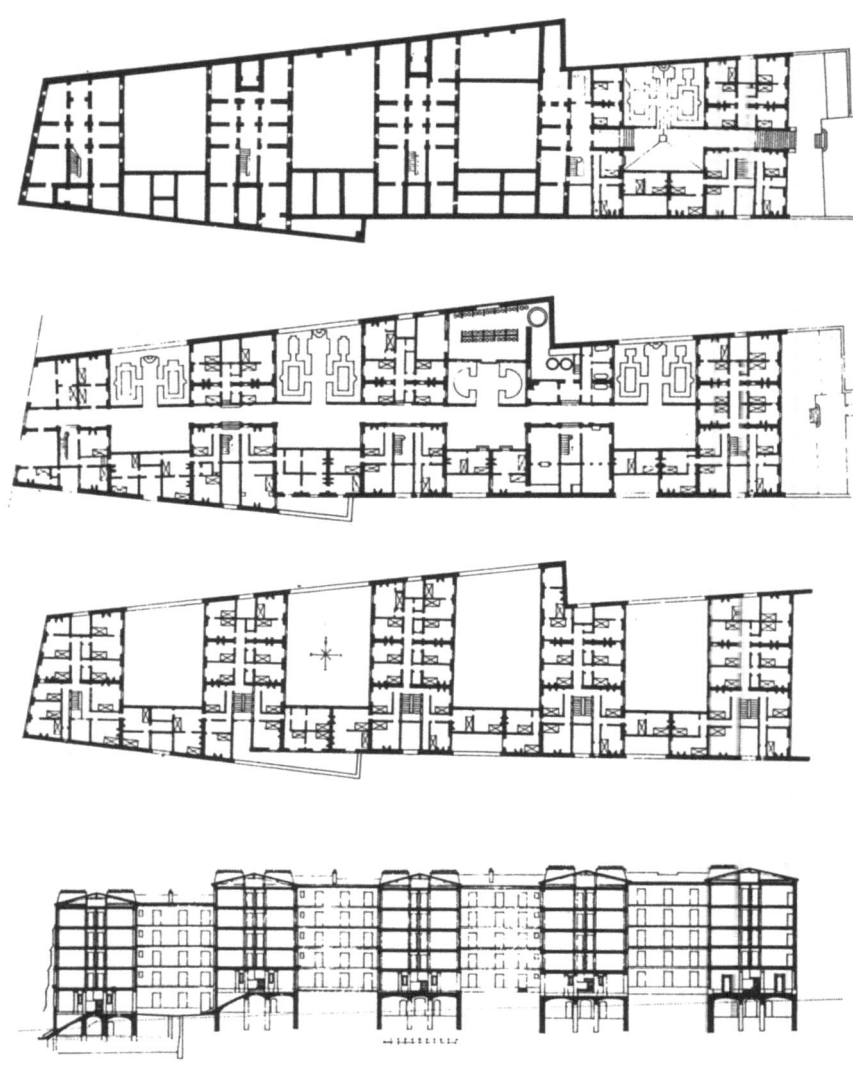

Projekt einer Arbeiterstadt für Belleville, einer kleinen Gemeinde der näheren Vorstadt von Paris auf dem Grundbesitz von M. Cousin de Granville (1855), Architekt: A. Normand. Kellergeschoß, Erdgeschoß, Etagengrundrisse, Schnitt nach den in den Archives Nationales, Paris, befindlichen Originalen neu gezeichnet

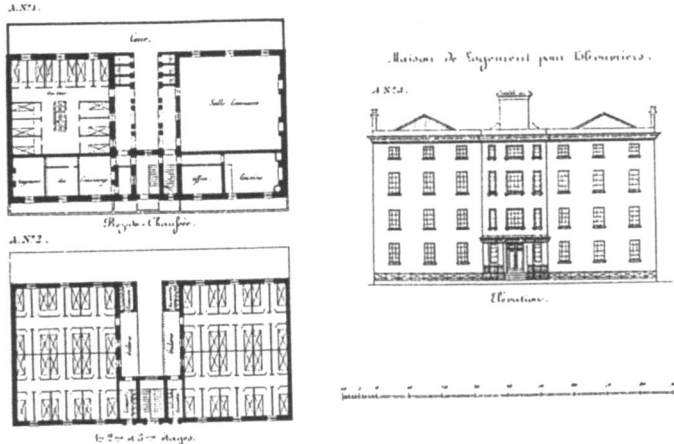

Projekt eines Wohnhauses für 156 Arbeiter. Es handelt sich um das „Model Lodging House for Men" das 1847 in der St. George Street, London, für die „Society for Improving the Condition of the Labouring Classes" errichtet worden ist. Architekt: Henry Roberts. Aus: E. Ducpétiaux, Projet d'association financière pour l'amélioration des habitations . . ., Brüssel 1846

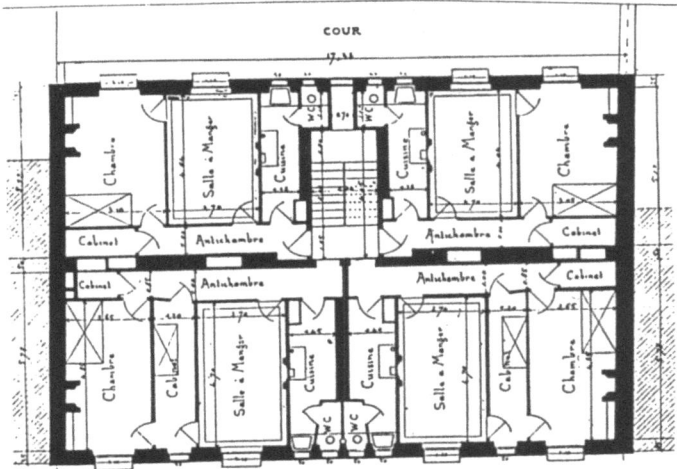

Wohnhaus in Paris (XVIII), Rue Jean-Robert, 1884 für die „Société civile coopérative de consommation du XVIIIe arrondissement de Paris" errichtet, Architekt: Alcide Vaillant. Etagengrundriß

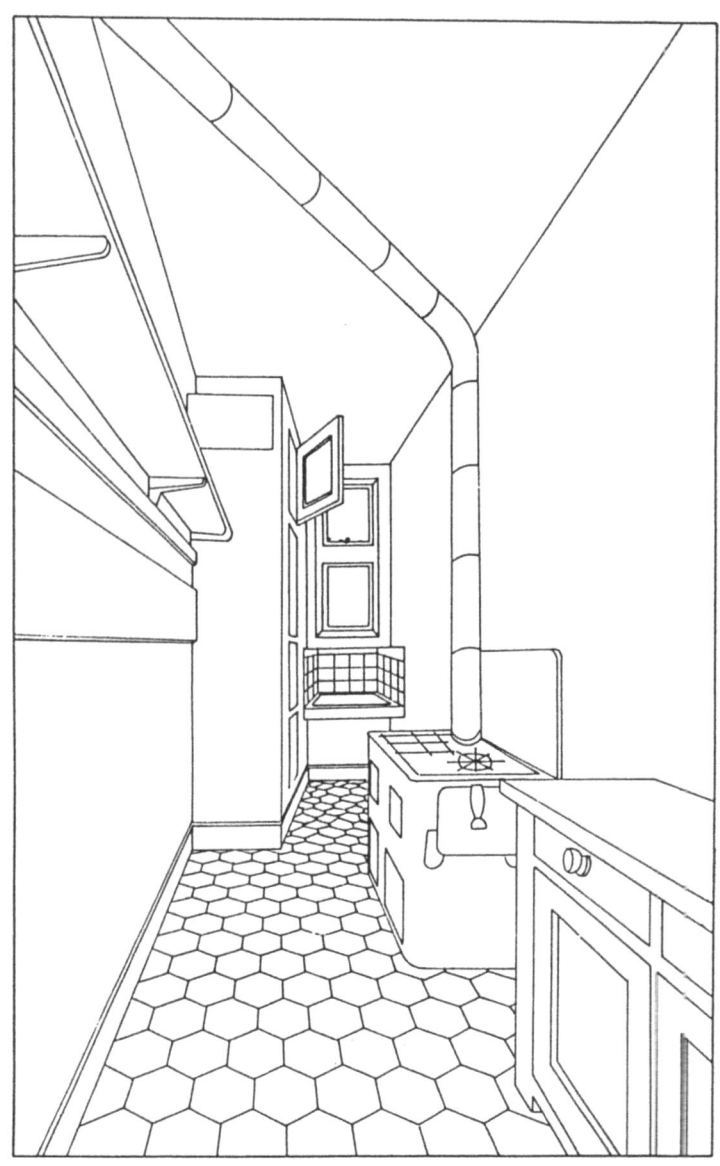

Alcide Vaillant, Wohnhaus in Paris, 1884, Rue Jean-Robert, Küche, Eßzimmer

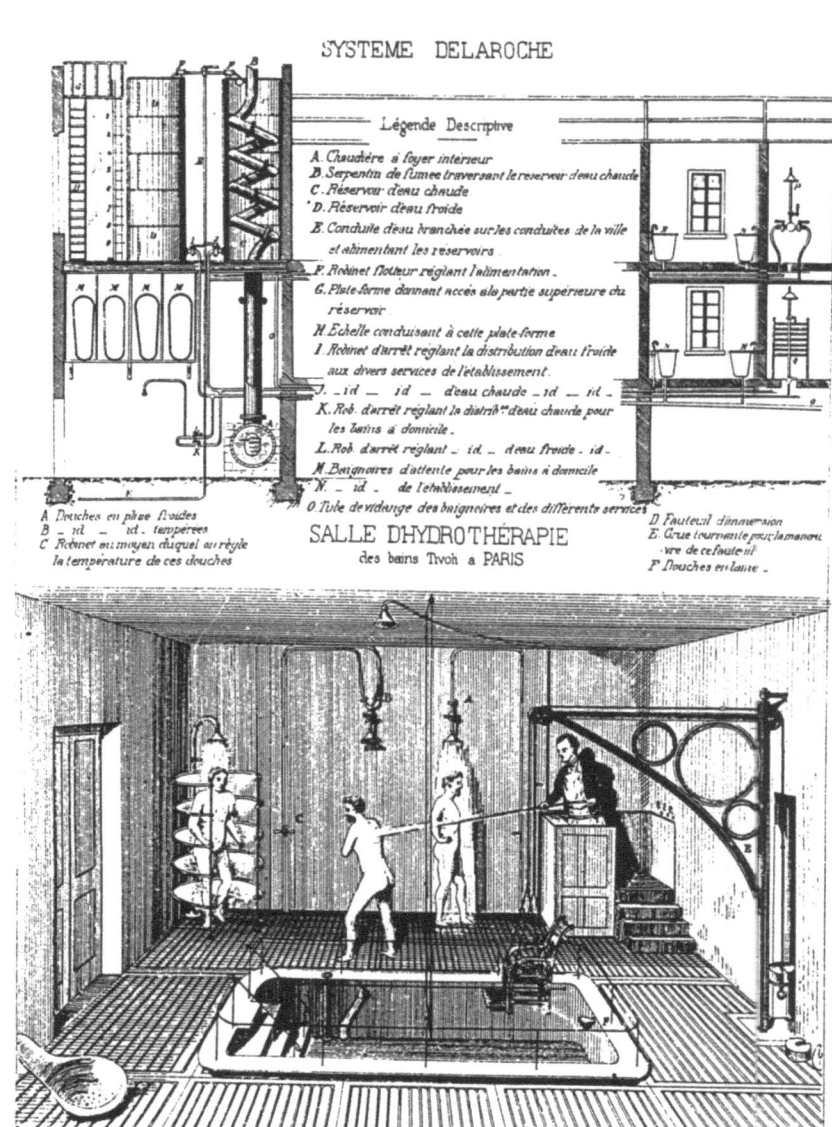

Öffentliche Bäder (System Delaroche), Hydrotherapieraum der Tivolibäder von Paris, aus: E. Cacheux, L'Economiste pratique, Paris 1885

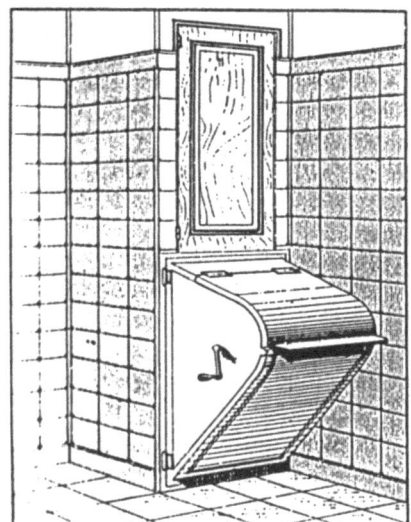

Müllschlucker für ein Wohnhaus, das die Architekten Bertin, Provensal, Rey, Ventre, Besnard u.a. im Jahre 1909 für die Fondation Rothschild in der Rue Prague (Paris XII) entworfen haben, aus: Ch. Lucas, W. Darvillé, Les habitations à bon marché, Paris, 2. Auflage, o.J. (um 1912)

5 Wohnen lernen?

Die Geschichte des menschlichen Unbewußten kann nicht geschrieben werden, ohne die Geschichte des Hauses zu schreiben.
Gaston Bachelard (1948)

Domestic revolution in Großbritannien, „architecture domestique monumentale" wird in Frankreich von César Daly zum Programm erhoben, und in Deutschland entwickelt sich eine ambivalente Beziehung zwischen *Heimat* und *Heimstätte* unter dem Zeichen einer idealen Zuflucht, dem *Heim*. Seit der ersten Hälfte des 19. Jahrhunderts hat sich, wie wir gesehen haben, die Grenze der europäischen Architektur verschoben; es wurde ein neuer Bereich erschlossen, der des Hauses, der Unterkunft, der menschlichen Behausung. Diese Verschiebung bewirkte, daß sich die Hausarchitektur nicht mehr ausschließlich als ‚Kunst' versteht, sich vielmehr von der blühenden Wiese der ‚Schönen Künste' entfernt.[1] Sie verzichtet vorläufig auf das Paradies der ewigen Werte, sollte sie dort auch später wieder Schutz suchen, um in ein Meer von Fakten einzutauchen. Von nun an heißt das Leitmotiv „Wohnen lernen!"[2] Rilke indessen entdeckt bloß „Hauswinde", „schwache, zahm gewordene" Winde wehen durch die Gebäude der Stadt, die „Existenz des Entsetzlichen" wirkt „in jedem Bestandteil der Luft", die man dort atmet, „schlägt (. . .) sich nieder, wird hart, nimmt spitze, geometrische Formen an . . ."[3].

Das während des 19. Jahrhunderts erträumte und gezeichnete Haus ist nicht mehr die Hütte des Armen, nicht mehr der Unterschlupf des primitiven Menschen vor Regen und Sonne. Es wird Teil einer neuen Symbolik der Sicherheit, wie sie beispielsweise von Auguste Comte vorgebracht wurde. Man erinnere sich, daß Comte die Metaphysik als „eine sonderbare Art des Philosphierens" ansah: sie läßt ohne Obdach (*ohne Heim*) und erzeugt ein Gefühl von beunruhigender Fremdheit, von *Unheimlichkeit*.

Genau diesem beunruhigend Fremden, dem *Unheimlichen*, hat Freud eine schöne Studie gewidmet, in der er erklärt, warum der deutsche Sprachgebrauch es dem *Heimlichen* gestattet, sich in sein Gegenteil, in das *Unheimliche*, zu verkehren: „. . . dies Unheimliche ist wirklich nichts Neues oder Fremdes, sondern etwas dem Seelenleben von alters her Vertrautes, das ihm nur durch den Prozeß der Verdrängung entfremdet worden ist."[4] Denn gerade im Zentrum dessen, was sich als die Stätte des Heimlichen und Gemütlichen schlechthin hätte erweisen sollen, am Schauplatz des höchsten Wohlbehagens von Herz und Seele, auf der Bühne der englischen *cosyness*, tritt diese neue Verwirrung des Menschen zutage, angesichts der beunruhigenden Verwandlung der vertrautesten Gegenstände: Sie sind grausame und tückische Gegenstände geworden, Massenartikel und Waren; sie haben den Charakter handwerklicher Erzeugnisse verloren, sie lehnen sich auf und erzeugen dieses phantasmagorische schlechte Gewissen, das das perverse Genie eines Grandville in den *Petites misères de la vie humaine* 1843 eindringlich schildert. Dieses durch das *Heimliche* bewirkte Unbehagen, diese vertraute Fremdheit unserer Umgebung, sollte durch den Surrealismus erneut heraufbeschworen werden: „Un nouveau monde est né, que Grandville soit loué" steht auf einer Litographie von Max Ernst zu lesen. Die Verwandlung des Spielzeuges in ein Objekt, der Puppe (italienisch *bambola*) in ein „bimbelot" (Spielzeug) und dann in „bibelots" (Nippsachen)[5], dieses Spielzeug für Erwachsene, bezeichnet die Schaffung eines neuen Raumes, der, zwischen dem Menschen und dem Ding gelegen, zum wahren Erlebnisraum wird für unsere Erfahrung des In-der-Welt-Seins, des Zuhause-Seins, durch und mit Hilfe der *Tür*, beschrieben von G. Simmel in *Brücke und Tür*.[6]

Dieser potentielle Bereich, dieser Illusions-Raum, ist auch ein Ort von Konflikten. Hugo von Hofmannsthal beschreibt die dem modernen Menschen hinterlassene Erbschaft — schöne alte Möbel und hypersensible Nerven — wie folgt: „Die Poesie dieser Möbel erscheint uns als das Vergangene, das Spiel dieser Nerven als das Gegenwärtige."[7]

* * *

Als Technik und Politik angesehen, wird die Architektur der Wohnung zum wesentlichen Teil eines neuen, sonderbaren Wissensgebietes: dem *Sozialen*. Dieses neue Feld in der Landschaft des Wissens, geschaffen im Verlauf des 18. und 19. Jahrhunderts, ist zusammengesetzt aus verschiedenen Anleihen bei einem bunten Ensemble angewandter Wissenschaften, das von der Statistik bis zur Soziologie, von der Kriminologie bis zur Psychiatrie, vom Design bis zum Ingenieurswesen reicht, auf gar keinen Fall aber mit diesen verschmilzt; das Soziale bietet ihnen vielmehr neue Anwendungsmöglichkeiten. Wie Michel Foucault und Gilles Deleuze gezeigt haben, darf das Soziale auch nicht mit dem öffentlichen oder privaten Sektor verwechselt werden, „weil es im Gegenteil eine neue Mischung von Öffentlichem und Privatem einführt und selber eine Aufteilung, eine eigentümliche Verbindung von Eingriffen und Rückzügen des Staates, seiner Belastungen und Entlastungen produziert"[8]. Es handelt sich nicht darum, zu wissen, welche Ideologie es ausdrückt, sondern darum, wie die neue Landschaft sich geformt hat und wie der Mechanismus funktioniert: Das bedeutet letztlich, die Umrisse einer neuen Karthographie zu entwerfen, jene der „modernen Hybride"[9]. Diese neuen Karten sollen die unbekannten Grenzen zwischen dem Sozialen und dem Habitat bezeichnen, die nicht nur die Beziehungen zwischen Öffentlichem und Privatem völlig verwandeln, sondern auch jene, die jeweils vorherrschen: das Amtliche und das Hergebrachte, Reichtum und Armut, Städtisches und Ländliches, das Therapeutische und das Pathologische, das Weltliche und das Religiöse usw. Es geht nicht darum, immer wieder und endlos über die ‚Krise des Wohnungsbaus' zu debattieren; es geht darum, zu beweisen, daß der Aufstieg des Sozialen und die Krise der Wohnung (der Familie usw.) „die zweifache politische Wirkung derselben Ursachen" sind.[10] Das haben einige Autoren für so unterschiedliche Gebiete versucht wie beispielsweise: die psychiatrische Ordnung (R. Castel), die Ordnung der Familie (J. Donzelot), die Sozialwohnungen und das Einfamilienhaus (R.-H. Guerrand, H. Raymond u.a.), die städtische Politik des Gesundheitswesens und der Eugenik (L. Murard und P. Zylberman), den staatlichen Städtebau (A. Cottereau), die Sozialökonomik (K. Polanyi, M. Perrot), die Gefängnispolitik (M. Foucault), die Krankenhaustechnologie (B. Fortier) und — vor allen anderen — G. Ganguilhem, der nach 1943 die neue Karte des Normalen und des Pathologischen zeichnete.

Daß *Art Nouveau, Modern Style* und *Jugendstil* die Frau in den Mittelpunkt der Innendekoration gerückt, die Wände mit ihren wellenförmigen Linien tapeziert und die Lineamente ihrer Haare auf allen Möbeln abgebildet haben, überrascht nicht. Die Ursachen dafür sind vor allem anderen darin zu suchen, daß die Frau — man erinnere sich — seit dem 19. Jahrhundert die Schlüsselfigur für die Rehabilitierung des Wohnraumes und des häuslichen Lebens ist, zumindest im Kopf der Künstler und der ‚Reformatoren'.

Als Quelle des Lebens stellt die Frau das neue Licht in Gegensatz zur Nacht: etwa die „Schreibtischlampe in Form einer weiblichen Figur" von Peter Behrens oder die zahlreichen Wandleuchter und Lampen in Frauengestalt, das „Lüsterweibchen", ein vom Wiener Kunstgewerbe um 1898 produzierter Leuchter, der, Hirschgeweih und Frauenfigur in einem, aus Holz geschnitzt ist und Kerzen trägt. Dennoch weist diese Bewegung zwanghafter allumfassender Feminisierung, die zur Zeit der Jahrhundertwende alle Bereiche der Kunst erfaßt, verschiedene Facetten auf: *Eros und Modern Style* einerseits, andererseits „Strom des Lebens" und „Kraft der Erde" in den Texten von F. Wedekind oder Emile Zola. So schwelgt Zola in seinem Roman *Fruchtbarkeit* (1899) in der Lebensmetapher: „an dem unermeßlichen Kräftesee, der den Boden mit der ewigen Flut durchtränkt, aus der alle Wesen Lebensnahrung schöpfen."[11] Die Figuren des Zyklus, des Reigens, der „universellen Zuckung" (Zola) verschmelzen zu dem Motiv einer *immerwährenden Empfängnis* der Welt, in der das Böse dem Guten und die Fäulnis der ewigen Auferstehung des Lebens dient (Octave Mirbeau), um in einen gigantischen *Zeugungsakt* zu münden, einen ewigen *Kreislauf* der Lebenssubstanz, wie ihn Otto Julius Bierbaum in seinem dem Architekten Behrens gewidmeten und von Heinrich Vogeler, dem künftigen Theoretiker der autarken Siedlung, illustrierten *Faunsflötenlied* besingt:

„Sing, Flöte, dein Gebet der Lust!
Das ist des Lebens heiliger Sinn."[12]

Um bei der Wahrheit zu bleiben: Das wirkliche Schicksal der Frau im Innern des modernen Hauses, das Schicksal der ‚Hausfrau', weicht auf einzigartige Weise von diesen blütenhaft-erotischen Visionen ab, um sich dem idealisierten Muster des unmöglichen Paares anzugleichen, das in einem fühlungslosen Nebeneinander und einem Schweigen zu zweit lebt. Die *Transparenz* des modernen Hauses, auf die sich die Architekten bald darauf lauthalt berufen werden, sollte diese „Modern Style"- oder einfach moderne Geometrie des Ehelebens an den Tag bringen, eines Lebens in unmittelbarer Reichweite ohne Vereinigung, in innerer Parallelität der Seelen und Bestrebungen, in einem Nebeneinander von Gesten und Blicken: „die Nähe". Diese Topographie der schweigend geteilten ehelichen Liebe muß sich zu ihrem Schutze mit einer natürlichen Hecke umgeben, einer Membran; die metallische Membran führt zurück zum pflanzlichen Astwerk, und die Glasflächen vermählen sich dem Gerüst und stellen die organische, allumfassende Formbarkeit des Lebenden wieder her in einem „Gebilde", das das stetige Fortschreiten des „Wachstums" nicht Lügen straft. Das Haus wird zur gläsernen Haut des Paares in Licht und Luft.[13]

Luft und Licht: Das ist das neue Kennwort, die Parole Paul Scheerbarths, dessen Aufsatz *Licht und Luft* 1898 in der Zeitschrift *Ver sacrum* erscheint.[14] Die Architektur wird gläsern, das Glas wird zum Zukunftsmaterial, das, wie jeder weiß, ebenfalls „transparent" ist. Das Glas, sagt Jean Baudrillard[15], ist „ein Isolator, ein Wunder von starrer Flüssigkeit, ein umschließender und fließender Inhalt zugleich, in jeder Richtung durchsichtig". „Schließlich ist das Glas", fährt er fort, „Symbol sowohl eines abgeleiteten Zustandes als auch des ‚Nullpunktes‘ der Materie: Symbol des Erstarrens* und somit der Abstraktion. Diese Abstraktion ist ein Tor zu vielen Welten: zur Welt des Inneren — Sphäre des Irrsinns; zur Welt der Zukunft — Kristallkugel der Weissagung...." Das Glas ist ein Muster-Werkstoff, farblos, geruchlos, unverweslich; darüber hinaus ist Glas moralisch und hygienisch. Die Welt im Reagenzglas ...

Selbst Walter Benjamin hat der expressionistischen Begeisterung für die *Glasarchitektur* nicht widerstehen können: ein kaltes und nüchternes Material. „Das Glas ist überhaupt der Feind des Geheimnisses".[16] Er denkt, die Zukunft stehe unter dem „Zeichen der Transparenz", nicht nur einer räumlichen Transparenz, sondern auch einer Transparenz in den sozialen und menschlichen Beziehungen: „denn in der Signatur dieser Zeitenwende steht, daß dem Wohnen im alten Sinne, dem die Geborgenheit an erster Stelle stand, die Stunde geschlagen hat. Giedion, Mendelsohn, Corbusier machen den Aufenthaltsort von Menschen vor allem zum Durchgangsraum aller erdenklichen Kräfte und Wellen von Licht und Luft."[17]

Diese von allerlei Fluidum durchfluteten, von Winden und Lichtströmen durchzogenen, fluktuierenden Durchgangsräume, in denen niemand mehr wohnt, bilden die ideale Unterkunft für den modernen Arbeiter und Nomaden. Die „Übergangswohnungen" werden sogar von ihren Möbeln geräumt. Zumindest beschränkt sich die Einrichtung auf Ablage-Elemente und Sitzgelegenheiten. Dieses Binom (Elemente/Sitze) entspricht einem Organisations- und Beziehungs-Zusammenhang. Die Synthese zwischen dem „Ordnungsmenschen" und dem „Beziehungs- und Stimmungs-Menschen" ist der „funktionelle Mensch" (J. Baudrillard).

---

* Im von Garzuly übersetzten Text heißt es an dieser Stelle: „Symbol der Schmelze und somit auch Abstraktion" (Symbolique de la congélation, donc de l'abstraction) (A.d.Ü.)

* * *

Zu Beginn unseres Jahrunderts kündigten zahlreiche Schilder aus weißblauem Email an der Fassade der Pariser Luxuswohnungen an: „Gas auf allen Stockwerken". Aus einem dieser Schilder machte Marcel Duchamp 1958 ein Ready-made: „Wasser und Gas auf allen Stockwerken". Es ging Duchamp nicht allein darum, mit einem Wortspiel die beiden entgegengesetzten Prinzipien des Scheins (l'eau coule, couleur = fließendes Wasser, Farbe) und der Erscheinung (gaz d'éclairage, lumière = Gasbeleuchtung, Licht) in der Malerei ins Bewußtsein zu rufen. Vielmehr sind Gas und Dämpfe der Stoff, aus dem eines der verbreitetsten Trugbilder des Fin de siècle gemacht ist.

Mehrere Autoren haben deutlich gemacht, daß das gesamte 19. Jahrhundert die große Angst vor giftigen Ausdünstungen, die sich während des 18. Jahrhunderts herausgebildet hatte, geerbt hat, das Grausen vor ungesunden Dämpfen, Fieber und Seuchen erregenden Substanzen, die das ganze Universum und den Menschen gründlich durcheinanderbringen können. Man hatte die Vorstellung, daß die todbringenden Dämpfe ins Innere der Substanzen eindringen und dort ihre verderblichen Keime zurücklassen, das Prinzip der Zersetzung selbst. Der Haß auf ausströmendes Gas, auf unreine Dämpfe, ermöglicht es der Staatsmacht, eine neue Angst zu erfinden, die Angst, die um die Dynamik von Infektion und Ansteckung kreist. Als J.-K. Huysmans 1880 in seinen *Croquis parisiens* das ihn abstoßende Spektakel der „Brasserie européenne à Grenelle" malt, liegt eben diese Angst seinen Bildern zugrunde: Das Lokal war „mit einst grünem, nun von den *Gas*flammen und dem Schwitz*wasser* verdorbenem Stoff verkleidet". Weiter beschreibt er eine riesige Glaswand, die den Tanzsaal von der Bierhalle trennt und jener eines „kleinen Bahnhofs" ähnelt, eine Scheidewand, „die unter dem *Gas* in einer *Dampf*schwade flimmerte"[18].

Das Fin de siècle produziert ein weiteres, heimtückisches Phantasma, die Furcht vor dem Staub. Im „Glashaus", im „Puppenhaus" und ganz besonders in der *Nursery* wird die Jagd auf den Staub eröffnet. Nach 1900 mobilisiert der durch die „Staubnester" in den Wohnungen des gehobenen Bürgertums ebenso wie in jenen des Volkes hervorgerufene Schrecken Eigentümer, Vermieter, Philanthropen, Architekten und Ärzte[19]: Saubermachen bedeutet von nun an, die mikroskopischen Verursacher der Fäulnis zu beseitigen. Die Bakteriologie wird zur Religion. „Es war die Zeit, da man die Wohltaten der Hygiene entdeckte, der sauberen Hände und der weißen Laken, der frischen, sauberen Luft, der Berge", berichtet Michel Serres[20] und fügt hinzu: „Comte wollte die Zersetzung mit Hilfe des Steinernen, des Harten vertreiben. Auch Nietzsche *spielte* den Stein gegen Sand und Staub *aus.*" Hygieniker und Hauswirtschaftsexperten meinen, Hauptursache für die Vermehrung der Mikroben im Haus sei der Staub. Heute wissen wir, daß er in Wirklichkeit kaum gefährlich ist.[21] Immerhin kann man so dieser westlichen Leidenschaft für die entschiedene und klare, keine Rückstände hinterlassende Dichotomie ihren Lauf lassen. An die Stelle des Gegensatzes von Gut und Böse treten die Begriffspaare gesund und ungesund, sauber und verseucht, oben und unten, „edle" und „niedrige" Teile, Beständig-Festes und wirbelnder Staub.[22]

Auch einem Scheerbarth ist diese zwanghafte Angst vor der Fäulnis nicht fremd: „Der Backstein fault. Daher der Schwamm . . . In den Kellerräumen der Backsteinhäuser ist die Luft immer von diesen Backsteinbazillen erfüllt: die Glasarchitektur braucht keine Unterkellerung." („Die Entdeckung des Backsteinbazillus", in: *Glasarchitektur*, Nr. 89) Darauf könnte man mit Bachelard antworten, daß ein Haus ohne Keller eine Wohnung ohne Archetypen[23] und die gläserne Stadt, die auf dem Boden steht, wie ein Raumschiff, eine Stadt ohne Kloake ist. Verleugnung des Körpers . . . neuer Umgang mit der Kahtarsis . . . dialektisierte Metaphysik.

Am Waschbecken reicht der erholte Arbeiter — Schmuckstück der Fabrik — der Hausfrau — der Zier des Hauses — die Hand.[24] Vielleicht photographierte Man Ray die *Staubzüchtung*, die Marcel Duchamp 1920 auf dem *Großen Glas* in New York kultiviert hat, als Reaktion auf diesen Wirbel um die Reinlichkeit.

Was in der *Glasarchitektur* verlorengeht, ist das richtige Gefühl für den Besitz, das Eigentum an Dingen, die, wie Peter Altenberg betont, „Verlängerungen unserer selbst" sind. Das Zimmer, die es begrenzenden Wände, sind die äußerste Haut des menschlichen Körpers: Die Wand abschaffen hieße, den Blick ins Innere unseres Organismus eindringen lassen. Anstatt epitheliales Glas zu verwenden solle man damit anfangen, die Wände weiß zu tünchen, rät Altenberg, um dann in einer Ecke eine schöne Emailleschale aufzustellen. „Was auf meinem Tischchen steht, an meinen Wänden hängt, gehört zu mir, wie meine Haare und meine Haut."[25]

Die Vorstellung vom Haus als einer Erweiterung der Haut kann aber zu Symptomen der Regression, der Lähmung und der Auflösung ins

Nichts der Innerlichkeit führen, zum von Hofmannsthal angekündigten „Zurückkriechen in den Mutterleib"[26]. Wie Bachelard sagt, „kann die Geschichte des Unbewußten nicht geschrieben werden, ohne die Geschichte des Hauses zu schreiben"[27], und es ist kein Zufall, daß Bachelard ein ganzes Buch dem Gesetz des *Isomorphismus* der Bilder der Tiefe gewidmet hat: der Höhle, dem Haus, dem „Inneren" der Dinge, dem Mutterleib (in *La terre*, 1948), und daß noch vor kurzem der Psychoanalytiker Elvio Fachinelli eine schöne Studie über die „Klaustrophilie" schrieb, in der er darauf aufmerksam macht, daß Freud die Symbole der weiblichen Geschlechtsorgane (Schachteln, Kästen, Taschen, Koffer, usw.) von den Symbolen des mütterlichen Schoßes (Schränke, Öfen und insbesondere Zimmer) unterschieden hat.[28]

Freilich läßt sich das „Innere", das Intérieur, nur mittels einer *Trennung* herstellen. „Das Haus gibt dem Menschen, der *hinter* seinem Fenster träumt (...), das Gefühl für ein *Außen*, das sich vom Inneren um so mehr unterscheidet, je größer die Intimität seines Zimmers ist."[29] Die Etymologie des englischen Wortes *window* (Fenster) läßt einen Zusammenhang zwischen *wind* (Wind) und *eye* (Auge) erkennen[30], zwischen einem äußeren Element also und einem Aspekt der Innerlichkeit. Die das Wohnen begründende Trennung schafft die Möglichkeit, sich häuslich niederzulassen. Der Philosoph Emmanuel Lévinas – um noch einmal auf seinen fundamentalen Text zurückzukommen – betont, daß „das Innen des Hauses (...) aus der Extraterritorialität inmitten der Elemente des Genusses (besteht), von denen sich das Leben nährt"[31]. Als Werk der Trennung verwirklicht sich der Rückzug in die Innerlichkeit (wie jede Form menschlichen Handelns) als ein Sein innerhalb eines Wohnraumes, als ökonomische Existenz. Aber „die Trennung isoliert mich nicht, als ob ich einfach aus diesen Elementen herausgerissen wäre. Sie macht die Arbeit und das Eigentum möglich."[32] Durch die Verzögerung und den Aufschub, die das Sich-Aufhalten in der Wohnung, den Rückzug dorthin, erlauben und ermöglichen. Das von der Hand produzierte Element wird der Wohnung anvertraut, indem es von der Hand dorthin *getragen* wird. Dieser in der *Extra-Territorialität* des Hauses verwirklichte Rückzug ist auf gar keinen Fall Ergebnis von Umständen, von vordergründiger Besorgnis. Für Lévinas, der sich hier im Gegensatz zu Martin Heidegger befindet, ist „das Haus, das man gewählt hat, (...) ganz das Gegenteil einer Verwurzelung"[33]: Es kann nur Wirklichkeit werden durch ein distanzierendes sich Befreien von den Umständen.

* * *

Nacheinander oder gleichzeitig auf die Wohnung angewendet, fließen all diese kleinen, *reinen Verkettungen* (eheliche, hygienische, ästhetische), all diese *Mikrotechniken* (Transparenz, *privacy*, Einbaumöbel) bald in der Auseinandersetzung über die *Flexibilität* des Wohnraumes zusammen. Bereits 1906 beschreibt Scheerbarth (wieder er!) unter Zuhilfenahme eines Phantasie-Australien in seinem Roman *Münchhausen und Clarissa*, was C. Quiguer als den „totalitären" Ehrgeiz der Architekten definiert hat: „Ich sagte heute vormittag schon", sagt Münchhausen, „daß die australischen Architekten nicht nur die gesamte Innendekoration bestimmen – sie bestimmen auch das ganze Leben der Hausbewohner, die durch die Beweglichkeit der Wände immerfort neue Eindrücke empfangen, die zweifellos auch aus ganz stupiden Leuten schließlich bewegliche sensible Künstlernaturen machen."[34] Was hier noch Scherz ist, heitere Parodie, wird später zu einem sehr wichtigen Vorhaben, das zum Beispiel von den deutschen und österreichischen Architekten in den zwanziger Jahren und von den italienischen Architekten in den dreißiger und fünfziger Jahren unseres Jahrhunderts diskutiert wurde.

Unter dem Begriff Flexibilität wird der Wille der italienischen Designer deutlich, auf die vielfältigen und widersprüchlichen Ziele der Kleinstwohnungen einzugehen. Die raffinierter werdenden Ansprüche an den Komfort, aber auch der Ausdruck einer neuen ‚Freiheit' im Innern der Wohnung, das Streben nach individuellem Für-sich-Sein und die Erfordernisse der Familienkontrolle finden in diesem Grundsatz (Austauschbarkeit in der Nutzung begrenzter Räume) die Hoffnung, das Unflexible flexibel zu machen.

Im Verlauf eines 1954 von Pio Montesi, dem Direktor der Zeitschrift *La casa* organisierten Kongresses[35] unterbreitete der Architekt Adalberto Libera den Entwurf des flexiblen Design des „ambiente" mit Hilfe „verstellbarer Wände". Der Designer Marco Zanuso kam alsbald auf die Idee, die „Ina-mobile" zu gründen, eine der Ina-casa untergeordnete öffentliche Einrichtung, die das Ziel verfolgte, die Möbel des Mieters auf ein Minimum zu reduzieren und industriell hergestellte Einbaumöbel für den preisgünstigen Wohnungsbau zu produzieren. Ein Jahr später griff auch der Kunsthistoriker Giulio Carlo Argan das Thema auf und fiel in den Chor ein: „Die freien, variablen, flexiblen Wohnungsgrundrisse nehmen den Wänden die traditionelle Funktion des Abschließens und verleihen ihnen die Eigenschaft und Funktion von ‚Möbeln'." In diesem Chor preisen die Stimmen von Libera, Zanuso und Argan unisono die moderne Harmonie des Flexiblen: Es sind die Stimmen des Design, der Industrie und der Geschichte . . .

Wenn die Formen sich auch völlig verändert haben, so handelt es sich hier unserer Meinung nach doch um dieselbe Strategie, wie sie von Henry van de Velde und anderen Künstlern der Kunstwerkstätten entwickelt worden sind. In seinem „Automobil-Roman" *La 628-E-8* aus dem Jahre 1905 beschreibt Octave Mirbeau, der auf der Durchreise in Düsseldorf im Hotel „Breitenbacher Hof" abgestiegen war, diese vom „Modern Style" in Gang gebrachte Konfusion der Gattungen: „Die Kamine sind Bibliotheken, die Bibliotheken Wandschirme, die Wandschirme Schränke und die Schränke Kanapees. Die Elektrizität zuckt aus dem Parkett genauso hervor wie aus der Decke..." Das Ergebnis: „Alles dreht und verdreht sich, windet sich, wendet sich zum Schlechten; alles verwickelt sich, wickelt sich auf, wickelt sich ab und wird unvermittelt zunichte, man weiß nicht wie und warum."[36] Es ist nur ein kleiner Schritt von der allem und jedem Form gebenden Homogenität des *Art Nouveau* zur abstrakten Flexibilität des Modernismus der fünfziger Jahre. Altenberg beklagt schon 1911 in *Neues Altes* die konvulsivischen Zuckungen, die die Architektur erschüttern und die Schranken zum Einsturz bringen. Hinter den „geschwätzigen Fassaden", in dem „blöd Verschwendeten" der Neubauten, diesen „eitlen Schnickschnackfassaden" „sollst du es nämlich sogleich zu spüren bekommen, daß du (...) keinerlei klösterlichen Frieden, Ruhe, Sicherheit, Vereinsamung, Abgeschlossenheit mehr finden könntest". Und er ruft aus: „Häuser werden zum Bewohntwerden errichtet, meine Herren Architekten!..."[37]

Erinnern wir uns schließlich an Salvador Dalis Mahnung angesichts der Skulpturen von Alexander Calder: Das mindeste, was man von einer Skulptur erwarten dürfe, sei, daß sie sich nicht bewegt. Heute wissen wir: Das mindeste, was wir von den Wänden unserer Zimmer erwarten dürfen, ist, daß sie nicht ‚mobil' sind.

L'œil sans yeux, la femme 100 têtes garde son secret.

Max Ernst (1891–1976), L'oeil sans yeux, la femme 100 têtes garde son secret, aus: La femme 100 têtes, 1. Auflage, Paris 1929 (Bibliothèque Nationale, Paris, Cabinet des Estampes)

Marcel Duchamp (1887–1968), Eau & gaz à tous les étages, Ready-made imité, 1958, emailliertes Blechschild, Privatsammlung, Mailand

6 Epilog: Die Zivilisation des Lohnempfängers und die Kultur des Angestellten*

> *Auf daß jedes Individuum Teil eines harmonischen und mächtigen Ganzen werde, damit die Fabrik als solche und die Werkstatt ihre architektonische Schönheit erlangen.*
> Jean Jaurès

Vor kurzem wurde – zu Recht, wie uns scheint – festgestellt, daß eine faschistische oder stalinistische Architektur‚form' nicht existiere, daß es lediglich die Architektur der faschistischen oder stalinistischen Periode gebe. Auf diese Weise sollte die Autonomie der Architektur im Verhältnis zu den unterschiedlichen Herrschaftsformen geltend gemacht werden, was lobenswert und legitim war. Viktor Šklovskij erklärte 1920 mutig: „Die Kunst ist zu allen Zeiten autonom gewesen in ihrem Verhältnis zum Leben, und ihre Couleur war niemals Reflex der auf der Zitadelle gehißten Fahne."[1] Es wird unsere ganze Aufmerksamkeit erfordern, die Unabhängigkeit der Architektur des Giuseppe Terragni vom faschistischen Regime nachzuweisen, damit wir anfangen können, die ‚relative' Autonomie der Architektur während der faschistischen oder stalinistischen Zeit einzusehen. All dies hat zu keiner Einstimmigkeit geführt, aber hinter dieser vielfach konfusen Auseinandersetzung, in der sich die verschiedensten Ansichten beliebig mischen, taucht trotz der Meinungsverschiedenheiten das ewig gleiche Problem auf: die Frage nach dem Auftraggeber bzw. nach den Beziehungen, die zwischen dem öffentlichen Bauherrn und dem Projekt hergestellt werden. Und weil der öffentliche Bauherr direkt von den allgemeinen politischen Gegebenheiten abhängig ist, wird in dieser Auseinandersetzung die verschwommene, vielschichtige Beziehung zwischen Architektur und Politik sichtbar oder, genauer, die Beziehungen zwischen Architektur, gesellschaftlichen Bedürfnissen und den verschiedenen politischen Handlungsweisen.

Für zahlreiche Architekten scheint es eine ‚ideale' Periode im Verhältnis von Architektur und Politik gegeben zu haben: nicht so sehr die Architektur der Weimarer Republik als solche, sondern jene, die zur Zeit

---

* in Zusammenarbeit mit Marco de Michelis

der ‚liberalen' oder ‚sozialdemokratischen' Verwaltung der deutschen und österreichischen Städte zwischen 1918 und 1933 hervorgebracht wurde. Das Interesse an diesen Experimenten hat sich innerhalb der italienischen Kritik sehr früh gezeigt: Drei Hefte der von Ernesto N. Rogers geleiteten Zeitschrift „Casabella" behandelten Hamburg, Wien und Berlin (mit Beiträgen von Aldo Rossi); ein Aufsatz von Manfredo Tafuri über die Frankfurter Erfahrungen wurde 1964 in der Zeitschrift „Comunità" veröffentlicht, die Vorlesungsreihe von Carlo Aymonino zur rationalen Wohnung wurde 1971 unter dem Titel *L'abitazione razionale* publiziert. Seither haben neue Untersuchungen und zahlreiche Veröffentlichungen in Italien, der Bundesrepublik Deutschland, den Vereinigten Staaten und Frankreich neue Erkenntnisse zutage gefördert, die eine richtigere Bewertung dieser Erfahrungen ermöglichen.

Für die Architekten der fünfziger und sechziger Jahre bedeutet das Aufsuchen der Stätten des sozialen Wohnungsbaus (die *Siedlungen* in Deutschland, die *Höfe* in Wien) eine Rückkehr zu den Anfängen: zu den heroischen ‚Originalen' des Neuen Bauens, als Rationalismus und Radikalität in ein und demselben Projekt architektonisch und politisch zugleich zu einer Einheit verschmolzen. Diese Wohnsiedlungen boten ein Beispiel dafür, was eine architektonische Praxis im Dienste einer ‚progressiven' Politik hätte sein können. Eine Architektur, in der das ökonomische, statistische und soziologische Bewußtsein seine Form gefunden hätte. Adolf Behne gliederte sein Buch über die funktionale moderne Architektur (*Der moderne Zweckbau*, 1923) in drei Teile: „Erstens: nicht mehr Fassade – sondern Haus; zweitens: nicht mehr Haus – sondern geformter Raum; drittens: nicht mehr geformter Raum – sondern gestaltete Wirklichkeit." Ist es nicht Aldo Rossi gewesen, der sagte, die Siedlung sei „wahrscheinlich eher ein soziologisches als ein räumliches Modell"? Die Rückkehr zur Siedlung bedeutet für die italienische Architektur daher, die ‚Archäologie' des öffentlichen und sozialen Auftraggebers zu erforschen, und sie trägt folglich zur Entwicklung eines politischen Raumprogramms bei.

Für uns handelt es sich heute darum, dieses archäologische Unternehmen zu überprüfen, den Bereich der Forschung zu erweitern, indem wir die historischen Ermittlungen an einigen Stellen vertiefen. Es ist offenbar unmöglich, heute ein politisches sozialdemokratisches Raumprogramm aufzustellen. Die Geschichte der ‚sozialdemokratischen' Architektur kann und soll nichts anderes hervorbringen, als eine Kritik dieses Projektes. Dennoch empfinden wir weiterhin das dringende Bedürfnis nach einem politischen Raumprogramm. Die sozialdemokratische Architektur wird folglich zu unserer *deutschen Ideologie*, und die Architekten des sogenannten Neuen Bauens werden zu unserer „Heiligen Familie". Wir schlagen folgendes vor:

1. *Erweiterung des Forschungsbereiches*: Wir sind ausgegangen von Überlegungen zur ‚deutschen Sozialdemokratie', die die *klassische* Sozialdemokratie im wahrsten Sinne des Wortes ist, jene, die im zeitlichen Abschnitt vor dem Ersten Weltkrieg Vorbild für alle westlichen sozialistischen Parteien war: die SPD als eine politische Partei und zugleich als Arbeiter- und Volkspartei, die dahin tendiert, nicht nur eine revolutionäre, sondern auch eine Massenpartei zu sein. Folglich müssen wir unsere Untersuchung auf andere europäische Verhältnisse ausdehnen: französische Sozialisten, österreichische Sozialisten und Marxisten, englische Anhänger der Fabian Society und der Labour Party, französische Kommunisten der dreißiger Jahre, etc. . . .

2. *Vertiefung der historischen Forschung*: Von Anfang an war uns bewußt, daß wir einige exemplarische Sonderfälle zu analysieren haben würden: das „Rote Wien" nach dem Ersten Weltkrieg, die immer wieder zitierten Beispiele Berlin, Frankfurt, Amsterdam . . ., die weniger bekannten Beispiele Lyon (mit Edouard Herriot), Lille (mit Roger Salengro in der Leitung der Gemeindeverwaltung).

3. *Das Auftreten neuer Bauherren ausfindig machen*: Am Ende des 19. Jahrhunderts haben sich die Verhältnisse gewandelt: Neue politische Kräfte, Repräsentanten neuer sozialer Schichten, die in der Lage sind, sich selbständig zu äußern, manifestieren ihren Willen, das neue gesellschaftliche ‚Wissen' selbst zu nutzen, selbst die Bedürfnisse ihrer politischen Klientel zu definieren, ihren Anspruch, die öffentlichen Dienste direkt im Sinne der Bedürfnisse zu leiten.

Abschweifung: Die Metapher von Speenhamland

Im Wien der zwanziger Jahre lebte ein bedeutender Wirtschaftsfachmann von sozialdemokratischer Prägung: der in Ungarn geborene Karl Polanyi (1886–1964). Dem Nationalsozialismus entkommen, wird er später zu einem geschätzten Ethnologen und Historiker, Professor für Wirtschaftsgeschichte in den Vereinigten Staaten. Eines seiner berühmtesten Bücher (*The Great Transformation*[2]) enthält im Anhang einen merkwürdigen Text: „Speenhamland and Vienna". Worum handelt es sich?

- Vor allen Dingen um Wien: Das „Rote Wien" nach dem Ersten Weltkrieg ist eine Stadt unter sozialdemokratischer Verwaltung, in der die Mieten der Kontrolle von „Mieterräten" unterstellt sind, in der eine rigorose Wohnbausteuer der Verwaltung zur Quelle von Einkünften wird, die es ihr erlauben, Zuschüsse für den Wohnungsbau zu gewähren, eine Stadt schließlich, in der die von der Verwaltung gebauten Wohnungen (die Wiener *Höfe*) ungeachtet der Produktionskosten proportional zum Einkommen des Mieters vermietet werden.

- Dann Speenhamland: Der Historiker Polanyi analysiert die Auswirkungen der Gesetzgebung in Speenhamland, wie sie von den englischen Magistratsbeamten im Jahre 1795 angewendet wird. Mit dieser Gesetzgebung wurde im ganzen Lande ein ‚System der Beihilfe' eingeführt. Das Prinzip bestand darin, den Armen ein minimales Einkommen zu sichern, unabhängig davon, wieviel sie mit ihrer Arbeit verdienen konnten; es handelte sich dabei um Beihilfen, die von der Kirche auf der Grundlage des Brotpreises an all jene Personen vergeben wurden, deren Einkommen nicht das tägliche Existenzminimum erreichte. Die Folgen dieses ursprünglich karitativen Zwecken dienenden Gesetzes, das jedem das „Recht zu leben" sichern sollte, waren katastrophal. Der Arbeiter hatte nicht mehr das geringste Interesse daran, seinem ‚Arbeitgeber' Genüge zu tun, denn sein Einkommen war gleich hoch, egal wie viel Lohn er erhielt. Der Arbeitgeber seinerseits konnte nach Belieben die Löhne senken, war er doch sicher, daß sein ‚Lohnabhängiger' von der Kirche eine Unterstützung erhalten würde, die seinen Lebensunterhalt sichern würde. In der Folge erlebte man bis 1834, dem Jahr, in dem der Poor Law Reform Act aufgehoben wurde, eine allgemeine ‚Pauperisierung' der Arbeiter: Dieses Gesetz verhinderte in der Tat das Entstehen eines konkurrenzfähigen Arbeitsmarktes. In seiner Substanz paternalistisch, führte es alle unabhängigen Arbeiter in den Bereich der Fürsorge, zerstörte dabei den Arbeitsmarkt und verzögerte infolgedessen die Entwicklung einer ‚Arbeiterklasse'.

Was die ‚Metapher von Speenhamland' den Ökonomen und Politikern begreiflich macht, ist die Gefahr eines ‚Subsidien-Systems', das zur Verarmung der unterstützten Bevölkerung führen kann. Das läßt sich auch auf die Wohnungsfrage anwenden; die Wohnung ist eine Ware, die gegen einen Geldbetrag vermietet wird, der, höher oder niedriger, dem Produktionspreis aufgrund der Produktionskosten entspricht. Im „Roten Wien", wo alle Wohnungen (alte und neue) zu einem Preis vermietet wurden, der niedriger war als der ihrer Herstellung, ging man folglich ein Risiko ein: das Risiko, die Verwaltung à fonds perdu in ein riesiges Unternehmen öffentlicher Fürsorge zu verwandeln. Wie Polanyi zeigt, versäumten es die ‚bürgerlichen' Ökonomen nicht, dieses Argument gegen die Politik der SPÖ zu benutzen: Für sie gab es keinen Zweifel daran, daß die Marktgesetze des Wohnungsbaus (privat oder öffentlich) respektiert werden mußten. Wie es scheint, befanden sie sich damit nicht völlig im Unrecht. Und es waren auch nicht nur die ‚bürgerlichen' Ökonomen, die das von der Verwaltung eingegangene Risiko, diese Wette auf die Ökonomie, kritisierten. Martin Wagner, der wichtigste sozialdemokratische Organisator öffentlichen, genossenschaftlichen und gewerkschaftlichen Wohnungsbaus in Berlin, sollte seine Kritik an den Wiener Experimenten vor dem Internationalen Kongreß für Wohnungsbau und Urbanistik, der 1926 gerade in Wien stattfand, mit folgenden Worten zum Ausdruck bringen: „Wir müssen auch in der Gemeinwirtschaft den Grundsatz aufrecht erhalten, daß der Konsument für eine Ware den Preis zu zahlen hat, der durch die Produktionskosten gegeben ist. (...) Die Zinsen für die in einem Bau investierten Friedenskapitalien jedoch müssen unter allen Umständen durch die Miete aufgebracht werden, denn auch öffentliches Kapital ist seines Lohnes wert. Vergessen wir nicht, daß Kapital nichts anderes ist als aufgespeicherte Arbeitskraft, die durch einen Zins entlohnt werden muß. Wenn also die Stadt Wien schon eine Mietsermäßigung bewilligen will, dann darf diese auch im öffentlichen Interesse nicht das Maß erreichen, das in Wien aufgestellt wurde."[3]

Die Krise des Wohnungsbaus hätte mittels einer direkten Einflußnahme der öffentlichen und genossenschaftlichen Kräfte im Sinne ihrer eisernen Gesetze angegangen werden können: Dies ist die Politik in Berlin und, auf niedrigerer Ebene, die des Office départemental des Habitations à bon marché (HBM) de la Seine, des Amtes für Sozialen Wohnungsbau des Departements Seine. Der Krise hätte auch nach dem Wiener Muster begegnet werden können, indem man die Herausforderung, jedermann zu niedrigen Mieten unterzubringen, angenommen hätte. Man erinnere sich, daß Henri Sellier, der Bürgermeister von Suresnes und Leiter des Amtes für Sozialen Wohnungsbau (HBM) des Departements Seine, enttäuscht von der Mutlosigkeit der französischen Praxis, sich stets vom Vorbild dessen leiten ließ, was er die „Wette von Wien" nannte.[4]

Munizipalismus und Raumplanung

Unsere Untersuchungen — ebenso wie die von Roger-H. Guerrand, Alain Cottereau, Michelle Perrot, Giovanna Procacci und anderen — zeigen, daß zu Beginn des 20. Jahrhunderts die politischen Unternehmungen, die die Bewegungen hin zu einer Raumplanung stützten, sich in ganz Europa innerhalb der großen städtischen Verwaltungen entwickeln. Indem sie gleichzeitig als Konkurrenz und Bezugspunkt für die alten philanthropischen Organisationen auftreten (vgl. Jules Siegfried), werden die städtischen Verwaltungen zur vermittelnden Kraft zwischen staatlichen Interessen (Ausdruck der vorherrschenden Verhältnisse auf wirtschaftlicher Ebene), industriellen Interessen und lokalen Bedürfnissen. In Frankreich beispielsweise übernehmen Paul Brousse, der für den „Verwaltungssozialismus" steht, oder Benoît Mâlon, der die reformistischen Tendenzen innerhalb der Arbeiterbewegung repräsentiert, später der „Munizipalismus" von Persönlichkeiten wie Maurice Halbwachs, Yves Guyot, Louis Dausset und Henri Sellier, die Verantwortung für die Veränderung der Voraussetzungen für die soziale Eingliederung und die Verwaltung der Reproduktionsbereiche der Arbeitskraft. Wie es scheint, haben die städtischen Verwaltungen in diesem neuen Bereich der planmäßigen Organisation des täglichen Lebens (zumindest auf der Ebene der politischen Intention) außerhalb der Produktions— und Arbeitsstätten ganz allgemein eine entscheidende Rolle gespielt.

Wir haben daher versucht, die tatsächliche Wirksamkeit der munizipalen Bestrebungen auf zwei spezifischen Gebieten zu untersuchen:

1. die Planung im Bereich ‚Arbeit und Familie' und ihre mögliche Anwendung durch bestimmte soziale und politische Gruppen in dem Augenblick, in dem es nötig wird, eine stabile soziale Ordnung herzustellen. All dies scheint so zu geschehen, als ob die ‚Munizipalität' die Rolle übernommen hätte, jede allzu gewaltsame Protestbewegung gegen die immer härter werdenden Existenzbedingungen auf friedliche Weise zu ‚entwaffnen', sei es, daß es sich dabei um die Arbeit unter den Bedingungen des Industriesystems handelt, oder um das tägliche Leben in der Metropole. Die städtische Verwaltung wird es sich zur Aufgabe machen, die jeweiligen ‚Bedürfnisse' zu definieren, zu ‚indizieren' und unter Umständen auch zu manipulieren, indem sie neue Lösungen technischer Art oder im Bereich der Verwaltung entwickelt. (In Frankreich ist die „wilde Parzellierung" des Bodens in der Ban-

lieue von Paris, wie sie zwischen den beiden Weltkriegen stattfand, das aufsehenerregendste Beispiel für einen solchen Sachverhalt.)

In ganz Europa legen zahlreiche Stadtverwaltungen die Grundlagen für eine urbane Strategie, die drei verschiedenen Achsen folgt: Munizipalisierung der Dienstleistungsstrukturen, eine Politik, die den Wohnungsbau und die sozialen Einrichtungen fördert, und schließlich die Anwendung von Plänen für den Städtebau. Teile der sozialdemokratischen und sozialistischen Bewegung sprechen sich klar und deutlich für eine stärkere Kontrolle der öffentlichen Betriebe (Energie, öffentlicher Dienst, Ernährung etc.) aus. Von bestimmten fortschrittlichen Kreisen der herrschenden Klasse werden landesweit Kampagnen zur Unterstützung dieser Vorstöße in Gang gebracht, dank derer die legislativen Reformen, die die Anwendung dieser Strategie ermöglichen sollen, schließlich durchgesetzt werden. Zitieren wir die Wonigwet von 1901–1902 in den Niederlanden, den Streit um die Bodenpolitik und die Besteuerung des Mehrwertes aus Grundstücken und Immobilien in den deutschen Städten nach 1870, den Town planning Act von 1909 in Großbritannien, den legislativen Kampf um das Gesetz Cornudet in Frankreich während der dem Ersten Weltkrieg vorausgehenden Jahre. Wie Alain Cottereau meint, „rechtfertigten die neuen ‚Bedürfnisse' nach Einfamilienhäusern, nach öffentlichen und häuslichen Einrichtungen etc. in diesem Zusammenhang die Anwendung des Systems und verschleierten seine Herkunft: Die neuen Bedürfnisse wurden der ‚Person' des Bewohners zugeschrieben, während es sich dabei doch um eine moralische Reform handelte, die von den herrschenden gesellschaftlichen Verhältnissen erzwungen wurde."[5]

2. die Raumproduktion im Allgemeinen, das Bauwesen und die Produktion von Architektur. Die Architekten, die sich bis dahin den Anforderungen der industriellen Auftraggeber progressiver oder philanthropischer Couleur unterworfen hatten (vgl. die ersten Erfahrungen von Raymond Unwin in New Earswick, die Projekte von A. Augustin Rey für die Stiftung Rothschild), müssen für diesen neuen Bauherrn immer wieder neue, besondere Haustypen entwickeln (vgl. die Aufsätze von Charles Lucas oder H. Provensal, die Projekte von Gonnot und Albenque und jene von Payret-Dortail für den HBM-Wettbewerb der Stadt Paris im Jahre 1913).

Hypothesen

Wenn wir die kurz dargestellten historischen Probleme zu dem eigentlich architektonischen Thema dieser Untersuchung in Beziehung setzen, dann könnte die Gliederung unserer Arbeitshypothesen wie folgt aussehen:

- Den Nachweis für das wirkliche Vorhandensein einer Architektur für die lohnabhängigen, arbeitenden Klassen liefern. Unsere Hypothese ist die, daß das Verhältnis zwischen Sozialdemokratie und ‚sozialdemokratischer' Architektur nicht eindeutig ist, kein Verhältnis, das vom politischen Apparat zu den Architekten führt, sondern ein dialektisches System darstellt, in dem die ersten Bauten die gewählte Lebensweise bestätigen (indem sie der Reproduktion der Klasse der Arbeiter und Angestellten Raum geben), den Typ verfestigen (indem sie eine bestimmte Anzahl von Optionen zum Ausdruck bringen, die im Sinne von architektonisch sichtbar gemachter Lebensweise analysiert werden können) und schließlich die Probleme und die gegebenen Antworten konkretisieren. Dies ist einer der Gründe, weshalb man von ‚sozialdemokratischer Architektur' sprechen kann.
- Verifizieren, ob die Bauten der großen Gemeinden, die zwischen den beiden Kriegen errichtet worden sind, auf internationaler Ebene das erste konkrete Beispiel für eine *Architektur* sind, die für eine *Gesellschaft von Lohnabhängigen und Angestellten* gedacht war und folglich in ihrer Strategie die fundamentalen Elemente der Lebensweise Lohnabhängiger berücksichtigt, indem sie diese Lebensweise auf den Raum überträgt. Eine konkrete Utopie wäre dies in dem Maße, in dem sie – wie von jedem Widerspruch befreit und in der Lebensweise der Lohnempfänger verinnerlicht – auf der Ebene des Raumes sichtbar würde. Von diesem Gesichtspunkt aus gesehen würde dann die funktionalistische „moderne" Architektur als „technokratische Regression" der Epoche des Monopolkapitalismus sichtbar werden.

Die Zivilisation des Lohnempfängers und die Kultur des Angestellten

Vielleicht ist das Thema des Lohnempfängers und des Angestellten in der kulturellen und soziologischen Debatte der zwanziger Jahre noch nicht eingehend genug erörtert, ist sein Gewicht im Verhältnis zu den in Europa verwirklichten politischen Strategien nicht richtig eingeschätzt worden. In dem allgemeinen Oberbegriff ‚Arbeiterklasse' verschmelzen verschiedene soziale und wirtschaftliche Kategorien, während andererseits die Erforschung des Auftraggebers als Ausdruck der materiellen Bedürfnisse, der sozialen Bestrebungen nicht in Funktion einer Klasse im allgemeinen durchgeführt werden wird, sondern offensichtlich aufgrund der Bewertung des Einflusses und des politischen Gewichtes (auch bei Wahlen) jeder mehr oder weniger aktiven sozialen Gruppe.

Viele Indizien sprechen dafür, daß die Angestellten (Intellektuelle, Beamte, Angestellte in Warenhäusern und Büros...[6]) eine von den Machthabern gehätschelte Gruppe darstellen. Alles in allem waren es die Angestellten (der Industrie, der Eisenbahn...), für die die Unternehmer die ersten Wohneinheiten oder Siedlungen gebaut hatten. Seit langem schon haben die Angestellten anscheinend erkannt, wie sie ihrem Streben nach einer angemessenen und komfortablen Wohnung unmißverständlich Ausdruck verleihen konnten. Hat nicht Maurice Halbwachs gezeigt, daß nach 1913 die Arbeiter bei gleich hohen Ausgaben weiterhin den größten Teil ihres Einkommens für die Ernährung ausgeben, die Angestellten hingegen für Wohnung und Kleidung? Beginnt Henri Sellier, der zukünftige Geschäftsführer des Departementsbüros Seine der HBM, welcher in der Zwischenkriegszeit die Politik des sozialen Wohnungsbaus in der Pariser Banlieue bestimmen sollte, seine politische Karriere nicht als Sekretär des Gewerkschaftsbundes der Angestellten? Und stellt nicht derselbe Sellier, seit 1919 sozialistischer Bürgermeister von Suresnes, bei den Gemeindewahlen 1925 dem „Arbeiter- und Bauernblock" der Kommunisten den „Block der Arbeiter und Angestellten" der Sozialistischen Union von Suresnes gegenüber? Bestehen die wichtigsten städtischen Bauten im Department Seine aus dieser Zeit (Chatenay-Malabry oder Plessis-Robinson beispielsweise) nicht fast ausschließlich aus Wohnungen für Angestellte? Fügen wir hinzu, daß die großen Wohnbau-Siedlungen von Groß-Berlin – etwa in Britz – von der GEHAG gebaut wurden, einer Baugenossenschaft, die vom Allgemeinen Deutschen Gewerkschaftsbund (ADGB) finanziert wurde, aber auch von der Angestelltengewerkschaft, dem AFA-Bund, oder von der GAGFAH, die ihrerseits ganz von der Gewerkschaft der Angestellten und Beamten von Berlin finanziert wurde. Erinnern wir schließlich daran, daß Martin Wagner, der spätere *Stadtbaurat* von Berlin, der Verantwortliche für die Politik des sozialen Wohnungsbaus in der Deutschen Hauptstadt, sich in Paris an der deutsch-französischen Gewerkschafts- und Regierungs-Konferenz über den Wiederaufbau des Nordens Frankreichs 1921 als Vertreter der Union des Bundes der Technischen Angestellten und Beamten vorstellte. Solche Beispiele sind beliebig vermehrbar. Vielleicht wäre es auch leicht zu zeigen, daß der größte Teil der von Unternehmungen der öffentlichen Hand in Europa während der Zwischenkriegszeit gebauten Wohnungen im allgemeinen vom ‚Mittelstand' bewohnt wird, insbesondere von den Angestellten (allein Wien ist hier eine Ausnahme).

Wir können folglich eine präzisere Hypothese formulieren: Repräsentiert der soziale Wohnungsbau der Jahre 1920 bis 1930 strenggenommen nicht die „Architektur der Angestellten"? Wäre es also nicht konsequent, die Analyse dieser Architektur ganz allgemein in den Rahmen einer „Angestelltenkultur" einzufügen? Alles weist darauf hin, daß die Angestellten in dieser für die Herausbildung unserer Moderne entscheidenden Periode eine Art Avantgarde bilden, eine privilegierte soziale Gruppe, an der die Methode der Verinnerlichung der Widersprüche durch die Veränderung der Lebensweise und des Lebensrahmens ausprobiert werden kann.

Bereits 1929 hatte ein Architekt und Soziologe wie Siegfried Kracauer daran gedacht, diese „Angestelltenkultur" genau zu analysieren, um ihre Widersprüche sichtbar zu machen. Wir erkennen sogleich, daß die Effekte dieser Strategie einer ‚sozialen und politischen Ballung' durch die Schaffung einer Kultur (Kultur im weitesten Sinne: sowohl jene der Lebensweise als auch jene der Lebensbedingungen, der Freizeit etc.) und durch die Entwicklung eines sozialen, ideologischen, künstlerischen etc. Rahmens in Deutschland und Österreich deutlicher sichtbar werden als in Frankreich. In Frankreich hat die Patronats- und Staats-Strategie Tradition, die die ‚Entproletarisierung' und den ‚Erwerb eines eigenen häuslichen Herdes' zum Gegenstand hat (daher die Politik der Verbesserung der Parzellierung und des Baus von Einfamilienhäusern, die zwischen den beiden Kriegen in Frankreich quantitativ höchst auffällig ist[7]). In Deutschland macht man eine Reihe von Experimenten, die in der Folge in ganz Europa auf die Gesamtheit der arbeitenden Bevölkerung übertragen werden: Es sollte ein Lebensrahmen geschaffen werden (und ein Rahmen für die sozialen Verhaltensweisen), in dem die Gesamtheit (jede Form von Gemeinschaft) durch das Angebot einer Reihe von (sozialen und kulturellen) Dienstleistungen der Unzufriedenheit mit dem Leben selbst (die Arbeit) abhelfen soll. Aber lesen wir die Schlußfolgerungen der Untersuchung Kracauers.[8]

Kultur als Verdrängung

„‚Da der Beruf heute keine Freude mehr gewährt‘, meint im Gespräch mit mir der Führer eines freigewerkschaftlichen Angestelltenverbandes, ‚müssen den Leuten Inhalte von außen zugeführt werden.‘ Zu demselben Ergebnis gelangt auch der bereits zitierte Artikel: ‚Wege zur Arbeitsfreude‘ in der G.d.A.-Zeitschrift (Nr. 9, 1929), in dem erklärt wird: ‚Jedoch die Möglichkeit, die Arbeit geistig zu beleben und den Arbeitenden ihre Berufstätigkeit interessanter zu machen, damit sie innerlich mehr befriedigen kann, sind beschränkt. Deshalb muß nach Hilfsmitteln gesucht werden, die der seelischen Veröden der Arbeitnehmermassen entgegenwirken können.‘ Als solche Hilfsmittel gelten unter anderem Kunst, Wissenschaft, Radio und natürlich der Sport. (...) So verfahren heißt einen Kordon um die mechanisierte Arbeit spannen wie um einen Seuchenherd. (...) Jene Meinung, nach der die Nachteile der Mechanisierung mit Hilfe geistiger Inhalte zu beseitigen seien, die wie Medikamente eingeflößt werden, ist selber noch ein Ausdruck der Verdinglichung, gegen deren Wirkungen sie sich richtet. Sie wird von der Auffassung getragen, daß die Gehalte fertige Gegebenheiten darstellten, die sich im Haus liefern lassen wie Waren."

Deshalb, fährt Kracauer fort, räche sich die vulgär-marxistische Lehre, so wie sie in der Ideologie der sozialdemokratischen Gewerkschaften präsent sei, und führe deren Schwäche vor Augen: Für die Angestelltenverbände seien die „Gehalte" der Bildung der Überbau über dem ihr während einer bestimmten Zeit entsprechenden sozialen und ökonomischen Unterbau.

Sport, Gymnastik, Spiele für die Massen, Feste, Lieder, eine vernünftige Wohnung, Grünflächen, Ausflüge in die Berge, öffentliche Dienstleistungen und Einrichtungen, der „Tag des Buches", Enzyklopädien, Lektüre, Dichtung, Tanz, volkstümliche Bälle, Schönheitskurse, Zahnpasta ... — alle von der Sozialdemokratie vorgebrachten kulturellen Waren und Werte sind dazu da, vor der Trostlosigkeit der bürokratischen und taylorisierten Arbeit zu schützen. Die Arbeitswirklichkeit, der Ernst der wirtschaftlichen Lage, werden maskiert durch das „falsche Bewußtsein" des Angestellten, mit Hilfe einer Art von Verdrängung. Das ist es, was Walter Benjamin sich notiert, während er im selben Zeitraum Kracauers Buch rezensiert: „Solange wenigstens die marxistische Lehre vom Überbau nicht durch die dringend erforderliche von der Entstehung des falschen Bewußtseins ergänzt ist, wird es kaum anders möglich sein, als die Frage: Wie entsteht aus den Widersprüchen einer ökonomischen Situation ein ihr unangemessenes Bewußtsein? nach dem Schema der Verdrängung zu beantworten."⁹

Kracauer ergänzt und präzisiert: „Die Ausbreitung des Sports löst nicht Komplexe auf, sondern ist unter anderem eine Verdrängungserscheinung großen Stils; sie fördert nicht die Umgestaltung der sozialen Verhältnisse, sondern ist insgesamt ein Hauptmittel der Entpolitisierung."¹⁰

Berlin ist die Angestelltenstadt schlechthin: „Berlin ist heute die Stadt der ausgesprochenen Angestelltenkultur; das heißt", fährt Kracauer fort, „einer Kultur, die von Angestellten für Angestellte gemacht und von den meisten Angestellten für eine Kultur gehalten wird."¹¹ Die Stadt organisiert sich zwischen dem Zentrum und der Peripherie: Im Zentrum wird der Angestellte sich in „Pläsierkasernen" zerstreuen, die ihm die kapitalistische Gesellschaft anbietet, in der Peripherie, in den *Siedlungen*, bereitet die Gemeinschaft kollektive und „kollektivistische" Spektakel für ihn vor. „Ich habe", berichtet Kracauer, „der Aufführung des Sprech- und Bewegungschores eines freigewerkschaftlichen Verbandes beigewohnt. Die jungen Leute, Mädchen und Jünglinge, beklagten mit herabhängenden Schultern und Armen ihr Los, der Maschine untertan zu sein, richteten sich dann auf und jubelten in einer Art von Triumphprozession dem Reich der Freiheit entgegen. Ein Schauspiel, dessen gute Absicht nicht minder rührte wie seine ästhetische Hilflosigkeit."¹²

In Berlin-Britz wird immer im September ein Fest mit „Massenspielen" organisiert: Informationen zu den Festprogrammen, ein Kalender, gespickt mit sozialistischen Festivitäten, Ratschläge für den Aufbau der Bühnenbilder, die Organisation der gymnastischen Spiele, Ideen für ausdrucksvolle Effekte, für die Verwendung der Fackeln, Fahnen, Chöre und Tänze, für die Ausarbeitung einer Geometrie der menschlichen Massen . . . Das ist das Rüstzeug der sozialdemokratischen Kultur. Alles umrahmt von der *Großsiedlung*, die „als erste Siedlung die Arbeit in ihrer architektonischen Erscheinung zu einem kulturellen Wert gemacht"¹³ hat.

1935 sollte Ernst Bloch die Zwiespältigkeit der architektonischen Ästhetik des Neuen Bauens hervorheben: „ . . . die ‚neusachliche' Fassade aus Nickel und Glas. Nichts ist dahinter als schmutzige Wäsche: doch gerade diese soll durch die gläserne Offenheit verdeckt werden." Auf der einen Seite die weiße, luftige, hygienische Rationalität der organisierten städtischen Peripherie, auf der anderen die Lichter der Stadt, der Nacht:

Sie „weisen dem Angestellten die Richtung, in die er zu gehen hat: — Zeichen, viel zu überbeleuchtet, als daß sie nicht verdächtig wären, der wahren Richtung auszuweichen, nämlich der zum Proletariat. Mit dem der Angestellte jetzt alles teilt: Not, Sorge und Unsicherheit, nur nicht das klare Bewußtsein dieses seines Zustands."[14]

Die Essenz der „sozialdemokratischen Taktik"

Das politische Verhalten der deutschen sozialdemokratischen Partei ist das eines Staates im Staate. Die Gestalt der Partei ist komplex und gliedert sich in eine nationale, regionale, kommunale und gewerkschaftliche Ebene. Mit einem Wort, die SPD ist nicht nur eine politische Partei, sondern eine Gesamtheit von Dienstleistungen, die mit den elementaren Bedürfnissen, den Bereichen Erziehung, der Erholung, der Fürsorge übereinstimmen. Konfrontiert mit der neuen Wirklichkeit der Weimarer Republik, verliert das sozialdemokratische Universum seine Ideale und offenbart sich als das, was es faktisch ist: als ein System sozialer Dienstleistungen. Im Zentrum des sozialdemokratischen Vorhabens finden wir die Vorstellung von der „Wirtschaftsdemokratie", wie sie 1928 von Fritz Naphtali, einem der Führer des ADGB, verkündet wird. In diesem Entwurf übernimmt die Genossenschaftsbewegung die Rolle der Konsumenten, die sich als organisierte Macht der Macht der Monopole entgegenstellen. Die „Arbeiter"-Viertel, das heißt die *Siedlungen*, sind in jeder Hinsicht „genossenschaftliche Inseln".

Die Analyse Mario Trontis zeigt deutlich die widersprüchliche Natur der deutschen Sozialdemokratie: „Lukács hat die Dinge richtig gesehen (. . .), indem er das Wesen der ‚sozialdemokratischen Taktik' offenlegt, nach welcher das Proletariat Kompromisse mit der Bourgeoisie eingehen muß, weil die wahre Revolution noch fern ist und ihre wahren Voraussetzungen noch nicht vorhanden sind: ‚Je mehr die subjektiven und objektiven Voraussetzungen für die soziale Revolution reifen, mit desto größerer *Reinheit* kann das Proletariat seine Klassenziele verwirklichen. Also stellt sich der Kompromiß, wie er jetzt praktiziert wird, als die Kehrseite der Medaille dar, als Erzradikalismus, als absolutes *Reinheits*gebot der Grundsätze im Verhältnis zu den *höchsten Zielen.*' Das ist die Sozialdemokratie, die klassische, die historische. Es ist nicht richtig zu sagen, daß an diesem Punkt die revolutionären Ziele aufgegeben worden seien; das würde bedeuten, die Sozialdemokratie mit dem Revisionismus à la

Bernstein zu verwechseln. Das Meisterwerk dieser Sozialdemokratie war aber gerade die Aufrechterhaltung der taktischen Einheit der beiden Seiten der Medaille, der beiden politischen Möglichkeiten der Partei: eine tägliche Praxis menschewistischer Handlungen und eine Ideologie unbeirrbarer subversiver Prinzipien."[15]

Die Auseinandersetzung um die Frage der Sozialisierung der Produktionsmittel zwischen 1918 und 1921 macht diese doppelte Natur der Politik der deutschen Sozialdemokratie klar sichtbar. Auf der einen Seite die Räte-Bewegung, auf einer antiinstitutionellen Welle, die aus der November-Revolution hervorgegangen war, auf der anderen die Notwendigkeit, so schnell wie möglich die Maschinerie der Produktion wieder in Gang zu setzen, deren Räder seit Kriegsende stillgestanden hatten. In der Mitte: die Sozialdemokratie, die zwischen der revolutionären Bewegung und den kapitalistischen Organisationen vermitteln muß. Ungeachtet der Ereignisse, die den revolutionären Optimismus Lügen zu strafen scheinen, argumentiert die SPD weiterhin im Sinne der ‚klassischen‘ Theorie, wie Kautsky sie 1909 formuliert hat: Je mehr die kontinuierliche Expansion der kapitalistischen Produktionsweise sich auf notwendige und unvermeidliche Weise entwickele, desto stärker werde der unbeugsame Widerstand gegen diese Expansion: die proletarische Revolution.

Auf diese Weise stehen die Kräfte, die den während des Krieges vorherrschenden ‚Geist der Versöhnung‘ wiederherstellen wollen – die SPD und gewisse progressive Kreise der industriellen Bourgeoisie –, zwei Problemen gegenüber: der Wiederbelebung und Steigerung der Produktion und der Schaffung einer neuen Wirtschaftsdemokratie.

Karl Korsch, ein Vertreter des linken Flügels der SPD in Bayern, konnte schreiben: „Gegenstand der Neuregelung durch ‚Sozialisierung‘ ist die Produktion als Inbegriff gesellschaftlicher Verhältnisse."[16] Der Industrielle Siemens war derselben Auffassung: Man gehorche einem einzigen Gesetz, und dieses Gesetz heiße Produktionssteigerung. Walter Rathenau äußerte sich ähnlich; Sozialisierung und Organisation bedeuteten Rationalisierung der Zuliefersysteme, umfassende Standardisierung der Arbeit, funktionale Aufteilung der Arbeit auf Gruppen, rationelle Unterteilung des Marktes, vertikale Integration der Sektoren mit dem Ziel, die Profite der Zwischenhändler auszuschalten.

Das Reich (der deutsche Staat) und die Länder (die Regionalverwaltungen) hatten eine Reihe von Notmaßnahmen ergriffen, um die Auswirkungen der Inflation zu bekämpfen. Verfügt wurden: Mietstop; Zwangsbesteuerung der ungenutzten Wohnungen; Verbot, mehr als eine

Wohnung zu bewohnen; Kontrolle der Aufenthaltsveränderungen, insbesondere bei Eheschließungen, mit der Auflage, sich in eine Warteliste einzutragen; das Recht auf Beschlagnahmung unbewohnter Gebäude (Fabriken, Kasernen, Lagerhäuser, Schulen etc.) durch die Verwaltung, um sie in Wohnungen umzuwandeln.

Nach der 1928 veröffentlichten Untersuchung zur Wohnungspolitik in Deutschland von Alfred Gut, haben diese Maßnahmen es ermöglicht, „mehrere tausend" Wohnungen ausfindig zu machen. Es wird also zwischen 1919 und 1923 eine *Zwangswirtschaft* verhängt. Die Einleitung einer auch nur geringfügig ‚sozialisierten' Politik im Bausektor wurde objektiv durch die Stagnation dieses Sektors gebremst. Für einen Gewerkschaftler wie August Ellinger waren die kapitalistischen Unternehmer die Versager, die die Produktion nicht wieder in Gang brachten.

Die Diskussion um die Sozialisierung hingegen wurde durch nichts gebremst: Zwei Kommissionen, eine staatliche und eine gewerkschaftliche, untersuchten die Modalitäten der Sozialisierung. Drei Positionen zeichneten sich ab:
– die von Karl Kautsky, der eine Kommunalisierung des Sektors wollte;
– die von Hans Kampffmeyer, dem Anführer der Gartenstadt-Bewegung in Deutschland, der für Genossenschaften von Eigentümern und Mietern eintrat, die durch Staatsanleihen finanziert werden sollten;
– die von Martin Wagner, dem späteren *Stadtbaurat* von Berlin, der autonome sozialisierte Betriebe einrichten wollte.[17]

Ab 1924, nach der Stabilisierung der Reichswährung, können die Kooperativen und die „sozialisierten" Betriebe – wie etwa die *Bauhütten* – beginnen, aktiv zu werden; sie sind der operative Ausdruck nicht nur der sozialdemokratischen Bewegung, sondern auch der politisch sehr gemäßigten Angestellten-Organisationen, der Berufsverbände, der religiösen Institutionen. Zahlreiche Gemeindeverwaltungen gründen kommunale Bauunternehmungen – öffentliche oder gemischte Gesellschaften – sowie kommunale Zulieferbetriebe für Baumaterialien.

Diese ‚schleichende' Sozialisierung des Bausektors, wie sie von der SPD zu Beginn der zwanziger Jahre durchgeführt wurde, sollte Auswirkungen auf sehr verschiedene kulturelle und politische Strömungen haben: Die Systeme der kommunalen Betriebe und der Kooperativen werden nun auch in Städten auf die Probe gestellt, die vom Katholischen Zentrum oder von der Rechten verwaltet werden.

Wichtigstes Ziel der deutschen Sozialdemokratie ist nicht die Schaffung einer „nationalisierten" Wirtschaft; sie will eine wirkliche *Rationali-*

sierung der Produktion erreichen, die eine Steigerung der Produktivität möglich macht: sie setzt diejenigen Neuerungen in die Tat um, die das traditionelle Kapital nicht durchzusetzen wagt. Im Lichte dieser Überlegung wird man immer eine rigorose Verzinsung des investierten Kapitals anstreben und nach Möglichkeit nicht dem Beispiel der Wiener „Wohnbeihilfe"-Politik nacheifern. In Frankfurt steigen die Mieten in den von Ernst May gebauten *Siedlungen* an und machen ein Drittel, ja sogar die Hälfte des durchschnittlichen Lohnes eines Arbeiters aus. In Berlin, in der von Bruno Taut für die GEHAG entworfenen Siedlung Zehlendorf, beträgt die Miete für eine Zwei-Zimmer-Wohnung 71 Mark, während ein Arbeiter durchschnittlich 180 bis 200 Mark verdient.

Martin Wagner und die Sozialisierung der Berliner Baubetriebe

Martin Wagner (1885—1957) ist der exemplarische Protagonist eines ‚sozialdemokratischen' Versuches, das politische Ziel und die kulturellen Vorhaben in ein und derselben beruflichen Praxis zu vereinigen: Bei der Ausarbeitung der politischen Richtlinien für die Leitung der Ortsverwaltungen während der Weimarer Republik spielt er eine sehr wichtige Rolle. Als Mitarbeiter von H. Muthesius erlangt er 1915 an der Technischen Hochschule Berlin den Grad eines Dr. Ing. mit einer Arbeit über das „sanitäre Grün der Städte", die Politik der Nutzbarmachung des Bodens und die Verteilung der Grünflächen. Als Gründer von Verbänden und Baugesellschaften hat er in der Geschichte der Arbeiterbewegung eine herausragende Rolle gespielt. Er kämpft für dieselben Ziele wie die anderen ‚radikalen' Architekten: 1926 gründet er zusammen mit Walter Gropius, Ernst May und Bruno Taut die Gruppe „Der Ring", einen Berufsverband, der 1928 als deutsche Sektion im C.I.A.M. vertreten sein wird.

Die großen Siedlungen in Berlin sind heute noch Zeugen für diesen großartigen ‚Entwurf': In Europa erreichen einzig E. May in Frankfurt, R. Unwin in Großbritannien, C. Van Eesteren in den Niederlanden und H. Sellier in Frankreich sein Format, aufgrund des Gewichtes ihrer theoretischen Werke und der realisierten Projekte. Gegen 1918 tritt Wagner der SPD bei und macht sich zum Wortführer von Ideen, die von Gewerkschaftlern und Katholiken verfochten werden. So kämpft er während der November-Revolution für die Gründung von Bau-Gesellschaften, die später (1919) in „soziale Bauhütten" umbenannt werden. Organisiert nach einem besonderen, durch die Gewerkschaften und Techniker kontrollierten System der Selbstverwaltung, arbeiteten die Bauhütten wie Produktionsgenossenschaften. Sie bauten Wohnungen und Gartenstädte auf Rechnung der Gemeinden und hatten sich vorgenommen, eine neue „soziale Ordnung" zu verwirklichen. Martin Wagner drängte darauf, neue Techniken anzuwenden (Konstruktionssysteme, Baustellenorganisation . . .), die es den Bauhütten ermöglicht haben würden, wie viele kleine Mikrokosmen innerhalb einer „Wirtschaftsdemokratie" aufzutreten. Geleitet von Sozialdemokraten (wie beispielsweise August Ellinger), schlossen sich die Bauhütten in einem nationalen Verbund zusammen, dem *Verband sozialer Baubetriebe*. Solche Einzelbetriebe wandten sich gelegentlich an die Architekten des sogenannten Neuen Bauens, um sie mit der Ausführung gemeinnütziger Wohnungsbau-Projekte zu beauftragen.

Neben der massiven staatlichen Intervention war eine Organisation erforderlich, die diese Projekte finanzieren würde. 1924 beteiligte sich Martin Wagner an der Schaffung der GEHAG (Gemeinnützige Heimstätten-, Spar- und Bau-A.-G.), einer Bauherrenorganisation der Gewerkschaften, Kleinbetriebe und Genossenschaften. Finanziert wurde die GEHAG vom mächtigen ADGB, der sozialdemokratisch ausgerichteten Gewerkschaft, mittels der DEWOG (Deutsche Wohnungsfürsorge-Aktiengesellschaft für Beamte, Angestellte und Arbeiter), die in elf Zweigstellen aufgeteilt war. Wagner sollte die GEHAG in Zusammenarbeit mit Architekten wie Bruno Taut, P. Mebes, Emmerich und Fred Forbat bis 1933 leiten. Unterstützt von der GEHAG baut er zusammen mit Bruno Taut zahlreiche Groß-Siedlungen, unter anderen Berlin-Britz (1925) und Berlin-Zehlendorf (1926).

Seit 1918 leitete Wagner auch das Bauamt Berlin-Schöneberg, wo er die Siedlung Lindenhof errichtet; im November 1926 wird er zum ‚Stadtbaurat' der Stadt Berlin ernannt und übernimmt die Funktion des Leiters des Stadtplanungsamtes und des Dezernenten für Hochbau. Ende der zwanziger Jahre erreichen die öffentliche und genossenschaftliche Bauproduktion zusammen die Zahl von 20 000 Wohnungen pro Jahr (ohne den praktisch bedeutungslosen privaten Sektor mitzuzählen), und dennoch scheint das Problem der Wohnungslosen in der Hauptstadt noch weit von einer Lösung entfernt zu sein. Das Ziel Wagners war es denn auch, eine Jahresproduktion von 70 000 Wohnungen zu erreichen.

Wagners Wirken im Bereich des Städtebaus ist nicht unerheblich: Erwähnen möchten wir das Berliner Messegelände in Witzleben und das

Strandbad Wannsee an der Havel. Auf theoretischer Ebene widmet er sich dem Studium der Politik zur Nutzbarmachung des Bodens und der Freiflächen, der Organisation des Verkehrs, der Kommunalwirtschaft, der Einrichtung von Grünflächen. Wagner gründet zwei Architektur- und Stadtplanungs-Zeitschriften: die *Wohnungswirtschaft* (1924) und *Das neue Berlin* (1929). Was endlich ‚Groß-Berlin' betrifft, so wird das doppelte öffentliche Verkehrsnetz (U-Bahn und S-Bahn) vereinigt und kommunalisiert, die dynamische Politik des Erwerbs und der Kontrolle des Grundstückmarktes wird fortgesetzt.

Dennoch macht die Weltwirtschaftskrise Ende der zwanziger Jahre die Fragilität dieser Politik sichtbar. Es genügt zu lesen, was Martin Wagner selbst über die Ursachen des Finanzkrachs sagt, den man in der deutschen Hauptstadt zu Beginn der dreißiger Jahre erlebt, und über die Gründe, die ihn veranlassen, aus der SPD auszutreten. Als eine erste Hypothese können wir sagen, daß die Krise der deutschen Sozialdemokratie die Krise einer Stadt ist, die einzig auf der Ebene der Dienstleistungen und der Infrastruktur funktioniert. Die Krise der Dienstleistungs-Stadt, der „Wellfare town", hat in Berlin ihre historische Grenze, die Grenze ihrer politischen und wirtschaftlichen Produktivität erreicht.

1933 muß Martin Wagner emigrieren, zunächst in die Türkei, dann in die Vereinigten Staaten (1938), wo er in Harvard Urbanistik lehren wird. Bruno Taut, der zuerst in die Sowjetunion emigriert, später nach Japan und dann in die Türkei, unterstreicht den internationalen Aspekt dieser Krise des Städtebaus: In seiner Schrift *Siedlungsmemoiren* (1936) erinnert er daran, daß die Siedlungen dank der indirekt vorteilhaften Effekte gebaut werden konnten, die die amerikanischen Anleihen in der deutschen Wirtschaft bewirkten (der DAWES-Plan aus dem Jahre 1924): „Das Kapital dafür, das nicht direkt aus Auslandsquellen stammte, ist nicht umsonst ausgegeben worden. De facto ist eine große Menge von erheblich besseren Kleinwohnungen entstanden — im übrigen aber hat man in Deutschland eine Lehrzeit durchgemacht, die auch eine Lehre für andere Länder sein könnte. ‚Könnte' — ... Wenn z.B. die Amerikaner es für sich in Anspruch nehmen, daß erst durch die indirekten Wirkungen ihrer Anleihen, die Deutschland damals erhielt, dieser Siedlungsbau ermöglicht wurde, so würden sie nicht wie besonders kluge Kaufleute handeln, wenn sie den wichtigsten Ertrag dieses Kapitals nicht ernten wollten. Dieser Ertrag liegt im Resultat jener Erfahrungen, von denen ich hier einiges mitgeteilt habe."[18]

Die Wohnungspolitik in Frankreich (1918–1939)

Zu Beginn des 20. Jahrhunderts ist Frankreich die einzige große euopäische Nation, die über keine kodifizierte Gesetzgebung zur Regelung der Hygiene und des Gesundheitswesens verfügt. Das Gesetz aus dem Jahre 1850, die ungesunden Wohnungen betreffend, wurde nicht angewendet, außer vielleicht im Paris eines Haussmann. Zehn Jahre Diskussionen waren nötig, um einen Text zu verfassen (das Gesetz vom 15. Februar 1902), der in den Gemeinden mit mehr als 20000 Einwohnern die Baugenehmigungspflicht einführte. Die Maßnahme ist nicht ausreichend im Kampf gegen die Tuberkulose, die in den Elendsvierteln inzwischen den Platz der Cholera eingenommen hat, und an der in Paris vor 1914 jährlich zwölftausend Personen sterben. In dem Versuch, Abhilfe zu schaffen, erfindet der Arzt Paul Juillerat das „sanitäre Register" für die Häuser von Paris. Am hartnäckigsten indessen widersetzen sich die Hauseigentümer diesen Reformen, für die sich hinter dem „Hygienestaat" der verhaßte „Kollektivstaat" verbirgt.

Nach dem Kriege erlebt das Bauwesen mit der Blockierung der Mieten einen Stillstand. 1921 ist das Wohnungsangebot gleich Null, und 400000 Familien leben in jeweils einem einzigen Raum. Die Krise im Wohnungsbau wird zum Leitmotiv des politischen und gesellschaftlichen Lebens in Frankreich zwischen den beiden Kriegen. Ungeachtet der Möglichkeit, den legislativen Apparat einzuschalten (das Gesetz Siegfried von 1894, das Gesetz Bonnevay von 1912), der es der Privatwirtschaft erlaubte, Gesellschaften zur Förderung preisgünstiger Wohnungen („Sociétés d'H.B.M.") zu gründen, und den Kommunen, „öffentliche Ämter zur Schaffung billiger Wohnungen" („Offices publics d'habitations à bon marché" – O.P.H.B.M.) zu schaffen, belief sich 1928, 20 Jahre später, die Zahl der preisgünstigen Wohnungen (H.B.M.) auf nur 60000, 80000 Wohnungen für Bergarbeiter, 30000 Wohnungen für die Eisenbahner und 47000 von Industriellen errichtete Wohnungen für Arbeiter.

1922 sieht der radikale Abgeordnete Louis Loucheur (1872–1931) – Sohn eines Architekten, Schüler des Polytechnikums und Industrieller, dann, während des großen Krieges, Untersekretär im Rüstungswesen, amtierender Minister für die „Befreiten Gebiete", einer der ersten Technokraten im wirtschaftlichen und politischen Leben Frankreichs – sein Projekt von 500000, nach einem Zehnjahresplan zu errichtenden Sozialwohnungen gescheitert, abgelehnt von der Mehrheit des „Nationalen

Blocks" im Senat. Erklärtes Ziel dieses Projektes ist die „Entproletarisierung" mittels der Schaffung von Wohnungseigentum in Gestalt von Einfamilienhäuschen: „Wir erschaffen 500 000 neue Eigentümer." Die Krise ist auch durch den Mietpreisstop bedingt, der die Mieten per Gesetz unterhalb des generellen Preisniveaus festschreibt. Zweck dieser Maßnahme – Loucheur gibt es 1923 zu – ist, Lohnerhöhungen zu vermeiden, was bei einer Freigabe der Mieten unabwendbar gewesen wäre. Erst 1928, Loucheur ist inzwischen Arbeitsminister geworden, gelingt es ihm, das Parlament dazu zu bringen, das Gesetz, das seinen Namen trägt, einstimmig zu verabschieden: das Vorhaben – 260 000 Häuser innerhalb von fünf Jahren – ist völlig unzureichend, wird aber in der vorgesehenen Zeit verwirklicht. Ohne ausschließlich auf soziale Bedürfnisse zugeschnitten zu sein, ermöglicht dieses Gesetz, gleichzeitig den Forderungen der Arbeiterklasse und des Kleinbürgertums nachzukommen, indem es auf sozialer und politischer Ebene die neuen ‚Mittelschichten' stützt. Dennoch wird die Anwendung des Gesetzes 1933 ohne Zustimmung des Parlamentes vom Finanzministerium ausgesetzt. 1936 wohnen innerhalb der Grenzen von Paris etwa 100 000 Personen in 18 000 neuen Sozialwohnungen. Mehr als die Hälfte dieser Familien hatte vorher in Unterkünften mit nur einem Raum gelebt. Die beispiellosen Möglichkeiten bei der Kreditvergabe (von 75 bis 90 Prozent des Baupreises) haben es den verschiedenen Abteilungen der H.B.M. immerhin ermöglicht, bis 1939 etwa 170 000 Wohnungen zu bauen und zu vermieten. Im selben Zeitraum konnten etwa 150 000 Familien das Eigentum an einem Haus erwerben.

Henri Sellier (1883–1943), eine typische Gestalt im Bereich der neuen sozialen und kommunalen Verwaltung, ist der Verantwortliche für die Politik des sozialen Wohnungsbaus im Departement Seine und der Theoretiker der sozialdemokratischen Politik auf dem Gebiet des städtischen Verkehrswesens in Frankreich zwischen 1918 und 1933. Er ist Sozialist seit seiner frühesten Jugend, absolviert später glänzend ein Studium der Wirtschaftswissenschaften und der Jurisprudenz und wird schließlich Sekretär der französischen Angestelltengewerkschaft. Zum Generalkonsul für das Departement Seine in Puteaux, einem Vorort von Paris, gewählt, wird er 1916 zum Geschäftsführer des „Office public des H.B.M. de la Seine" (Amt für den Sozialen Wohnungsbau) ernannt. In dieser Funktion verwirklicht er nach dem Kriege auf dem Territorium des Departments Seine den Plan der Gartenstädte rund um die Stadt Paris herum. 1919 auch zum Bürgermeister von Suresnes gewählt (eine Aufgabe, die er bis 1940 wahrnimmt), verwandelt er diese kleine Industriestadt an der westlichen Peripherie von Paris mit Hilfe eines Plans für den Städtebau und soziale Einrichtungen in ein Schaufenster für die Leistungen einer sozialistischen Kommune in Frankreich, so, daß man sagen wird: „Die Gemeindeverwaltung von Suresnes hat in ihrer Laufbahn den Platz eingenommen, den das Laboratorium in jener des Wissenschaftlers einnimmt."

Es bleibt uns noch, die Politik und die von Sellier angeregten Bauten zu erläutern, zusammen mit den Arbeiten jener Architekten, die das *Office départemental* (das Provinzialamt) um sich geschart hatte: Bassompierre, de Rutté, Sirvin, Payret-Dortail, Gonnot, Albenque, Beaudoin et Lods und andere. Den Gipfel seiner Karriere erreichte Sellier, als ihm nach dem Wahlsieg der Volksfront 1936 im ersten Kabinett von Léon Blum der Posten des Ministers für das Gesundheitswesen anvertraut wurde. Als einem „Hüter des häuslichen Herdes" – so wurde er von Edouard Fuster, Professor am Collège de France und Spezialist für die deutsche Sozialgesetzgebung in Frankreich, genannt – war es Selliers Ziel, das „französische Gesundheitswesen zu erweitern und zu verbessern" und „die Zukunft der Rasse zu schützen". Selliers politische Persönlichkeit gibt uns ein lebendiges Beispiel für die Handlungen, Hoffnungen und Methoden eines der ersten progressiven französischen ‚Technokraten'. Es ist offensichtlich, daß sein Erbe, zusammen mit dem eines Loucheur oder eines Raoul Dautry, in den technokratischen Projekten, die nach dem Zweiten Weltkrieg in Frankreich ihre Blüten treiben, voll und ganz integriert wird.

Architektur, Technik und Ausdruck

Bei der Analyse der Siedlungen in Deutschland und des sozialen Wohnungsbaus in den Randbezirken der Stadt sollte die puritanische „Bigotterie" beim Design der standardisierten Möbel, die Hygiene der skandierten Reihung der Minimalzellen und der Gebäude mit höchstem Standard, die Taylorisierung der rationalisierten Einrichtungen des täglichen Lebens (Küchen, Gänge, Treppen ...) nicht übergangen werden. Gleichzeitig sollte man, wenn die von Ernst Bloch formulierte Kritik an der „technischen Kälte" zitiert wird, nicht vergessen, darauf hinzuweisen, daß er zeigen wollte, daß das *Antipathos* des „unwesentlichen" Objektes in wechselseitiger, dialektisch untrennbarer Beziehung zum Ausdruck steht. Bruno Taut, ein „expressionistischer Architekt" (wenn diese Definition hier angewendet werden darf) sagt 1928: „Das Pathetische stirbt, der *Pathos*, die heroische Gebärde (...) sind uns fremd." Und: „Das Erbe des Expressionismus hat sich nicht verbraucht, weil es uns erst noch gegeben werden muß." So zeigt er das Vorhandensein zweier gleichzeitig vorhandener Bewegungen, zweier Sphären, deren Konfrontation zugleich tragisch und notwendig war: die Welten der „großen Expression" und der „großen Technik".

„Geburt integraler Technik und Geburt integraler Expression, genau auseinandergehalten, geschieht doch aus der gleichen Magie: gründlichste Schmucklosigkeit auf der einen, grundhafteste Überschwenglichkeit, Ornamentik auf der anderen Seite, und doch beide Variablen des gleichen Exodus."[19]

Was in diesem Text von Ernst Bloch, ebenso wie in den Seiten von Bruno Tauts Zeitschrift „Frühlicht" offenbar wird, ist mehr als der alte Gegensatz zwischen Kunst und Wissenschaft: Es ist der „moderne" Gegensatz zwischen *techné* und *poiein*. Jedenfalls kann dieser Gegensatz sich nicht in einer Synthese auflösen, in einer „Übereinkunft", wie Bloch noch glaubte vorschlagen zu können: „*große Technik* regiere, ein entlastender, kühler, geistreicher, demokratischer ‚Luxus' für alle, ein Umbau des Sterns Erde mit dem Ziel abgeschaffter Armut, maschinell übernommener Mühsal, zentralisierter Automatie des Unwesentlichen, dadurch möglichen Müßiggangs; und *große Expression* regiere, den Schmuck wiederum in die Tiefe bewegend und dem Tönen der inneren über dem Schweigen der äußeren Sorge reine Zeichen des Verstehens, reine Ornamente der Lösung gewährend."[20]

Große Technik, große Expression, die dialektischen Wege einer *Lösung*, wie sie von Bloch erahnt werden, symbolisieren die Widersprüche der Architektur während der sozialdemokratischen Verwaltung. In Blochs *Geist der Utopie* erweist sich die *Lösung* als eine Auferstehung der Ethik der schöpferischen Muße (nicht der „Freizeit"). Der „demokratische ‚Luxus'", der Mythos von der Übertragung der Mühen der Arbeit auf die Maschine, bringt wieder den Begriff der *Arbeit* ins Spiel. Im Deutschland der Weimarer Zeit, beeinflußt von der Sozialdemokratie, unterliegen Kritik, Praxis und politische Programme einer fortwährenden Spaltung in eine Nostalgie nach der vorkapitalistischen Arbeitsweise (mit unterschwelligen Bezügen auf den Sozialismus von William Morris) und in eine Vorwegnahme einer Vorstellung von perfekt militarisierter Arbeit in der Meinung, diese ‚Militarisierung' ermögliche die maximale Realisierung des Wertes der Arbeit. In beiden Fällen (bei vier Millionen Arbeitslosen) wird die Idee, daß die Arbeit als solche einen *Wert* darstelle, verzweifelt aufrechterhalten und verteidigt. Die Idee von der harmonischen Arbeit löst sich allerdings ganz ‚dinglich' in Luft auf. Es geht um die Auflösung der Harmonie der verschiedenen *Arbeiten*, um die Summe der unterschiedlichen Handlungen, die das *System* hätten stützen sollen, das politische System von Weimar (so hatten die Nationalsozialisten es genannt). Der französische Soziologe Henry Raymond sagt uns: „Die sozialdemokratische Politik betrachtet die Lohnabhängigen nicht als Glieder einer Bewegung, die auf ihr eigenes Verschwinden ausgerichtet ist." Sobald die Bewegung der Lohnabhängigen dahin tendiert, sich (infolge der Krise, der Arbeitslosigkeit, des Krieges) selbst auszulöschen, ist es die Sozialdemokratie selbst, die vernichtet wird.

Hinter der Idee der *großen Technik* und der *großen Expression* verbarg sich die Idee einer *großen Politik*: die Politik der deutschen Sozialdemokratie. Und gerade das ist im Deutschland der Weimarer Zeit nicht mehr möglich. Der politische und soziale Pakt ist zerbrochen. Die Arbeiten und die Werke harmonieren innerhalb des politischen ‚Systems' nicht mehr, wenn die Aktivitäten der *techné* definitiv von denen der *poiein* abgespalten werden. Die *große Politik* wäre jene der Verschmelzung von (sozialisierten, kommunalisierten, etc.) Werken mit den Arbeiten der verschiedenen Kategorien gewesen, während die konkrete Situation in Deutschland in einem verallgemeinerten Konflikt zwischen den verschiedenen ‚Arbeiten' zum Ausdruck kommt: Konflikte zwischen *Trusts* der Leichtindustrie und *Trusts* der Schwerindustrie, zwischen den Verwaltungen der einzelnen Länder und denen der einzelnen Städte, Konflikte zwischen *gelernten* und *ungelernten* Arbeitern, zwischen Arbeitslosen, Arbeitern und Angestellten. Von nun an bedeutet Ausdruck Revolte, und der Expressionismus geht auf in der Vorführung der Verzerrungen der großen Form. Die Integration mit Hilfe der Einrichtung kollektiver Dienstleistungen und eines sozialen Netzes führt nicht zum sozialen Frieden. Im Jahre 1934 hissen die Bewohner der schönen, von der Sozialdemokratie für die Angestellten in Frankfurt gebauten Siedlung Römerstadt die Hakenkreuzfahnen an ihren Fenstern.

Der Zweite Weltkrieg hat dennoch das Modell für eine Infrastruktur der Lebensbedingungen der neuen lohnabhängigen Klassen nicht aufgehalten. In Frankreich beispielsweise schrieb Jean Giraudoux, der Schriftsteller und Sprecher der Partei der „planificateurs", der überdies die Einleitung zur „Charta von Athen" verfaßt hat, im Jahre 1939: „Unsere Republik hat die eigene Erneuerung und die eigene Existenz nicht nach den Prinzipien von Schönheit, Größe oder Bequemlichkeit entworfen, die immer das Kennzeichen der früheren Regierungen gewesen sind. Was andere Demokratien, amerikanische oder niederländische, dänische oder deutsche sich vom ersten Tage an immer wieder gerne ausgemalt, was sie perfektioniert haben, die Möbel nämlich, das hat sie nicht mit sich gebracht. Sie begnügt sich damit, möbliert zu leben ...“[21]

Dennoch — fährt Giraudoux fort — waren die Möbel in Frankreich vorhanden, in „einigen, meist sozialistischen oder kommunistischen, Gemeinden, die, bei uns, ihre Mission verstanden haben". Sie „können die Erleichterung bezeugen, mit welcher der französische Arbeiter jede Erweiterung seines Daseins aufnimmt, und die extreme Anpassungsfähigkeit, mit der er die Regeln respektiert und achtet, die ihm das persönliche oder öffentliche Eigentum auferlegen, ganz abgesehen von den Annehmlichkeiten der Wohnung und ihrer Umgebung". Das Programm für den zweiten Nachkriegs-Wiederaufbau war bereits entworfen: Nun ist alles bereit, denn es wird mit „extremer Anpassungsfähigkeit" hingenommen werden.

Bruno Taut, Die neue Wohnung. Die Frau als Schöpferin, Leipzig 1924, Schutzumschlag

Anmerkungen

1 Städte

1 Hippocrate, *Des airs, des eaux, des lieux*, Paris 1787. (Wir haben die Fassung von M. Magnan zu Rate gezogen.)
2 Die neueste Einführung in die Geschichte der Hygiene im 18. Jahrhundert bringt die Sondernummer zu *Le sain et le malsain* (J. Guillerme, Hg.) der Zeitschrift „Dixhuitième siècle", 1977, Nr. 9; zum Thema Wasser vgl. B. Fortier, *La maîtrise de l'eau*, a.a.O., S. 193–201; zum Thema Luft vgl. R. Etlin, *L'air dans l'urbanisme des lumières*, a.a.O., S. 123–134
3 *Encyclopédie*, VII, 1765, S. 386
4 A.a.O., I, 1761, S. 236
5 S. Hales, *A description of ventilators...*, read before the Royal Society, London, 1743; wir zitieren die franz. Übersetzung: *Description du ventilateur...*, Paris, 1744
6 J.T. Desaguliers, *Suite d'expérience sur les moyens d'échauffer l'air*, ins Französische übersetzt und herausgegeben von S. Sutton, in: *Nouvelle méthode pour pomper le mauvais air des vaisseaux*, Paris 1749
7 H.L. Duhamel du Monceau, *Moyens de conserver la santé aux équipages des vaisseaux, avec la manière de purifier l'air des salles des hôpitaux et une courte description de l'Hôpital Saint Louis à Paris*, Paris 1759
8 Zum Begriff „commencements" (Anfänge) in der zeitgenössischen Historiographie, vgl. G. Teyssot, *Eterotopia e storia degli spazi*, in *Il Dispositivo Foucault* (hg. von F. Rella), C.L.U.V.A. libreria editrice, Venedig 1977, S. 22–36; vgl. auch B. Barret-Kriegel, *Les demeures de la misère*, in: *Politiques de l'habitat 1800–1850*, unter der Leitung von M. Foucault, C.O.R.D.A., Paris 1977, S. 94
9 Für eine Analyse der Architektur als technischen und ästhetischen Objekts s. G. Teyssot, *Mimesis. Architettura come finzione*, „Lotus international", Nr. 32, 1981, S. 4–13 (italienisch und englisch); und G. Teyssot, *Le macchine imperfette. Architettura, programma, istituzioni nel XIX secolo* (Einleitung), hg. von P. Morachiello und G. Teyssot, Officina edizioni, Rom 1980
10 G. Canguilhem, *La connaissance de la vie*, Vrin, Paris 1952, 1975^2, S. 166
11 A.a.O., S. 159
12 G. Canguilhem, *Le normal et le pathologique* (1943), P.U.F., Paris, Ausgabe von 1966, S. 175 und 182; zitiert von F. Fourquet und L. Murard, *Les équipements du pouvoir*, „Recherches", Nr. 13, Dez. 1973 (Neuauflage U.G.E., coll. 10/18, 1976, S. 155)
13 In der Einführung zu *Le sain et le malsain*, in: „Revue du dix-huitième siècle", Nr. 9, S. 15
14 Vgl. P. Saddy, *Le cycle des immondices*, „Revue du dixhuitième siècle", Nr. 9, S. 208–214; und L. Chevalier, *Classes laborieuses et classes dangereuses*, Plon, Paris 1958, S. 250ff.
15 Vgl. Einführung zu: *Le Macchine imperfette...*, a.a.O.

16 A. Fontana, *Dall'oggetto „polizia" al piano di guerra*, „Aut Aut", Nr. 167–168, 1978, S. 31–45
17 J. Guillerme und J. Sebestik, *Les commencements de la technologie*, „Thalès", XII, Paris 1968
18 M. Foucault, *Des espaces autres*, Vortrag, gehalten am 14. März 1967 vor dem Cercle d'études architecturales in Paris; Zusammenfassung in deutscher Sprache in: *„Andere Räume*, in: *Idee, Prozeß, Ergebnis. Die Reparatur und Rekonstruktion der Stadt*, Katalog zur Ausstellung, Internationale Bauausstellung Berlin 1987, Berlin 1984, S. 337–340 (dt. von Walter Seitter); sowie: Georges Teyssot, *Geregelte Architektur und gerichtete Städte*, a.a.O., S. 341–347 (dt. von Isolde Eckle)
19 Vgl. *Les machines à guérir, aux origines de l'hôpital moderne*, M. Foucault et al., P. Mardaga, Brüssel 1979
20 F. Engels, *Zur Wohnungsfrage* (1887), Dietz Verlag, Berlin 1948
21 R.-H. Guerrand, *Les origines du logement social en France*, Les éditions ouvrières, Paris 1967; vgl. auch die italienische Übersetzung, durchgesehen, erweitert und korrigiert: *Le origini della questione delle abitazioni in Francia (1850–1894)*, hg. von G. Teyssot, Officina edizioni, Rom 1981; s. auch: R.-H. Guerrand, *Le logement populaire en France: sources documentaires et bibliographie (1800–1960)*, C.E.R.A., Ecole Nationale supérieure des Beaux Arts, Paris 1979
22 F. Boudon, A. Chastel, H. Couzy, F. Hamon, *Système de L'architecture urbaine, Le quartier des Halles à Paris*, Editions du C.N.R.S., Paris 1977
23 P. Morachiello, *Howard e i lazzaretti da Marsiglia a Venezia: gli spazi della prevenzione*, in: *Venezia e la peste (1348–1797)*, Katalog zur Ausstellung, Marsilio, Venedig 1979, S. 157–164; s. auch M. Brusatin, *Il muro della peste. Spazio della pietà e governo del lazzaretto*, C.L.U.V.A. Libreria editrice, Venedig 1981
24 B. Barret-Kriegel, *Les demeures de la misère*, a.a.O.
25 L. Chevalier, *Classes laborieuses . . .*, a.a.O., S. 215
26 F. Braudel, *Civilisation matérielle et capitalisme*, Paris 1967, S. 432
27 L. Chevalier, *Classes laborieuses*, a.a.O.
28 Vgl. L. Murard und P. Zylberman, *Le petit travailleur infatigable*, „Recherches", Nr. 25, 1976, S. 63ff.
29 L. Chevalier, *Classes laborieuses . . .*, a.a.O., S. 225
30 H. de Balzac, *La fille aux yeux d'or*, zit. in: L. Murard und P. Zylberman, *Le petit travailleur . . .*, S. 64, dt. R.F.
31 M. Foucault, *Die Geburt der Klinik. Eine Archäologie des ärztlichen Blicks*, München 1973, S. 53
32 M. Foucault, a.a.O., S. 51f.
33 B. Barret-Kriegel, *Les demeures de la misère*, a.a.O., S. 131
34 Zitiert von B. Barret-Kriegel, a.a.O., S. 96; s. auch F. Dagognet, *Pour une théorie générale des formes*, Vrin, Paris 1975; F. Dagognet, *Ecriture et iconographie*, Vrin, Paris 1973; F. Dagognet, *Une épistémologie de l'espace concret*, Vrin, Paris 1977
35 J. Gaillard, *Paris – la ville (1852–1870). L'urbanisme parisien à l'heure d'Haussmann*, H. Champion, Paris 1977, S. 16–18; s. auch L. Chevalier, *Classes laborieuses . . .*, a.a.O., S. 250
36 J. Pronteau, *Construction et aménagement des nouveaux quartiers de Paris (1820–1826)*, „Bulletin d'histoire des entreprises" November 1958, Nr. 2, S. 8–32, besonders S. 11

37 C. Gourlier, *Des voies publiques et des habitations particulières à Paris: essai sur les améliorations qui y ont été successivement apportées ainsi qu'aux habitations des classes pauvres et ouvrières*, Paris 1852. Charles Gourlier war der Sekretär des Conseil des Bâtiments civils
38 Für Deutschland s. L. Niethammer und F. Bruggemeier, *Wie wohnten Arbeiter im Kaiserreich*, „Archiv für Sozialgeschichte", XVI, 1976
39 A. Rabusson und A. Demeunynck, *Travaux d'utilité publique*, in: *Du déplacement de Paris dans ses rapports avec le renouvellement du privilège de la Banque*, Paris 1838–1843; zitiert von A. Thalamy, *Réflexions sur la notion de l'habitat au XVIIIe et au XIXe siècles*, in: *Politiques de l'habitat...*, a.a.O., S. 62 (mit Bibliographie S. 70–71)
40 Lanquetin, *Question du déplacement de la population. Etat des études sur cette question*, Paris 1842; s. auch Lanquetin, *Vue administrative d'ensemble en considération des besoins de l'avenir*, Paris 1843; zu Lanquetin s. J. Gaillard, *Paris – la ville...*, a.a.O., S. 13
41 Perreymond, *Etudes sur la Ville de Paris*, „Revue générale de l'Architecture et des Travaux publics", Jg. 1842 und 1843; s. Bd. III (1842), S. 540–554 und S. 570–579, wo es heißt (S. 578): „der öffentliche Verkehr als das Gesundheitswesen vor dem Monument"; IV (1843), S. 25–37, S. 72–88, S. 413–429, S. 449–468, S. 517–528. Ebenfalls von Perreymond s. *Le bilan de la France ou la misère et le travail*, Paris, Librairie phalanstérienne, 1849, besonders S. 8–56: 1835 z.B. beläuft sich die Anzahl von Wohnungen mit einer einzigen Öffnung (die Tür!) in Frankreich auf insgesamt 346.401; Wohnungen mit zwei Öffnungen (Tür und Fenster): 1.817.328; Wohnungen mit drei Öffnungen: 1.328.937 usw. auf 6.727.051 in ganz Frankreich gezählte Häuser (vgl. S. 8–9)
42 Zitiert von A. Thalamy, *Réflexions sur la notion d'habitat...*, a.a.O., S. 63
43 J.-C. Perrot, *Genèse d'une ville moderne, Caen au XVIIIe siècle*, Mouton, Paris – La Haye, 1975, Bd. II, S. 666
44 A. Rabusson und A. Demeunynck, a.a.O., 1843; das Zitat stammt aus A. Thalamy, *Réflexions sur la notion d'habitat...*, a.a.O., S. 64
45 A. Faure, *Classe malpropre, classe dangereuse? quelques remarques à propos des chiffonniers parisiens au XIXe siècle et de leurs cités*, „Recherches", Nr. 29, Dez. 1977, S. 79–102
46 Wie jene des Faubourg Saint-Antoine; R.-H. Guerrand zitiert den Fall der Cité Doré (470 Haushaltungen, 750 Einwohner): vgl. *Les origines du logement social en France*, a.a.O., S. 96 und 206
47 A. Comte, *Système de politique positive*, 1852; zitiert von S. Kofman, *Aberrations, le devenir-femme d'Auguste Comte*, Aubier-Flammarion, Paris 1976, S. 69ff., dt. R.F.
48 R.-H. Guerrand, *Les origines du logement social en France*, a.a.O., S. 17
49 Zitiert von R.-H. Guerrand, a.a.O., S. 18
50 S. Kofman, *Aberrations...*, a.a.O., S. 76
51 Zitiert von R.-H. Guerrand, *Les origines du logement social en France*, a.a.O., S. 20
52 L. Niethammer und F. Bruggemeier, *Wie wohnten Arbeiter...*, a.a.O.

2 Mütter

1 Das Zitat von A. Comte befindet sich in: A. Comte, *Plan der wissenschaftlichen Arbeiten, die für eine Reform der Gesellschaft notwendig sind* (Prospectus des travaux scientifiques nécessaires pour réorganiser la société, 1822), München 1973, S. 50, zitiert von Sarah Kofman, *Aberrations, le devenir femme d'Auguste Comte*, Aubier-Flammarion, Paris 1978, S. 74–75
2 Zitiert von S. Kofmann, a.a.O., S. 77
3 In A. Comte, *Appel aux conservateurs* (1855); wir zitieren aus C. Comte, *Du pouvoir spirituel* (P. Arnaud, Hg.), Le livre de poche, Paris 1978, S. 408; dt.: *Aufruf an die Konservativen* (dt. von E. Lippmann), Neufeld 1928
4 A.a.O.
5 A.a.O., S. 419–420
6 R. Barthes, *Michelet*, Frankfurt am Main 1980, S. 173
7 Vgl. T. Zeldin, *Histoire des passions francaises* (1848–1945), Recherches, Paris 1977, 5 Bde.
8 J. Michelet, *La Femme*, (1859), Vorwort von Thérèse Moreau, Flammarion, Paris 1981, S. 28
9 Vgl. z.B. „*Moi-Paris*", *Centenaire de la mort de Jules Michelet*, Paris 1975, insbesondere S. 36 und S. 53
10 Walter Benjamin, *Zentralpark*, in: Gesammelte Schriften, Bd. I, 2, Frankfurt am Main 1974, S. 666ff.
11 P. Bureau, in: *L'indiscipline des moeurs* (1927), zitiert von T. Zeldin, *France* (1848–1945), S. 291, franz. Ausgabe Bd. I, S. 340
12 T. Zeldin, a.a.O., S. 291
13 Ch. Baudelaire, *Fusées*, in: Oeuvres Complètes, Bibliothèque de la Pléiade, Gallimard, Paris 1961, S. 1247, dt. R.F.
14 A.a.O., S. 1264, dt. R.F.
15 In: Ch. Baudelaire, *Plans et projets de Romans et nouvelles*, in: *Oeuvres Complètes*, S. 522, dt. R.F.
16 Ch. Baudelaire, *Théophile Gautier*, in: *Oeuvres Complètes*, S. 687, dt. R.F.
17 Vgl. R. Barthes, *Michelet*, a.a.O., S. 53
18 Vgl. Polanyi, *The great transformation*, New York 1944, insbesondere den zweiten Teil; siehe auch G. Procaci, *L'economia sociale ed il governo della miseria*, in: „Aut Aut", Nr. 167–168, Sept.–Dez. 1978, S. 63–80
19 Zum Begriff ‚Angewandte Wissenschaften' siehe J. Guillerme, *Il sistema della produzione tecnologica e le condizioni d'emergenza dell'architettura moderna*, in: *Le macchine imperfette; Architettura, programma, istituzioni nel XIX secolo* (P. Morachiello und G. Teyssot, Hg.), Officina edizioni, Rom 1980, S. 57–75
20 J. Donzelot, *La police des familles*, Minuit, Paris 1977, Bd. 2, S. 55–56; dt. *Die Ordnung der Familie* (dt. von Ulrich Raulff), Frankfurt 1980
21 A.-J.-B. Parent-Duchatelet, *Hygiène publique*, Paris 1836, Bd. 2, S. 616, zitiert von M. Perrot in: *Enquêtes sur la condition ouvrière en France au 19e siècle*, Micro-éditions Hachette, Paris 1972, S. 10
22 M. Perrot, a.a.O.: Es handelt sich um die fundamentale Analyse der Erhebungen über die „économie sociale" im Frankreich des 19. Jahrhunderts, mit Anhang und analytischem Register von 140 Titeln, die in *microfiches* beim Verlag Hachette, Paris, reproduziert sind

23 E. Buret, *De la misère des classes laborieuses en Angleterre et en France* (...), Paris 1840, 2 Bde., Bd. 1, S. 74
24 A.a.O., S. 12
25 Zitiert aus: *Essai sur la nomenclature et la classification des principales branches d'Art et Science; ouvrage extrait du Chrestomathia de Jérémie Bentham, par George Bentham*, Paris 1823, S. 74
26 Zitiert von E. Halévy in: *The growth of philosophical radicalism*, London 1938, S. 13
27 *Essai sur la nomenclature* (..), a.a.O., S. 73
28 D.-A. Jacquemart, *L'art de se procurer les éléments du bien-être*, Soissons, Reims, Paris, August 1847
29 M. Chevalier, *La science mise à la portée de toutes les intelligences. Le désir de bien-être est légitime; il peut obtenir satisfaction; mais sous quelles conditions?* (1851): „Das Bedürfnis nach Wohlstand ist ein so dringliches Bedürfnis, daß es schon fast zur Leidenschaft geworden ist; es hat die Gesellschaft in all ihren Teilen durchdrungen, und es gibt keine einzige Klasse mehr, die davon nicht von Grunde auf beeinflußt wäre" (S. 7); zitiert von T. Zeldin, *Histoire des passions françaises*, a.a.O., Bd. III, S. 318
30 K. Polanyi, a.a.O., S. 151
31 Wir können nur auf das Kapitel „Médecine, hygiène et mortalité" verweisen, in: J.-C. Perrot, *Genèse d'une ville moderne, Caen au XVIIIe siècle*, Mouton, Paris–Den Haag, S. 882ff.
32 S.-A. Tissot, *Avvertimenti al popolo sopra la sua salute*, ins It. übers. von G. Pellegrini, Venedig 1766, Erster Band, S. 43–47 (ich danke F. Amendolagine für den Hinweis auf diese Übersetzung)
33 Zitiert in: S. Roux, *La maison dans l'histoire*, A. Michel, Paris 1976, S. 223–224
34 *Rapport sur la marche et les effets du cholera morbus dans Paris (...); Année 1832, par la commission nommée (...) par MM. les Préfets de la Seine et de Police*, Paris 1834
35 L.-R. Villermé, *Tableau de l'état physique et moral des ouvriers employés dans les manufactures de coton, de laine et de soie*, Paris 1840, 2 Bde.
36 Zu A. Quételet und F. Le Play vgl. die erhellenden Seiten von P.A. Lazarsfeld, *Metodologia e ricerca sociologica*, Il Mulino, Bologna 1967, S. 3–108
37 P.A. Piorry, *Des habitations et de l'influence de leurs dispositions sur l'homme en santé et en maladie*, Paris 1838
38 T. Zeldin, *France (1848–1945)*, a.a.O., Bd. I, S. 38
39 J.-L. Lassaigne, *Recherches sur la composition que présente l'air recueilli à différentes hauteurs dans une salle close où on respiré un grand nombre de personnes*, in: „Journal de Chimie médicale, de Pharmacie et de Toxicologie", II, 1847, S. 477
40 Vgl. z.B., Desjobert, *Etat sanitaire de l'Armée*, Paris 1848
41 E. de la Quérière, *Salubrité publique*, „Revue générale de l'Architecture", 1845, VI, S. 26; *De l'hygiène de l'habitation*, Paris-Rouen 1851
42 R.-H. Guerrand, *Les origines du logement en France*, Les éditions ouvrières, Paris 1967
43 J.-B. Fonssagrives, *De la régénération physique de l'espèce humaine par l'hygiène de la famille et en particulier du rôle de la mère dans l'éducation physique des enfants*, 1867, und idem *Dictionnaire de la santé, ou répertoire d'hygiène pratique à l'usage des familles et des écoles*, 1876; beide zitiert von J. Donzelot, *La police des familles*, a.a.O., S. 22 und 45; vom selben Autor haben wir zu Rate gezogen: *La Maison, étude d'hygiène et de bien-être domestiques*, Montpellier 1871
44 J. Donzelot, a.a.O., S. 88; vgl. auch: *Disciplines à domicile, l'édification de la famille* (J. Isaac und P. Fritsch, Hg.), „Recherches", Nr. 28, November 1977

45 K. Polanyi, a.a.O., S. 99ff.
46 J.-M. de Gérando, *Le visiteur du pauvre*, Paris 1820, S. 383
47 R. Castel, *L'ordre psychiatrique*, Minuit, Paris 1976, S. 74
48 Vgl. L. Murard und P. Zylberman, *Le petit travailleur infatigable ou le prolétaire régénéré*, „Recherches", Nr. 25, 1976, insbesondere S. 195–228; und G. Deleuze, *L'ascesa del sociale*, in: „Aut Aut", Nr. 167–168, Sept.–Dez. 1978, S. 108–114; dt.: *Der Aufstieg des Sozialen*, Nachwort zu: J. Donzelot, *Die Ordnung der Familie*, a.a.O.
49 Wir zitieren die am häufigsten verwendeten Werke: P. Ariès, *Histoire des populations françaises et de leurs attitudes devant la vie depuis le XVIIIe siècle* (1948), Seuil, Paris 1971; P. Ariès, *Geschichte der Kindheit* (1960), München ^{6}1984; E. Shorter, *The making of the modern family*, New York 1975; J.-L. Flandrin, *Familles, parenté, maison, sexualité dans l'ancienne société*, Hachette, Paris 1976; siehe auch: *La famiglia nella storia, comportamenti sociali e ideali domestici*, ins It. übersetzt, *The Family in history* (1975), Charles E. Rosenberg (Hg.), Einaudi, Turin 1979; für eine Untersuchung der Familie in den verschiedenen sozialen Klassen: in Paris: A. Daumard, *Les Bourgeois de Paris au XIXe siècle*, Flammarion, Paris 1970; und in Lille: P. Pierrard, *La vie ouvrière à Lille sous le Second Empire*, G. Montfort, Brionne 1965 (Reprint 1978)
50 T. Zeldin, *France (1848–1945)*, a.a.O., Bd. I, S. 344 und 382
51 Vgl. T. Zeldin, *Histoire des passions françaises*, Bd. III, S. 47
52 T. Zeldin, *France (...)*, frz. Übers., Bd. I, S. 344–345
53 R.M. Rilke, *Die Aufzeichnungen des Malte Laurids Brigge* (1910), *Sämtliche Werke*, Frankfurt 1966, Bd. 6, S. 709
54 T. Zeldin, *France (...)*, a.a.O., Bd. I, S. 32
55 Vgl. das Kapitel „Assistance et urbanisme", in J. Gaillard, *Paris, la ville (...)*, a.a.O., S. 304–330
56 J. Donzelot, a.a.O., S. 68
57 G. Deleuze, vgl. Anm. 48, S. 110
58 A. Martin-Fugier, *La place des bonnes, la domesticité féminine à Paris en 1900*, B. Grasset, Paris 1979, S. 317–331; vgl. auch P. Guiral und G. Thuillier, *La vie quotidienne des domestiques en France au XIXe siècle*, Hachette, Paris 1978; und T. MacBride, *The domestic revolution: the modernisation of household service in England and France, 1820–1920*, Croom Helm, London 1976
59 T. Zeldin, *France (...)*, a.a.O., Bd. I, S. 329, 337 und 361
60 Ch. Baudelaire, *Journaux intimes. Mon coeur mis à nu*, § XXI, Nr. 36, in: *Oeuvres Complètes*, Bd. 19, S. 1284, dt. in: *Aphoristisches* (Übersetzung: Franz Blei), aus Charles Baudelaire, Kritische und nachgelassene Schriften, München (Georg Müller) 1925, S. 336

3 Was ist Komfort?

1 Audiger, *La Maison réglée et l'art de diriger la maison d'un grand Seigneur*, Paris 1692; A. de Courtin, *Nouveau traité de la civilité qui se pratique en France parmi les honnestes gens*, Paris 1671; vgl. N. Elias, *Über den Prozeß der Zivilisation* (1939), Bd. 1, 1969^2
2 C. Daly, *De l'architecture domestique monumentale*, Revue générale de l'Architecture et des travaux publics (in der Folge „R.G.A."), I. 1840, S. 197–205

3 Vgl. H. Lipstadt, *Housing the Bourgeoisie: César Daly and the ideal home*, „Oppositions", Frühling 1977, Nr. 8, S. 33—47; und A. Lorenz van Zanten, *Form and Society: César Daly and the Revue Générale de l'Architecture*, a.a.O., S. 137—145; F. Lipstadt, C. Daly: revolutionary architect?, „Architecture Design", 11/12, 1978, S. 18—29; ganz besonders wichtig die Untersuchung von I. Frazer, G. Garmesa, J. Guillerme, H. Mendelsohn, unter der Leitung von H. Lipstadt, *Architectes et ingénieurs dans la presse: polémique, débat, conflit*, C.O.R.D.A., I.E.R.A.U., Paris 1980
4 R.G.A., I, 1840, S. 198
5 A.a.O., S. 199
6 A.a.O., S. 200
7 A.a.O., S. 201
8 A.a.O., S. 202
9 Ebenda
10 A.a.O., S. 203
11 P. Stanton, *Pugin*, Thames and Hudson, London 1971
12 *Département de la Seine, Commission centrale de salubrité, Rapport sur la salubrité des habitations*, unterzeichnet von Rohault de Fleury, Januar 1832
13 L. Vaudoyer, *Instructions sur les moyens de prévenir ou de faire cesser les effets de l'humidité dans les bâtiments*, Paris 1844
14 R.G.A., V., 1844, S. 208—214 und 493—495
15 R.G.A., VII., 1847, S. 108ff.
16 Vgl. R. Evans, *Panopticon*, „Controspazio", Nr. 10, 1970, S. 4—18
17 *Prospectus d'un projet pour la construction de nouvelles maisons dont tous les calculs et détails procureront une très grande économie et beaucoup de jouissance*, vor M. de Chabannes, Paris 1801; zit. von B. Fortier, *L'invention de la maison*, „Architecture, Mouvement, Continuité", Nr. 51, 1980, S. 35
18 *Assainissement des grandes villes avec l'air de la campagne*, Imprimerie de Salut public, Lyon, ohne Jahr (1884)
19 A.a.O., S. 11
20 R.G.A., V., 1844, S. 118
21 R.G.A., VIII, 1849—1850, S. 29: Artikel von Jobard, dem Direktor des Museums der Belgischen Industrie über „L'architecture métallurgique" (S. 27—70)
22 Walter Benjamin, *Paris, die Hauptstadt des XIX. Jahrhunderts, Gesammelte Schriften*, Bd. V, 1, Hrsg. v. Rolf Tiedemann, Frankfurt 1982, S. 46
23 M. Girouard, *The Victorian Country House*, Clarendon Press, Oxford 1971; 2. erw. Auflage: Yale University Press, New Haven und London 1979
24 J. Gaillard, *Paris — la ville (1852—1870), L'urbanisme parisien à l'heure d'Haussmann*, H. Champion, Paris 1977, S. 69ff.
25 *Société centrale des architectes, Rapport fait au conseil par M. Adolphe Lance (...) pour étudier les moyens propres à assurer l'assainissement des habitations insalubres*, Paris 1850, S. 45
26 N.P. Harou-Romain, *Projet de pénitencier*, Paris 1840
27 Im Bericht des *Traité d'Architecture* von Léonce Raynaud, erschienen in der „Encyclopédie d'architecture", Mai 1853, gez. Adolph Lance; zitiert von F. Béguin, *Savoirs de la ville et de la maison au début du 19ème siècle*, in J.M. Alliaume usw., unter der Leitung von M. Foucault, *Politiques de l'habitat (1800—1850)*, C.O.R.D.A., Paris 1977, S. 306
28 C. Daly, *L'architecture privée au XIXe siècle sous Napoléon III*, Paris 1864, S. 38

29 Wir zitieren die italienische Übersetzung von Alfredo Melani: G. Garnier, A. Amman, *L'abitazione umana*, Mailand 1893, S. 525
30 A.a.O., S. 528
31 T. Zeldin, *Histoire des passions françaises*, III: „goût et corruption", Encres-Recherches, Paris 1979, S. 308
32 *Enquête sur les conditions de l'habitation en France — Les maisons-types*, mit einer Einleitung von Alfred de Foville, 1894, I, S. XXXVII der Einleitung (Neuauflage: G. Monfort Hg., Brionne 1980)
33 A.a.O., S. XXXIII–XXXV
34 T. Zeldin, *Histoire des passions françaises*, III., S. 309
35 L. Niethammer, *La genèse du logement social comme stratégie bourgeoise*, Vortrag anläßlich einer von M. Perrot, Maison des sciences de l'homme, 1979 in Paris organisierten Konferenz zum Thema *La politique patronale du logement en France au XIXe siècle*
36 L. Niethammer und F. Bruggemeier, *Wie wohnten Arbeiter im Kaiserreich*, „Archiv für Sozialgeschichte", XVI, 1976
37 L. Murard und P. Zylberman, *Le petit travailleur infatigable ou le prolétaire régénéré*, „Recherches", Nr. 25, November 1976, S. 198–199
38 S. Giedion, *Mechanization takes command*, Oxford University Press, 1948; dt. Ausgabe: *Die Herrschaft der Mechanisierung. Ein Beitrag zur anonymen Geschichte*, Frankfurt 1982
39 R. Banham, *The Architecture of the Well-Tempered Environment*, The Architectural Press, London 1969; deutsche Erstveröffentlichung: *Architektur der wohltemperierten Umwelt*, in: Arch + Zeitschrift für Architektur und Städtebau, Februar 1988
40 C. Daly, *Nouvelle architecture à l'usage des Prolétaires anglais*, R.G.A., VI., 1845–1846, S. 150–155; E. Ducpétiaux, *Projet d'Association financière pour l'amélioration des habitations (. . .)*, Brüssel 1846, der das *Projet pour la construction aux environs de Bruxelles, d'un quartier modèle spécialement destiné à des familles d'ouvriers* ohne Ort und Jahr (Januar 1844) wieder aufnimmt
41 C. Daly, *Nouvelle architecture domestique à l'usage des ouvriers*, R.G.A., VI., 1846, S. 210–221
42 Ebenda; siehe auch S. 410–412; S. 449–456; S. 503–509; S. 540–546
43 C.H. Lallemant (Doktor der Medizin), *La caserne des douanes au Havre et les Cités ouvrières*, Le Havre 1858; C. Daly, Bericht des *Salon* von 1849, R.G.A., VIII., 1849–1850, S. 209
44 C.H. Lallemant, a.a.O.
45 R.G.A., VIII., 1849–1850, S. 211–212
46 Vgl. C. Gourlier, *Choix d'édifices publics* (zusammen mit Biet, Grillon und Tardieu), 3 Bde., 1825–1850
47 E.G. Wakefield, *A View of the Art of Colonization* (1849), J. Collier (Hg.), London 1914
48 Vgl. G.S. Jones, *Outcast London. A Study in the Relationship between Classes in the Victorian Society* (1971), Pantheon Books, New York 1984
49 P.R. Marchand, *Du paupérisme*, Paris 1845, S. 475–478
50 M.G. Raymond, *La politique pavillonaire*, C.R.U., Paris 1966, S. 28
51 Vgl. S. Charléty, *Histoire du Saint-Simonisme* (1825–1864), P. Hartmann, Paris 1931, S. 249
52 A.a.O., S. 163

53 H. Dameth, *Agitation socialiste*, 1848; *Appel aux socialistes*, 1848; *Solidarité*, ... *Sciences sociales*, 1848
54 H. Dameth, *Mémoire sur la fondation de Cités industrielles, dites Cités de l'Union*, Paris 1849
55 L. Hautecoeur, *Histoire de l'architecture classique en France*, Picard, Paris, VI, 1955, S. 115, 307–308, 314, 370–371
56 T. Charpentier, *Projet d'assainissement du quartier de la Cité*, 1832
57 T. Charpentier, *Projet de maison pénitenciaire*, 1838
58 Alphonse Grün, *Etat de la question des habitations et logements insalubres*, Paris 1849
59 A. Hennequin, *De l'amélioration des petits logements dans les villes*, „Le Correspondant", Juli–August 1848
60 V. Meunier, *Les Cités ouvrières*, Toulon 1849; zu Meunier vgl. T. Zeldin, *Histoire des passions françaises*, a.a.O., III, S. 276
61 L.-R. Villermé, *Sur les Cités ouvrières*, Paris 1850 (Auszug aus „Annales d'Hygiène publique et de Médecine légale", 1849–XLII), S. 11
62 A.a.O., S. 8
63 Ebenda
64 A.a.O., S. 10
65 N.P. Harou-Romain, *Des cités ouvrières*, „Annales de la Charité", V, 1849, S. 737; zitiert von D. Rancière, „La loi du 13 Juillet 1850 sur les logements insalubres", in: J.M. Aillaume, ..., *Politiques de l'habitat (1800–1850)*, a.a.O., S. 199
66 A. Audiganne, *Les populations ouvrières et les industries de la France*, Paris 1860², Bd. II, S. 316
67 *Institution des Palais de famille, solution de ce grand problème: le confortable de la Vie à bon marché pour tous*, par V. Calland und A. Lenoir, Paris 1855², S. 15
68 *Les cités de chemins de fer*, Paris 1857
69 A.a.O., S. 44
70 A.a.O., S. 49
71 A.a.O., S. 50–51
72 *Le familistère de Guise ou les équivalents de la richesse*, Katalog der Ausstellung unter der Leitung von A. Brauman und M. Louis, Archives de l'Architecture Moderne, Brüssel 1976 (Neuauflage: 1981)
73 A. Houzé de l'Aulnoit, *Des logements d'ouvriers à Lille, La Cité Napoléon*, Lille 1863
74 H.-J. Borie, *Aérodômes, nouveau mode de maisons d'habitation de dix ou onze étages, applicable aux quartiers les plus mouvementés des grandes villes*, Paris 1865 2. Ausgabe 1867
75 J. Fabien, *Paris en songe, essai sur les logements à bon marché*, Paris 1863; vgl. T.P. Desmartis, *Logements des classes pauvres*, Bordeaux 1860
76 G. Flaubert, *L'éducation sentimentale, Histoire d'un jeune homme*, (1869), Garnier-Flammarion, Paris 1969, S. 166, dt. R.F.
77 J.-J. Bloch und M. Delort, *Quand Paris allait „à l'expo"*, Fayard, Paris 1979; in der R.G.A. von C. Daly: vgl. XXIV, 1866, S. 221–228; XXV, 1867, S. 158ff.; XXVI, 1868, S. 64–71, 110–113 und S. 256ff.; vgl. auch C.A. Oppermann, *Visites d'un ingénieur à l'expo. universelle de 1867*, Paris 1867
78 T. Zeldin, *Histoire des passions françaises* a.a.O., III, S. 304
79 A. Foucher de Careil, *Les habitations ouvrières*, Exposition universelle de 1867, classe 93, groupe X, Paris, E. Lacroix, 1868; 2. Aufl. mit Lucien Puteaux, *Les habitations ouvrières et les constructions civiles*, Paris, E. Lacroix, 1873

80 F. Fourquet und L. Murard, *Les équipements du pouvoir*, „Recherches", Nr. 13, Dez. 1973; neu aufgelegt U.G.E., coll. 10/18, 1976, S. 292
81 Diskussion mit M. Foucault, in: *L'impossible prison*, unter der Leitung von M. Perrot, Le Seuil, 1980, S. 42
82 F. Fourquet und L. Murard, *Les équipements du pouvoir*, a.a.O., S. 292
83 Vom I.F.R.E.S. im Oktober 1980 durchgeführte Untersuchung, zitiert von J. Stolz, *Des millions de „ça me suffit"*, in: „Le Monde-Dimanche", 1. März 1981, S. IV
84 F. Nietzsche, *Zur Genealogie der Moral*, in: *Werke – Kritische Gesamtausgabe*, hrsg. v. G. Colli / M. Montinari, 6. Abtlg. / 2. Bd., Berlin 1968, S. 329–331
85 Diskussion mit M. Foucault über den Begriff „Infrastruktur" (équipement), veröffentlicht in: F. Fourquet und L. Murard, *Les équipements du pouvoir*, a.a.O., S. 215–216
86 C. Lévi-Strauss, *Anthropologie structurale*, Paris 1958, S. 317; zitiert von G. Baty-Tornikian, *Anthropologie de l'espace*, C.E.R.A.., Paris 1972, dt. R.F.
87 P. Bourdieu, *Esquisse d'une théorie de la pratique*, Librairie Droz, Genf 1972, S. 175
88 In Frankreich wurde der Begriff „modèle culturel" diskutiert in: *Modèles culturels-habitat*, J.-C. De Paule und B. Mazérat (Hg.), C.E.R.A., Paris 1977; siehe auch H. und M.G. Raymond, N. und A. Haumont, *L'habitat pavillonnaire*, C.R.U., Paris 1966 (3 Bde.); H. Raymond und M. Segaud, *L'espace architectural: approche sociologique*, in: *Une nouvelle civilisation, hommage à George Friedmann*, Paris 1973; und H. Raymond, *Habitat, modèles culturels et architecture*, „L'Architecture d'Aujourd'hui", Nr. 174, 1974
89 B. Huet, *Modèles culturels et architecture*, in: *Modèles culturels-habitat*, a.a.O., S. 34
90 G. Bachelard, *Die Poetik des Raumes*, übers. von K. Leonhard, München 1975
91 Michel Serres, *Mythischer Diskurs und erfahrener Weg*, in: C. Lévi-Strauss, *Identität*, Stuttgart 1980, S. 26f.
92 A.a.O., S. 27
93 R.M. Rilke, *Die Aufzeichnungen des Malte Laurids Brigge*, (1910), in: Rainer Maria Rilke, *Werke*, Bd. III, 1, Insel Verlag, Frankfurt am Main 1966, S. 149–150

4 Zu vermieten

1 „R.G.A.", X, 1852, S. 396–405
2 Vgl. G. Teyssot, *Cottages et pittoresque; les origines du logement ouvrier en Angleterre, 1781–1818*, „Architecture, Mouvement, Continuité", Nr. 34, 1974, S. 26–37
3 Vgl. die Beiträge von E. Concina und B. Leroy, in: *Le Macchine imperfette, Architettura, programme, istituzioni nel XIX secolo*, P. Morachiello und G. Teyssot (Hg.), Officina Edizioni, Rom 1980
4 Vgl. B. Fortier, *L'invention de la maison*, „Architecture, Mouvement, Continuité", Nr. 51, 1980, S. 29–35
5 Vgl. *Théâtre des états de son altesse royale le Duc de Savoye, Prince de Piémont*, I, Den Haag 1700. Ich danke Bernard Huet für diesen Hinweis.
6 B. Fortier, a.a.O.
7 Viollet-le-Duc, *Histoire d'une maison*, Hetzel, Paris, o.J. (1873), S. 104; Neuauflage, P. Mardaga, Brüssel 1979

8 A.a.O., S. 116
9 A.a.O., S. 117
10 V. Fanet, *Paris militaire au XVIIIe siècle. Les casernes*, Paris 1904; A. Navereau, *Le logement et les ustensiles des gens de guerre, de 1439 à 1789*, Poitiers 1924; M. Spivak, *L'hygiène des troupes à la fin de l'Ancien régime*, „Dix-Huitième Siècle", Nr. 9, 1977, S. 115ff.
11 M. Foucault et al., *Les machines à guérir*, Mardaga, Brüssel 1979
12 M. Gallet, *Paris Domestic Architecture of the 18th Century*, Barrie & Jenkins, London 1972; M. Girouard, *Life in the English Country House: a Social and Architectural History*, Yale U.P., Yale 1977
13 T. Zeldin, *France 1848–1945*, I, Clarendon Press, Oxford, 1973, S. 59
14 A.a.O., S. 106
15 J. Gaillard, *Paris – la ville (1852–1870)*, H. Champion, Paris 1977, S. 69ff.
16 A.a.O., S. 103–104
17 J. Bastié, *La croissance de la banlieue parisienne*, P.U.F., Paris 1964
18 L. Niethammer, *La genèse du logement social comme stratégie bourgeoise*, Vortrag am Kongreß *La politique patronale du logement en France au XIXe siècle*, organisiert von M. Perrot, Maison des Sciences de l'homme, Paris 1979, S. 6
19 A. Audiganne, *Les populations ouvrières et les industries de la France*, Paris 1860², S. 310
20 „R.G.A.", X, 1852, bes. S. 396ff.
21 In „Revue d'économie chrétienne", 1862, S. 74; zit. von M. Foucault et al. *Politiques de l'habitat (1800–1850)*, CORDA, Paris 1977, S. 197
22 A. Grandpierre, *La réforme des logements ouvriers*, o.O., März 1894, S. 79–80
23 E. Cacheux, *De la construction de maisons à plusieurs logements*, IV. Internationaler Kongreß der „H.B.M.", Brüssel, Juli 1897, S. 167–176
24 A. Audiganne, a.a.O., S. 324
25 P. Brousse, *La propriété collective et les services publics*, Paris 1910 (1. Ausgabe 1883)
26 G.S. Jones, *Outcast London. A Study in the Relationship between Classes in the Victorian Society* (1971), Pantheon Books, New York 1984
27 C. Gourlier, *Salon de 1853, Architecture: Etudes de maisons ouvrières*, Paris 1853, S. 4–5
28 J. Donzelot, *La police des familles*, Minuit, Paris 1977, S. 45, dt.: *Die Ordnung der Familie* (dt. von Ulrich Raulff), Frankfurt 1980
29 H. Roberts, *Des habitations des classes ouvrières*, Paris 1950; J.N. Tarn, *Five per Cent Philantropy*, Cambridge Univ. Press., London 1973, S. 50–55
30 C. Lucas, *Les habitations à bon marché en France et à l'étranger*, 2. Ausg., hg. von W. Darvillé, Paris o.J. (1910), S. 14; A. Raffalovitch, *Le logement de l'ouvrier et du pauvre*, Paris 1887
31 J. Gaillard, a.a.O., S. 210
32 G. Clark, *Logements modèles*, Paris 1855, S. 9
33 J.-K. Huysmans, *L'Art moderne*, édition U.G.E., collection 10/18, 216
34 A.a.O., S. 314
35 A.a.O., S. 226
36 C.A. Oppermann, *300 projets et propositions utiles*, Paris 1866
37 C.G. Lucas, a.a.O., S. 24; E. Muller, E. Cacheux, *Habitations ouvrières*, 1878; „R.G.A.", XXII, S. 267

38 C.A. Oppermann, a.a.O., S. 116
39 A.a.O., S. 35
40 A.a.O., S. 117
41 Vgl. C. Lucas, *L'habitation à toutes les époques*, Weltausstellung des Jahres 1878, Paris 1879, S. 22
42 C. Le More, *Le logement à bon marché dans Paris: une solution*, Paris 1884
43 L. Lambeau, *Les logements à bon marché*, Paris 1897, S. 30–33
44 A.a.O., S. 102–105; vgl. auch van Huffel, *Le Conseil Municipal de Paris et la question des logements à bon marché*, Paris 1883
45 L. Lambeau, A.a.O., S. 1005–1008
46 A.a.O., S. 981–987
47 G. Jacquemet, *Problèmes immobiliers à Paris à la fin du XIXe siècle*, „Bulletin du Centre d'Histoire économique et sociale de la Région Lyonnaise", Nr. 1, 1976, S. 11–43
48 A.a.O., S. 24
49 A.a.O., S. 30
50 T. Zeldin, a.a.O., S. 105
51 J. Gaillard, a.a.O., S. 549–550
52 M.G. Raymond, *La politique pavillonnaire*, C.R.U., Paris 1966, S. 213
53 Zitiert bei M.G. Raymond, a.a.O., S. 211
54 L. Lambeau, a.a.O., S. 220–228
55 E. Jourdet, *Les habitations à bon marché*, Paris 1906
56 A. Vaillant, *Magasins et logement, Société civile coopérative de consommation du XVIIIe arrondissement de Paris*, Paris 1890
57 A.a.O., S. 19–20
58 J. und F. Fourastié, *Histoire du confort*, P.U.F., Paris 1973, S. 54
59 G. Thuillier, *Pour une histoire du quotidien au XIXe en Nivernais*, Mouton, Paris-Den Haag 1977; A. Martin-Fugier, *La place des bonnes*, Grasset, Paris 1979, bes. S. 112
60 B. Ehrenreich und D. English, *The Manufacture of Housework*, „Socialist Revolution", Nr. 26, Vol. 5, N. 4, 1975
61 *L'abitazione razionale*, hg. von C. Aymonino, Marsilio, Padua 1971
62 A. Vaillant, a.a.O., S. 44
63 W. Benjamin, *Erfahrung und Armut*, in: *Gesammelte Schriften*, Bd. II, 1, Frankfurt 1977, S. 217
64 W. Benjamin, *Einbahnstraße*, in: *Gesammelte Schriften*, Bd. IV, 1, Frankfurt 1972, S. 88
65 G. Flaubert, *L'éducation sentimentale. Histoire d'un jeune homme* (1869), Garnier-Flammarion, Paris 1969, S. 55, dt. R.F.
66 A.a.O., S. 186, dt. R.F.
67 J. Gaillard, a.a.O., S. 70
68 Zit. bei F. Béguin, in: *Politiques de l'habitat*, S. 300
69 Joly, *Traité du chauffage, de la ventilation et de la distribution des eaux dans les habitations particulières*, zit. bei T. Thalamy, *Politiques de l'habitat*, S. 49
70 E.A. Poe, *Philosophie de l'ameublement*, in: *Histoires grotesques et sérieuses*, übersetzt von Charles Baudelaire, Paris 1865; Paris, Crès, 1921, S. 347ff., dt. R.F.
71 A.a.O., S. 349, dt. R.F.

72 A.a.O., S. 354−355, dt. R.F.
73 J.-K. Huysmans, *A rebours* (1884), Garnier-Flammanion, Paris 1978, S. 73
74 G. Flaubert, a.a.O., S. 384, dt. R.F.
75 J.-K. Huysmans, a.a.O., S. 114
76 Charles Baudelaire, *Das doppelte Zimmer*, in: *Le Spleen de Paris*, Tübingen/Stuttgart 1946, S. 15
77 G. de Maupassant, *Qui sait?*, in: *Contes et nouvelles*, N.R.F., Gallimard, Paris, II, S. 1229
78 S. Giedion, *Die Herrschaft der Mechanisierung. Ein Beitrag zur anonymen Geschichte*, Frankfurt 1987, S. 400ff. (vgl. S. 427f.)
79 Neu aufgelegt in *Metafisica* (M. Carrà, P. Waldberg, E. Rathke Hg.), Mazzotta, Mailand 1968, S. 198
80 J. Baudrillard, *Le système des objets*, Gallimard, Paris 1968, S. 21−22
81 W. Benjamin, *Einbahnstraße*, in: *Gesammelte Schriften*, Bd. IV, 1, Frankfurt 1972, S. 89
82 G. Flaubert, *L'éducation sentimentale*, a.a.O., S. 355, dt. R.F.
83 C. Baudelaire, *Oeuvres complètes*, N.R.F., Paris 1961, S. 317, dt. R.F.
84 M. Serres, *E' stato prima dell'Esposizione (Universale)*, in: *Le Macchine Celibi*, Kat. d. Ausstellung, Biennale di Venezia, Alfieri ed., Venedig 1975
85 J.-K. Huysmans, a.a.O., S. 143
86 R.M. Rilke, *Die Aufzeichnungen des Malte Laurids Brigge*, (1910), *Sämtliche Werke*, Frankfurt 1966, Bd. 6, S. 729
87 A.a.O., S. 756
88 S. Kracauer, *Der Detektiv-Roman. Ein philosophisches Traktat*, (1925), in: *Schriften*, Bd. 1, Frankfurt 1971, S. 120
89 A.a.O., S. 120
90 A.a.O., S. 121
91 Vgl., a.a.O., S. 203f.
92 Vgl., a.a.O., S. 129ff.
93 E. Bloch, *Geist der Utopie*, Frankfurt am Main, 1964
94 C. Lucas, *Concours des H.B.M. de 1900*, a.a.O., S. 15
95 J. Lahor, *L'Art pour le peuple à défaut de l'art par le peuple*, Paris 1902, S. 6
96 P. Claudel, „Le Figaro", 4. September 1937; zit. bei M.G. Raymond, *La politique pavillonnaire*, a.a.O., S. 239−240
97 W. Benjamin, *Erfahrung und Armut*, in: *Gesammelte Schriften*, Bd. II, 1, Frankfurt am Main 1977, S. 216
98 L. Murard und P. Zylberman, *Le Petit travailleur infatigable*, „Recherches", Nr. 25, 1976, S. 233
99 W. Benjamin, *Erfahrung und Armut*, a.a.O., S. 218
100 Ebenda
101 Henry Provensal, *L'habitation salubre et à bon marché*, Paris 1908, S. 79
102 Ebenda
103 A.a.O., S. 42
104 P. Claudel, *La peinture hollandaise*, Gallimard 1967; zit. bei L. Murard und P. Zylberman, „Recherches", Nr. 25, 1970, a.a.O., S. 243
105 V. Woolf, *A room of one's own* (1929), ins It. übers. von L. Bacch. Wilcock und J. Rodolfo Wilcock, *Una stanza tutta per sé*, Il saggiatore, Florenz 1980

106 L. Murard und P. Zylberman, „Recherches", Nr. 25, a.a.O., ebenda
107 G. Bachelard, *La Poétique de l'espace* (1957), P.U.F., Paris 1974, S. 195; dt. *Die Poetik des Raums* (dt. von Kurt Leonhard), Frankfurt, Berlin, Wien (Ullstein) 1975, S. 247
108 A.a.O., S. 195 (dt. Ausgabe vgl. S. 250)
109 R.M. Rilke, *Die Aufzeichnungen des Malte Laurids Brigge*, a.a.O., S. 777
110 E. Lévinas, *Totalité et Infini, Essai sur L'Extériorité*, Martinus Nijhoff, Den Haag 1974 (4. Aufl.); (Dt. Ausgabe: *Totalität und Unendlichkeit. Versuch über die Exteriorität*, aus dem Frz. von W.N. Krewani, Freiburg/München 1987)
111 A.a.O., S. 224
112 A.a.O., S. 223
113 A.a.O., S. 128−131, 222
114 A.a.O., S. 245

5 Wohnen lernen?

1 Vgl. die verschiedenen Untersuchungen, die im Fachbereich Architekturgeschichte in Venedig durchgeführt worden sind: G. Teyssot, „La casa per tutti: per una genealogia dei tipi", Einleitung zu R.-H. Guerrand, *Le origini della questione delle abitazioni in Francia (1850−1894)*, Officina, Rom 1981; D. Calabi u.a., *Architettura domestica in Gran Bretagna (1890−1939)*, Electa, Mailand 1982; M. De Michelis, *Heinrich Tessenow*, Electa, Mailand (in Vorbereitung); M. Tafuri, „Machine et mémoire. La città nell'opera di Le Corbusier", *Nuova Corrente*, XXIX (1982), Nr. 87, S. 3−32; wieder veröffentlicht in *Casabella*, Nrn. 502 und 503, 1984 (engl.: ‚Machine et mémoire': The City in the Work of Le Corbusier. Introduction to Vol. X of *The Le Corbusier Archive*, Garland Publishing Co., New York 1983)
2 A. Loos, „Wohnen lernen", in *Neues Wiener Tagblatt*, 15. Mai 1921; wiederveröffentlicht in *Sämtliche Schriften, I: Ins Leere Gesprochen (1897−1900); Trotzdem (1900−1930)*, Verlag Herold, Wien−München 1962
3 R.M. Rilke, *Die Aufzeichnungen des Malte Laurids Brigge* (1910), Leipzig 1920, S. 67, 106
4 S. Freud, *Das Unheimliche*, in *GW XII*, S. 229−268
5 G. Agamben, *Stanze, la parola e il fantasma nella cultura occidentale*, Einaudi, Turin 1977, S. 68−69
6 G. Simmel, *Brücke und Tür* (1909), Koehler, Stuttgart 1957, S. 6
7 Hugo von Hofmannsthal, *Gabriele d'Annunzio*, in: *Gesammelte Werke in Einzelausgaben, Prosa I*, Frankfurt 1956, S. 147
8 G. Deleuze, „L'ascension du social", Nachwort zu J. Donzelot, *La police des familles*, Ed. de Minuit, Paris 1977; deutsch: „Der Aufstieg des Sozialen", in: *Die Ordnung der Familie*, übers. v. Ulrich Raulff, Frankfurt 1980, S. 245
9 A.a.O., S. 252
10 A.a.O., S. 245
11 E. Zola, *Fécondité* (1899); deutsch: *Fruchtbarkeit*, übers. von Leopold Rosenzweig, Berlin 1930, S. 301. Die Stelle wird zitiert und kommentiert von C. Quiguer, *Femmes et machines de 1900; lecture d'une obsession Modern Style*, Klincksieck, Paris 1979, S. 92

12 O.J. Bierbaum, „Faunsflötenlied für Peter Behrens", in: *Irrgarten der Liebe*, Berlin-Leipzig 1901, S. 352; zitiert von G. Quiguer, a.a.O., S. 90
13 Wir greifen hier die bereits zitierte schöne These von C. Quiguer auf (siehe insbesondere S. 178f., 400f.), deren Schlußfolgerungen wir allerdings bestreiten: Die Jugendstilbewegung soll zu einem Scheitern geführt haben, das lediglich durch den späteren Erfolg des ‚Bauhaus' wettgemacht wurde. Siehe auch den bahnbrechenden Text von R.-H. Guerrand, *L'art nouveau en Europe*, mit einem Vorwort von Aragon, „Le ‚Modern Style' d'où je suis", Plon, Paris 1965
14 P. Scheerbarth, „Licht und Luft", in: *Ver sacrum*, 1 (1898), Heft 7, S. 13f.; wiederabgedruckt im Anhang von *Glasarchitektur*, München 1971²
15 J. Baudrillard, *Le système des objets*, Gallimard, Paris 1968; deutsch: *Das Ding und ich*, übers. von Joseph Garzuly, Wien 1974, S. 55
16 W. Benjamin, *Erfahrung und Armut* (1933), in: *Gesammelte Schriften, Bd. I*, 1, Frankfurt a.M. 1977, S. 217
17 W. Benjamin, *Die Wiederkehr des Flaneurs*, in: *Gesammelte Schriften, Bd. III*, Frankfurt a.M. 1972, S. 196f.
18 J.-K. Huysmans, *En rade; Un dilemme; Croquis parisiens*, U.G.E., coll. 10/18, Paris 1976, S. 349 (Hervorhebungen vom Verfasser)
19 A. Martin-Fugier, *La place des bonnes; la domesticité féminine à Paris en 1900*, Grasset, Paris 1979, S. 107ff.
20 M. Serres, *Hermes IV, La distribution*, Paris 1977, S. 174 und 178; vgl. zu diesem Thema auch „Le sain et le malsain", hrsg. von J. Guillerme, in: *Dix-Huitième Siècle*, Sondernummer, Nr. 9, 1977
21 B. Ehrenreich, D. Englisch, „The manufacture of housework", in: *Socialist Revolution*, Nr. 26, Bd. 5, Nr. 4, Oktober–Dezember 1975
22 M. Serres, a.a.O., S. 184
23 G. Bachelard, *La terre et les rêveries du repos* (1948), Librairie José Corti, Paris 1982, S. 105. Ich meine allerdings, daß man Scheerbarth nicht – wie es die Architekten der *Gläsernen Kette* taten – allzu ernst nehmen, sondern ihn eher, wie seinen Zeitgenossen Alfred Jarry, in eine neue „Anthologie des schwarzen Humors" aufnehmen sollte
24 L. Murard, P. Zylbermann, „La cité eugénique" in: *Recherches*, Nr. 29, Dezember 1977, S. 426
25 P. Altenberg, „In München" (1899), in: *Was der Tag mir zuträgt, fünfundsechzig neue Studien*, S. Fischer, Berlin 1921, S. 306–309; zitiert von C. Quiguer, a.a.O., S. 395
26 H. von Hofmannsthal, *Das Bergwerk zu Falun*, in: *Gesammelte Werke in Einzelausgaben, Gedichte und lyrische Dramen*, Stockholm 1946, S. 420; zitiert von C. Quiguer, a.a.O., S. 386
27 C. Bachelard, a.a.O., S. 115; siehe auch S. 6, 55, 121, 151
28 E. Fachinelli, *Claustrofilia*, Adelphi ed., Mailand 1983, S. 84
29 G. Bachelard, a.a.O., S. 115
30 E. Klein, *A. Complete Etymological Dictionary of the English Language*, London 1966; zitiert von E.E. Frank, *Literary Architecture*, Berkeley 1979, S. 263
31 E. Lévinas, *Totalität und Unendlichkeit. Versuch über die Exteriorität*, aus dem Frz. von W.N. Krewani, Freiburg/München 1987, S. 215
32 A.a.O., S. 224
33 A.a.O., S. 250

34 P. Scheerbarth, *Münchhausen und Clarissa, ein Berliner Roman* (1906), in: *Dichterische Hauptwerke*, hg. von E. Harke, H. Goverts Verlag, Stuttgart 1962, vgl. S. 403 und 409; zitiert von C., Quiguer, a.a.O., S. 372
35 Die Episode wird zitiert in der Dissertation von C. Chimenti, *La casa indossata. Note sulle culture dell'abitazione in Italia*. 1947–1957, Dipartimento di Storia dell'Architettura, I.U.V.A., Venedig 1981; die These wird resümiert in: „Parametro", Juni 1984, Nr. 127
36 O. Mirbeau, *La 628-E-8* (1905), wiederaufgelegt bei U.G.E., coll. 10/18, Paris 1977, S. 320
37 P. Altenberg, *Neues Altes*, S. Fischer Verlag, Berlin 1911, S. 155–156; zitiert von C. Quiguer, a.a.O., S. 359

6 Epilog: Die Zivilisation des Lohnempfängers und die Kultur des Angestellten

1 V. Šklovskij, (ital.:) *La mossa del cavallo*, De Donato, Bari 1967
2 K. Polanyi, *The Great Transformation*, Holt, Rinehart Winston Inc., New York 1944
3 Martin Wagner, „Der Internationale Wohnungs- und Städtebaukongreß in Wien", *Wohnungswirtschaft*, Nr. 18–19, 3. Jg., Berlin, 1. Oktober 1926, S. 155; hier zitiert aus: L. Scarpa, *Martin Wagner und Berlin. Architektur und Städtebau in der Weimarer Republik*, F. Vieweg & Sohn, Wiesbaden 1986, S. 19. Vgl. auch: *Martin Wagner 1885–1957. Wohnungsbau und Weltstadtplanung. Die Rationalisierung des Glücks*, Ausstellungskatalog, Akademie der Künste, Berlin 1985
4 Vgl. L. Boulonnois, „Henri Sellier (1883–1943)", *La Revue socialiste*, Nr. 5, November 1946, S. 620; und ders., *La gestion financière de la municipalité. Henri Sellier*, Suresnes, 1947. Siehe auch: *Les Cités-jardins de la région de l'Ile-de-France*, in: „Cahiers de L'I.A.U.R.I.F.", Paris, Mai 1978, Bd. 51; vgl. R.-H. Guerrand, *Le logement populaire en France: sources documentaires et bibliographies (1800–1960)*, C.E.R.A., Paris 1979
5 A. Cottereau, in: *Politiques urbaines et planification des villes*, Dieppe 1974, S. 790ff.
6 Vgl. *Pourquoi nous ne sommes pas communistes?* Comité municipal d'Union socialiste de Suresnes, Suresnes o.J. (1925)
7 M.G. Raymond, *La politique pavillionnaire*, Paris, I.S.U., 1966
8 S. Kracauer, *Die Angestellten. Aus dem neuesten Deutschland*, Frankfurt am Main, 1930; Suhrkamp Verlag, Frankfurt am Main 1971, S. 299f.
9 W. Benjamin, in: *Die Gesellschaft*, VII (1930), I; W. Benjamin, *Gesammelte Schriften*, Bd. III, Frankfurt am Main 1972, S. 223
10 S. Kracauer, a.a.O., S. 290
11 A.a.O., S. 215
12 A.a.O., S. 303
13 In der anonymen Zeitung der Großsiedlung Britz: *Wohngemeinschaft*, Berlin, 13. September 1929, III. Jg., Nr. 37; hier zitiert aus: L. Scarpa, *Martin Wagner*, a.a.O., S. 38
14 E. Bloch, *Erbschaft dieser Zeit* (Erstausgabe 1935), Frankfurt am Main, 1962, S. 34

15 M. Tronti, *Operai e capitale*, Einaudi, Turin 1971, S. 279. Vgl. auch: M. Tafuri, *Sozialpolitik e la città nella Germania di Weimar*, in: *La sfera e il labirinto. Avanguardie e architettura da Piranesi agli anni '70*, Einaudi, Torino 1980; sowie: *Wem gehört die Welt? Kunst und Gesellschaft in der Weimarer Republik*, Ausstellungskatalog, Neue Gesellschaft für Bildende Kunst, Berlin 1977
16 Karl Korsch, *Was ist Sozialisierung?*, in: Karl Korsch, *Gesammelte Schriften*, Bd. 2, Frankfurt am Main 1980, S. 99
17 Das Buch von M. Wagner heißt: *Die Sozialisierung der Baubetriebe*, Carl Heymann Verlag, Berlin 1919; vgl. auch: A. Gut, *Der Wohnungsbau in Deutschland nach dem Weltkriege*, F. Bruckmann, München 1928
18 Bruno Taut, *Siedlungsmemoiren* (1936), zit.n.: *Bruno Taut 1880–1938*, Ausstellungskatalog, Akademie der Künste, Berlin 1980, S. 210
19 E. Bloch, *Geist der Utopie*, Bearb. Neuauflage der zweiten Fassung von 1923, Frankfurt am Main 1964, S. 25
20 E. Bloch, *Geist der Utopie*, a.a.O., S. 26
21 *Pleins pouvoirs*, Paris 1939. Die in diesem Kapitel dargelegten Hypothesen sind ausführlich bestätigt worden in: *Architecture et politiques sociales (1900–1940)*, „Les Cahiers de la Recherche Architecturale", Nrn. 15/17, Editions Parenthèses, Marseille 1985. Vgl. auch: M. De Michelis, G. Teyssot (Hg.), *Les Conditions historiques du projet socialdémocrate sur l'espace urbain*, in: *Architecture et Socialdémocratie*, 3 Bde., Forschungsbericht, I.E.R.A.U., Ministère de l'Environnement et du Cadre de Vie (C.O.R.D.A.), Paris 1979 (mit einer Textauswahl)

Bauwelt Fundamente

1 Ulrich Conrads (Hrsg.), Programme und Manifeste zur Architektur des 20. Jahrhunderts
2 Le Corbusier, 1922 – Ausblick auf eine Architektur
3 Werner Hegemann, 1930 – Das steinerne Berlin
4 Jane Jacobs, Tod und Leben großer amerikanischer Städte*
5 Sherman Paul, Louis H. Sullivan*
6 L. Hilberseimer, Entfaltung einer Planungsidee*
7 H. L. C. Jaffé, De Stijl 1917–1931*
8 Bruno Taut, Frühlicht 1920–1922*
9 Jürgen Pahl, Die Stadt im Aufbruch der perspektivischen Welt*
10 Adolf Behne, 1923 – Der moderne Zweckbau*
11 Julius Posener, Anfänge des Funktionalismus*
12 Le Corbusier, 1929 – Feststellungen
13 Hermann Mattern, Gras darf nicht mehr wachsen*
14 El Lissitzky, 1929 – Rußland: Architektur für eine Weltrevolution
15 Christian Norberg-Schulz, Logik der Baukunst
16 Kevin Lynch, Das Bild der Stadt
17 Günter Günschel, Große Konstrukteure 1
18 nicht erschienen
19 Anna Teut, Architektur im Dritten Reich 1933–1945*
20 Erich Schild, Zwischen Glaspalast und Palais des Illusions
21 Ebenezer Howard, Gartenstädte von morgen
22 Cornelius Gurlitt, Zur Befreiung der Baukunst*
23 James M. Fitch, Vier Jahrhunderte Bauen in USA*
24 Felix Schwarz und Frank Gloor (Hrsg.), „Die Form" – Stimme des Deutschen Werkbundes 1925–1934
25 Frank Lloyd Wright, Humane Architektur*
26 Herbert J. Gans, Die Levittowner. Soziographie einer »Schlafstadt«
27 Günter Hillmann (Hrsg.), Engels: Über die Umwelt der arbeitenden Klasse
28 Philippe Boudon, Die Siedlung Pessac – 40 Jahre*
29 Leonardo Benevolo, Die sozialen Ursprünge des modernen Städtebaus*

Werner Hegemann

1930

Das steinerne Berlin

Stadtbaugeschichte, Baupolitik

Band 3 der Bauwelt Fundamente.
Mit einem Vorwort von Walter Benjamin.
4. Auflage 1988. 344 Seiten. Kartoniert

ARCHITEKTUR BEI VIEWEG

Gilles Barbey

WohnHaft

Essay über die innere Geschichte der Massenwohnung

Sozialgeschichte/Wohnungspolitik

Band 67 der Bauwelt Fundamente.
Aus dem Französischen von Lothar Kurzawa.
1984. 129 Seiten. Kartoniert

ARCHITEKTUR ■ BEI VIEWEG

Christian Kühn

Das Schöne, das Wahre und das Richtige

Adolf Loos und das Haus Müller in Prag

Architektur/Baugeschichte

Band 86 der Bauwelt Fundamente.
1989. 109 Seiten mit 52 Abbildungen

ARCHITEKTUR ■ BEI VIEWEG

Bei Fragen zur Produktsicherheit wenden Sie sich bitte an:
If you have any questions regarding product safety,
please contact:

Birkhäuser Verlag GmbH
Im Westfeld 8
4055 Basel, Schweiz
productsafety@degruyterbrill.com